COCINA LATINA

COCINA LATINA

EL SABOR DEL MUNDO LATINO

RAQUEL ROQUE

PRESS

PENGUIN GROUP (USA) LLC

C. A. PRESS
Published by the Penguin Group
Penguin Group (USA) LLC
375 Hudson Street,
New York, New York 10014

USA | Canada | UK | Ireland | Australia | New Zealand | India | South Africa | China

First published in the United States of America by C. A. Press,
a member of Penguin Group (USA) LLC, 2013

ISBN 978-0-9831390-3-4

Printed in the United States of America
10 9 8 7 6 5 4 3 2 1

Set in Plantin Std
Designed by Sabrina Bowers

The recipes contained in this book are to be followed exactly as written. The Publisher is not responsible for your specific health or allergy needs that may require medical supervision. The Publisher is not responsible for any adverse reactions to the recipes contained in this book.

CONTENIDO

LA COCINA DE CHILE

LA COCINA DE COLOMBIA

LA COCINA DE COSTA RICA

LA COCINA DE CUBA

LA COCINA DE ECUADOR

LA COCINA DE EL SALVADOR

LA COCINA DE ESPAÑA

LA COCINA DE GUATEMALA

LA COCINA DE HONDURAS

LA COCINA DE MÉXICO

LA COCINA DE NICARAGUA

LA COCINA DE PANAMÁ

LA COCINA DE PARAGUAY

LA COCINA DE PERÚ

LA COCINA DE PUERTO RICO

LA COCINA DE REPÚBLICA DOMINICANA

LA COCINA DE URUGUAY

LA COCINA DE VENEZUELA

INTRODUCCIÓN

Dichosa soy yo. Desde que llegue de Cuba hace más de 40 años, he vivido en Miami. Me encanta esta ciudad —mi ciudad— porque siempre he tenido la oportunidad de conocer de primera mano la cultura, la alegría y la gastronomía de mi gente —la gente latina. En esta ciudad tan mágica y encantadora siempre le damos una gran bienvenida al latino. Es indiscutible que el sabor latino lleva el ritmo por las calles de Miami. No sé si es la manera de comer, o la manera de vestir, o la alegría de bailar y cantar, pero me doy cuenta de que estoy radicada en el mejor lugar del mundo para preservar nuestra tradición culinaria. Aunque añoramos nuestra tierra, sabemos que la llevamos por dentro y que, en realidad, la cocina y la comida van más allá de los mismos alimentos porque transmiten cultura, sensaciones, placer e identidad.

Cada país latino tiene su sabor único y técnica particular, y la cocina de nuestros países es el resultado de una mezcla de razas, creencias, orígenes y tradiciones de cuatro continentes. Tan intensa como su vida cultural y musical, la cocina latina es el alma del pueblo latino. Donde quiera que estemos, ya no nos preguntamos si nuestra cocina latina es aceptada. Ya sabemos que a los estadounidenses y al resto del mundo les gusta; de hecho, la adoran, y cada semana se abren nuevos restaurantes latinos en todas las ciudades de los Estados Unidos. ¿Será esto una sinfonía de sabores? Llamémoslo más bien una verdadera fusión. ¡Y qué viva!

COCINA LATINA

LA COCINA DE

ARGENTINA

Argentina nació como una nación independiente en el siglo XIX. Pero aun siendo un país relativamente joven, su historia, como es el caso de casi todos los países, tuvo un efecto directo en su cultura culinaria. Antes de la presencia europea había dos grupos indígenas: los diaguitas y los guaraníes. Los españoles arribaron en 1502 y encontraron que la alimentación de los locales se basaba en el maíz y la caza. No fue sino hasta 1550, cuando se importó el ganado vacuno, que la cocina argentina cambió totalmente, haciéndola mucho más cercana a lo que conocemos hoy. Con la disminución paulatina de la población indígena, el ganado vacuno invadió la economía; surgieron entonces las haciendas y con ellas, los gauchos. En ese mismo siglo fueron asentándose también emigrantes europeos, principalmente italianos, franceses y alemanes, quienes dejaron rastros de sus tradiciones culinarias.

Comer asado es una vieja costumbre argentina. En un buen asado debe haber chorizos, morcillas, tripas y riñones. También se puede agregar entraña y *entrecote*. Y recuerden que queda un asunto más por atender: la puntualidad de los que van a comer. Quienes son invitados a un banquete o a un asado deben respetar el horario establecido por el cocinero. Cada corte de carne tiene su tiempo de cocción y hay que comerlo en el momento justo. Así pues, la carne va derecho y sin demoras, de la parrilla al plato.

BEBIDAS

MATE TRADICIONAL

Entre los argentinos, el mate es toda una ceremonia —a mi parecer, muy similar a la ceremonia del té japonesa— y «cebar» (la acción de preparar y servir el mate) es todo un arte. El recipiente en el cual se ceba la yerba mate se llama también mate y, según muchos amigos argentinos, los mejores son aquellos hechos de madera y una «bombilla» (sorbete para poder succionar) De todos los materiales con que se hacen las bombillas (caña, plástico, madera, etc.), el más indicado es el metal.

RINDE: 4 PORCIONES • TIEMPO DE PREPARACIÓN: 20 MINUTOS

INGREDIENTES:

4 tazas de agua
12–14 cucharadas de yerba mate

4 cucharaditas de azúcar
    (opcional)

PREPARACIÓN:

1. Ponga el agua a calentar y apártela del fuego antes de que entre en ebullición.

2. Llene ¾ partes del mate con yerba mate.

3. Tape el mate con la mano, dele vuelta y golpee suavemente la base para que el polvo de la yerba quede en la superficie.

4. Moje la bombilla con agua. Luego incline el mate unos 45° e introduzca la bombilla hasta el final, removiendo la yerba hasta ponerla en el medio.

5. Si desea tomarlo dulce, eche una cucharadita de azúcar. Luego eche el agua suavemente sobre el costado de la bombilla hasta que la superficie se llene de espuma. Después de unos segundos, el agua será absorbida por la yerba y va a bajar su nivel, así que vuelva a poner más agua hasta llegar nuevamente al tope.

SUGERENCIA: Puede encontrar la yerba mate en supermercados. Viene en paquetes muy similares a los de café molido. El mate se puede tomar con o sin azúcar. Puede poner el agua caliente en un termo para que no se enfríe. Así es muy fácil de transportar.

MAZAGRÁN

RINDE: 4 PORCIONES • TIEMPO DE PREPARACIÓN: 60 MINUTOS

INGREDIENTES:

2 tazas de café
4 cubos de hielo

1 taza de marrasquino
4 cucharaditas de azúcar

PREPARACIÓN:

1. Prepare el café y déjelo enfriar.

2. Coloque un cubo de hielo en cada copa y agregue el café frio, el marrasquino y el azúcar.

3. Revuelva y sirva.

BATIDO GANCÍA

Vermut batido a la manera argentina.

RINDE: 4 PORCIONES • TIEMPO DE PREPARACIÓN: 20 MINUTOS

INGREDIENTES:

10 cucharadas de vermut Gancía
3 cucharadas de almíbar
2 cucharadas de jugo de limón

Hielo picado a gusto
Rodajas de limón

PREPARACIÓN:

Mezcle en una coctelera el vermut Gancía, el almíbar y el jugo de limón. Viértalo en un vaso de trago largo. Agregue el hielo picado. Decore con las rodajas de limón.

SOPAS Y CALDOS

SOPA DE MEJILLONES

RINDE: 4 PORCIONES • TIEMPO DE PREPARACIÓN: 45 MINUTOS

INGREDIENTES:

1 cebolla cortada finamente
3 cucharadas de aceite de oliva
1 ½ litro de caldo de pescado
13 cucharadas de arroz de grano
  largo

16 mejillones cortados en pedazos
Sal y pimienta al gusto
Pizca de azafrán
1 cucharadita de perejil fresco

PREPARACIÓN:

1. Fría la cebolla con el aceite de oliva en una cacerola hasta dorarla. Adicione el caldo de pescado y caliente a fuego lento por 5 minutos.

2. Agregue el arroz y manténgalo a fuego lento por 15 minutos hasta que se ablande.

3. Eche los mejillones, la sal y la pimienta, tape la olla y cocine todo por 10 minutos más.

4. Sirva inmediatamente, añadiendo el azafrán y el perejil como adorno, al gusto personal.

VEGETALES Y VIANDAS

CARBONADA CRIOLLA

RINDE: 4 PORCIONES • TIEMPO DE PREPARACIÓN: 1 HORA Y 20 MINUTOS

INGREDIENTES:

- 3 cucharadas de aceite de oliva
- 2 cebollas cortadas finamente
- 2 dientes de ajo machacados
- 1 libra de carne guisada cortada en cubos
- 2 maíces tiernos cortados en ruedas
- ½ libra de calabaza, cortada en cubos
- ½ libra de papas, peladas y cortadas en cubos
- ½ litro de caldo de res
- ½ libra de arroz de grano largo
- 2 tomates cortados
- 1 cucharada de perejil fresco
- 2 pimientos dulces verdes cortados y sin semillas

PREPARACIÓN:

1. Caliente el aceite en una cacerola grande y agregue la cebolla y el ajo hasta ablandarlos.

2. Adicione la carne y dórela bien.

3. Agregue los demás ingredientes hasta que rompa el hervor.

4. Cocine después a fuego lento por una hora, adicionando más caldo si lo necesita.

5. Sirva caliente.

ACELGAS EN CREMA

RINDE: 4 PORCIONES • TIEMPO DE PREPARACIÓN: 35 MINUTOS

INGREDIENTES:

⅛ taza de mantequilla
1 cebolla cortada finamente
1 zanahoria cortada a la Juliana
1 papa pelada y cortada en cubos

1 libra de acelgas finamente cortadas
Sal y pimienta al gusto
3 cucharadas de crema doble

PREPARACIÓN:

1. En una sartén, saltee en mantequilla la cebolla, la zanahoria, y la papa por 15 minutos, hasta que estos vegetales estén blandos. Agregue las acelgas. Sazone con sal y pimienta, y mezcle todo bien.

2. Tape y mantenga a fuego lento por 10 minutos hasta que las acelgas estén blandas.

3. Destápelas y adicione la crema. Revuelva la mezcla por unos minutos.

4. Sirva inmediatamente.

PANES Y EMPANADAS

EMPANADAS DE CARNE

RINDE: 4 PORCIONES • TIEMPO DE PREPARACIÓN: 90 MINUTOS

INGREDIENTES:

Para la masa

¾ libra de harina
⅓ taza de mantequilla

1 cucharadita de sal
3 cucharadas de agua fría

Para el relleno

1 libra de picadillo de res	1 cucharada de pasta de tomate
1 cucharada aceite de oliva	1 huevo duro cortado en pedazos
2 cebollas cortadas finamente	1 cucharadita de tabasco
1 pimiento dulce picado	2 cucharaditas de tomillo
¼ taza de pasas remojadas en agua tibia	Sal y pimienta al gusto
2 cucharadas de aceitunas verdes	1 huevo batido para glasear

PREPARACIÓN:

1. Mezcle la harina con la mantequilla y la sal en una cacerola hasta que la mezcla quede grumosa.

2. Agregue el agua poco a poco hasta que la masa quede homogénea. Amase con las manos hasta formar una bola y envuélvala en un plástico. Déjela reposar una hora.

3. Ponga el picadillo de res y el aceite en un sartén y fría hasta dorar bien. Agregue los demás ingredientes, mézclelo todo bien y cocínelo por 10 minutos. Póngalo aparte para preparar las empanadas.

4. Precaliente el horno a 400°F. Con un rodillo estire la masa en una superficie harineada hasta lograr un espesor de ⅛ pulgada.

5. Corte la masa en ocho círculos de 4 pulgadas. Divida el relleno con un poco de agua en ocho partes iguales y colóquelo en los círculos de masa cortada. Doble los círculos por la mitad y séllelos con la ayuda de un tenedor, presionando los bordes firmemente.

6. Bañe las empanadas con el huevo batido y hornee por 30 minutos, hasta que estén doradas.

EMPANADAS DE CERDO

RINDE: 4 PORCIONES • TIEMPO DE PREPARACIÓN: 90 MINUTOS

INGREDIENTES:

Para la masa

¾ libra de harina
⅓ taza de mantequilla

1 cucharadita de sal
3 cucharadas de agua fría

Para el relleno

¾ libra de picadillo de cerdo
1 cucharada de aceite de oliva
1 cebolla cortada finamente
1 pimiento dulce picado
¼ taza de pasas remojadas en agua
    tibia
1 cucharada de alcaparras
10 aceitunas rellenas con pimiento
1 huevo duro cortado en pedazos

1 hoja de laurel
2 dientes de ajo machacados
1 tomate grande picado
4 cucharadas de aceite de oliva
1 cucharadita de orégano
½ cucharadita de tabasco
1 cucharadita de perejil fresco
Sal y pimienta al gusto
1 huevo batido para glasear

PREPARACIÓN:

1. Mezcle la harina con la mantequilla y la sal en una cacerola hasta que la mezcla quede grumosa.

2. Agregue el agua poco a poco, hasta que la masa quede homogénea. Amase con las manos hasta formar una bola y envuélvala en un plástico Déjela reposar una hora.

3. Ponga la carne de cerdo y el aceite en una sartén. Fría hasta dorar bien. Agregue los demás ingredientes; mézclelo todo bien y cocínelo por 10 minutos. Póngalo aparte para preparar las empanadas.

4. Precaliente el horno a 400°F. Con un rodillo estire la masa en una superficie harineada hasta lograr un espesor de ⅛ pulgada.

5. Corte la masa en ocho círculos de 4 pulgadas. Divida el relleno con un poco de agua en ocho partes iguales y colóquelo en los círculos de masa cortada. Doble los círculos por la mitad y séllelos con la ayuda de un tenedor, presionando los bordes firmemente.

6. Bañe las empanadas con el huevo batido y hornee por 30 minutos, hasta que estén doradas.

ARROCES

CARBONADA EN CALABAZA

RINDE: 2 PORCIONES • TIEMPO DE PREPARACIÓN: 1 ½ HORA

INGREDIENTES:

1 calabaza mediana
⅛ taza de manteca de cerdo
2 cucharadas de azúcar
½ taza de leche
1 ½ taza de carne de res cortada
 en cubos
3 cucharadas de aceite de maíz
1 cebolla cortada finamente
1 pimiento morrón cortado

¼ taza de arroz
1 tomate cortado
½ taza de caldo de carne
Granos de maíz a gusto
½ taza de vino blanco
Pizca de comino
1 hoja de laurel
Sal y pimienta al gusto

PREPARACIÓN:

1. Corte la tapa de la calabaza y resérvela para después.

2. Limpie el interior de la calabaza y unte con la manteca. Agregue luego el azúcar y la leche. Cubra la calabaza con su tapa y hornee a 300°F por 20 minutos.

3. Aparte, en un sartén dore primero los cubos de carne en el aceite de maíz. Luego fría la cebolla y el pimiento morrón.

4. Junte en una cacerola la cebolla, el pimiento morrón, el arroz, el tomate, la taza de caldo y los granos de maíz, y cocínelo todo por 3 minutos. Agregue el vino blanco.

5. Una vez se haya evaporado el alcohol del vino, agregue la carne a la mezcla. Condimente con el comino, la hoja de laurel, la sal y la pimienta al gusto.

6. Mantenga a fuego lento hasta que quede blando. Retire la mezcla del fuego y rellene con ella el interior de la calabaza. Hornee por 10 minutos.

7. Sirva la carbonada en la misma calabaza.

PASTAS

PASTA DE ACEITUNAS

RINDE: 4 PORCIONES • TIEMPO DE PREPARACIÓN: 20 MINUTOS

INGREDIENTES:

½ libra de *capellini* (o espagueti) al dente

½ taza de agua

½ taza de aceitunas verdes cortadas en cuartos

⅓ taza de ajíes verdes cortados y sin semillas

⅓ taza de ajíes rojos cortados y sin semillas

2 dientes de ajo machacados

1 cucharadita de paprika

¼ de cucharada de sal

1 ½ cucharada de harina

¼ taza de aceite de oliva extra virgen

5 hojas de albahaca cortadas

⅓ taza de queso parmesano gratinado

PREPARACIÓN:

1. Tenga cocinada previamente la pasta a gusto. Cocine las aceitunas, los ajíes y el ajo con el agua hasta que los ajíes se ablanden.

2. En una cacerola aparte, mezcle el paprika, la sal y la harina. Agregue el aceite de oliva con los vegetales ya ablandados.

3. Cocine a fuego lento por unos minutos. Agregue la pasta, revolviendo hasta que quede bien mezclada con las aceitunas.

4. Eche el queso parmesano antes de servir.

5. Sirva caliente.

SORRENTINOS

RINDE: 4 PORCIONES • TIEMPO DE PREPARACIÓN: 25 MINUTOS

INGREDIENTES:

4 cucharadas de mantequilla
2 cucharadas de harina
1 taza de leche
½ taza de crema
1 taza de queso mozzarella gratinado
¼ taza de queso previamente gratinado
½ taza de jamón ahumado cortado en pedazos
Sal y pimienta al gusto
1 libra de pasta ravioli, rellena con queso ricota
Ajíes rojos en tiras para adornar

PREPARACIÓN:

1. Derrita 2 cucharadas de la mantequilla en una sartén y agregue la harina, revolviendo. Cocine hasta que dense.

2. Agregue la leche y la crema. Continúe cocinando a fuego lento esperando a que espese.

3. Eche el queso mozzarella y el parmesano, y continúe revolviendo hasta que los quesos se derritan.

4. Cocine el jamón con la mantequilla restante. Súmelo a la mezcla anterior y mantenga la salsa caliente hasta que los ravioli estén listos.

5. Hierva los ravioli. Escurra el agua.

6. Al servirlos, écheles encima la salsa y adorne con los ajíes en tiras.

7. Sirva caliente.

GNOCCHI CON CREMA DE AJÍ AMARILLO

RINDE: 4 PORCIONES • TIEMPO DE PREPARACIÓN: 1 ½ HORA

INGREDIENTES:

3 libras de papas
1 huevo
1 ½ taza de harina
½ cucharadita de sal
1 cacerola con agua
3 cucharadas de mantequilla
2 cucharadas de harina

1 taza de leche
¾ taza de salsa de ají amarillo
Sal y pimienta al gusto
¼ taza de queso parmesano
   gratinado
1 cucharada de cilantro cortado
   para adorno

PREPARACIÓN:

1. Caliente el horno a 350°F.

2. Pinche las papas con un tenedor por varias partes. Hornéelas por 45 minutos. Ya cocinadas, reserve aparte para refrescar.

3. Una vez estén frías, pele las papas y haga un puré. Esparza la masa en una bandeja para que refresque.

4. Eche el puré en una vasija y agregue el huevo, la taza de harina y la sal. Amase la mezcla hasta que quede blanda y no se pegue. Si se pega, agregue un poco más de harina.

5. Divida la masa en seis partes. Cada parte se rodilla en tiras de una pulgada. Luego se enrolla cada gnocchi, sellando los bordes con un tenedor.

6. Ponga a hervir una cacerola con agua y sal. Mientras tanto derrita la mantequilla en una sartén, y eche la harina, revolviéndolo por 3 minutos. Agregue la leche hasta que la crema espese. Échele la salsa de ají amarillo. Retire del fuego.

7. Ponga a cocinar los gnocchi en el agua hirviendo por 5 minutos, que es el tiempo que tarda para que los gnocchi suban a la superficie. Escúrralos y écheles el queso parmesano.

8. Báñelos con la crema de ají amarillo y decore con el cilantro.

9. Sirva caliente.

SALSAS

SALSA CHIMICHURRI

Una salsa excelente para carnes rojas, muy fácil de hacer.

RINDE: 6 PORCIONES • TIEMPO DE PREPARACIÓN: 10 MINUTOS

INGREDIENTES:

2 cucharadas de vinagre
2 cucharadas de aceite vegetal
1 cucharadita de sal
2 dientes de ajo machacados
2 cucharadas de perejil picado
2 cebollas cortadas finamente
1 tomate, pelado y cortado, sin

semillas
1 pimiento dulce cortado
½ cucharadita de comino
½ cucharadita de paprika molida
½ cucharadita de pimiento picante
1 cucharadita de tomillo cortado

PREPARACIÓN:

Mezcle todos los ingredientes en una cacerola. Tápela y mantenga a temperatura ambiental por dos horas. Revuelva antes de servirse.

SALSA CRIOLLA CRUDA

RINDE: 6 PORCIONES • TIEMPO DE PREPARACIÓN: 15 MINUTOS

INGREDIENTES:

2 tomates cortados
2 apios cortados
2 cebollas cortadas finamente
1 pimiento dulce verde picado y
  sin semillas

1 diente de ajo machacado
½ taza de aceite de oliva
½ taza de vinagre blanco
¼ taza de agua
Sal y pimienta al gusto

PREPARACIÓN:

Mezcle todos los ingredientes en una cacerola y ponga a enfriar. Sirva frío.

SALSA DE AJÍ AMARILLO

RINDE: 4 PORCIONES •
TIEMPO DE PREPARACIÓN: 10 MINUTOS Y 24 HORAS, TIEMPO RECOMENDADO PARA ALIÑAR

INGREDIENTES:

2 cucharadas de pasta de ají
   amarillo (o un ají amarillo
   cortado y salteado en aceite)
½ taza de mayonesa
¼ taza de crema agria

1 cucharada de kétchup
2 cebollas verdes cortadas
Jugo de 2 limones
Sal y pimienta al gusto

PREPARACIÓN:

Mezcle todos los ingredientes (menos la sal y la pimienta) y bata la mezcla hasta que quede cremosa. Agregue sal y pimienta al gusto. Esta salsa mejora su sabor después de refrigerar por 24 horas.

SUGERENCIA: Puede mantenerse en el refrigerador por una semana.

PESCADOS Y MARISCOS

SALMÓN ARGENTINO

RINDE: 4 PORCIONES • **TIEMPO DE PREPARACIÓN: 1 HORA Y 10 MINUTOS**

INGREDIENTES:

4 bistecs de salmón
1 taza de leche
Sal y pimienta al gusto
1 cebolla cortada en trozos

1 cucharadita de perejil fresco
¾ taza de aceite de oliva
1 limón

PREPARACIÓN:

1. Escalfar el salmón en una vasija con la leche, la sal y la pimienta al gusto durante 15 minutos.

2. Mientras tanto, mezcle aparte en una vasija poco honda la cebolla, el perejil, el aceite de oliva y el jugo del limón.

3. Escurra el pescado y páselo a la mezcla preparada. Adobe por una hora.

4. Prepare la parrilla con papel de aluminio y precaliéntela. Pase el pescado a la parrilla y cocine por cinco minutos cada lado, hasta que esté dorado.

5. Sirva inmediatamente.

SUGERENCIA: La técnica para escalfar consiste en cocinar un alimento, generalmente huevos o verduras, sumergiéndolos completamente en un líquido como agua, leche, consomés, etc. Esto se hace agitando suavemente y sin dejar que llegue al punto de ebullición.

CORVINA RELLENA

RINDE: 4 PORCIONES • TIEMPO DE PREPARACIÓN: 1 HORA Y 10 MINUTOS

INGREDIENTES:

1 cucharada de mantequilla	2 dientes de ajo machacados
3 libra de corvina, limpia y des- huesada	3 cucharaditas de perejil fresco
	Pan molido
Pimienta negra al gusto	Leche
Sal al gusto	1 cucharada de aceite de oliva
1 cebolla cortada finamente	1 taza de vino blanco seco

PREPARACIÓN:

1. Precaliente el horno a 400°F y unte con mantequilla una vasija para hornear que sea lo suficientemente grande como para contener el pescado.

2. Sazone el interior del pescado con la sal y la pimienta, y déjelo reposar.

3. En una cacerola mezcle la cebolla, el ajo, el perejil, el pan molido. Agregue sal y pimienta al gusto y humedezca con la leche hasta lograr una mezcla suave. Coloque esta mezcla dentro del pescado y cierre la cavidad con palillos de diente.

4. Coloque el pescado en la vasija preparada para hornear y agréguele un poco de mantequilla. Échele encima el vino blanco seco.

5. Hornee durante 40 minutos hasta que se sienta firme la masa del pescado.

6. Sirva bañado en su jugo. Se acompaña con arroz blanco.

CARNES

MILANESA A CABALLO

RINDE: 4 PORCIONES • TIEMPO DE PREPARACIÓN: 35 MINUTOS

INGREDIENTES:

4 bistecs de ternera
Sal y pimienta al gusto
3 huevos batidos
Ajo molido
Perejil
Jugo de limón

Pan molido
Aceite vegetal para freír
4 lascas finas de jamón
4 lascas de queso provolone
4 huevos fritos

PREPARACIÓN:

1. Sazone los bistecs con sal y pimienta. Reserve.

2. Una los huevos batidos con el ajo molido, perejil y jugo de limón. Échele sal a la mezcla. Empanice los bistecs dos veces por ambos lados.

3. Ponga a calentar el aceite en una sartén y fría los bistecs por 2 o 3 minutos. Escurra el aceite y transfiéralos a una parrilla.

4. Coloque arriba de cada uno, primero la lasca de jamón y luego la de queso, hasta que se derrita.

5. Sirva con un huevo frito encima y sirva inmediatamente.

6. Este plato puede comerse solo o acompañarse con papas fritas.

LOMO DE CERDO A LA CAUCANA

RINDE: 6 PORCIONES • TIEMPO DE PREPARACIÓN: 2 ½ HORAS

INGREDIENTES:

1 litro de leche
⅓ taza de jugo de limón
2 libras de lomo de cerdo
Sal y pimienta al gusto

3 cucharadas de mantequilla
1 cebolla cortada finamente
2 dientes de ajo machacados

PREPARACIÓN:

1. Mezcle la leche y el jugo de limón en una cacerola honda. Agregue el lomo, tápelo y déjelo adobándose hasta el día siguiente. Precaliente el horno a 350°F.

2. Saque el cerdo, escurriéndolo con papel toalla. Sazónelo con sal y pimienta. Caliente la mantequilla en una sartén y cocine el lomo hasta dorarlo.

3. Regrese el lomo a la cacerola con la mezcla de leche. Fría el ajo y la cebolla, y agréguelo a la mezcla. Cocínelo todo junto por dos horas hasta que el lomo esté blando. Luego pase el lomo para una fuente, manteniéndolo caliente. Cuele la grasa de la salsa y elimínela. El remanente se pone a hervir para reducirlo y espesarlo.

4. Sirva caliente.

PLATAS CON HUEVOS

TORTILLA CAMPESINA

RINDE: 6 PORCIONES • TIEMPO DE PREPARACIÓN: 40 MINUTOS

INGREDIENTES:

2 cucharadas de aceite de oliva
2 cebollas cortadas
¼ libra de tocino
2 ½ libras de papas cortadas en dados, sin pelar

6 cucharadas de crema
2 cucharaditas de paprika
1 cucharadita de ajo macerado
Sal y pimienta al gusto
8 huevos batidos

PREPARACIÓN:

1. Precaliente el horno a 350°F y engrase un plato refractario poco hondo.

2. Aparte, fría en una sartén la cebolla y el tocino por 5 minutos, revolviéndolos constantemente.

3. Mientras tanto mezcle en un recipiente las papas, la crema, la paprika, el ajo, la sal y la pimienta. Agregue la cebolla y el tocino. Después los huevos batidos.

4. Lleve la mezcla al plato refractario y hornéela por 20 minutos hasta que quede dorada.

5. Sirva caliente.

SUGERENCIA: Un plato refractario es un recipiente de material capaz de resistir elevadas temperaturas sin cambiar de estado ni descomponerse. Según su composición, pueden ser arcillosos, silíceos, aluminosos, magnésicos o de carbono.

DULCES

ALFAJORES

Lo que me encanta de los alfajores es su textura satinada al paladar.

RINDE: 36 PORCIONES • TIEMPO DE PREPARACIÓN: 35 MINUTOS

INGREDIENTES:

Para la masa

½ taza de mantequilla
1 taza de azúcar
1 huevo
2 yemas de huevo
1 cucharadita de vainilla

2 cucharaditas de cáscara de limón
   gratinada
⅔ taza de harina de maíz
4 cucharadas de harina regular
1 cucharadita de polvo de hornear
¼ cucharadita de sal

Para el relleno

Dulce de leche

PREPARACIÓN:

1. Ponga a calentar el horno a 350°F y engrase con mantequilla dos bandejas de hornear.

2. En una cacerola mezcle la mantequilla y el azúcar, y bata hasta que quede espumoso. Agregue uno a uno y, batiendo bien cada ingrediente, la vainilla, el huevo y las yemas de huevo.

3. En otro recipiente mezcle la cáscara de limón, la harina de maíz, la harina regular, el polvo de hornear y la sal. Agregue esta mezcla a la mezcla de huevos, batiéndolos bien.

4. Coloque en las bandejas para hornear grandes cucharadas, separadas una de otra, y hornéelas por 15 minutos. Ya horneadas, deje enfriar las masas para los alfajores.

5. Úntele a las masas el dulce de leche. La combinación de la masa de harina con el dulce de leche se llama alfajor.

ARROZ CON LECHE

RINDE: 6 PORCIONES • TIEMPO DE PREPARACIÓN: 90 MINUTOS

INGREDIENTES:

1 ½ taza de agua
1 cáscara de limón
1 rama de canela
½ taza de arroz, lavado
1 cucharadita de vainilla

1 cucharadita de sal
4 tazas de leche
1 taza de leche condensada
Canela en polvo

PREPARACIÓN:

1. Ponga a hervir en una cacerola la cáscara de limón y la canela en rama con el agua. Agregue el arroz y cocínelo a fuego lento por 10 minutos.

2. Saque de la mezcla la rama de canela y la cáscara del limón, y entonces agréguele la vainilla, la sal, la leche y la leche condensada. Continúe cocinando a fuego lento por una hora, previniendo que se queme o se pegue al fondo de la cacerola.

3. Sirva la mezcla en seis tazones. Espolvoree canela en polvo y póngalos a refrigerar por al menos una hora.

LA COCINA DE

BOLIVIA

La cocina boliviana, al igual que la de casi toda América Latina, tiene la mezcla de la herencia española y la cocina nativa, además de las influencias más tardías de las emigraciones alemanas e italianas, entre otras. Aunque los alimentos más presentes en la dieta boliviana son el maíz, las papas y los fríjoles, hay además una fuerte presencia de alimentos importados. Algunos platos populares son las humitas, las salteñas, las empanadas con locoto (ají boliviano), los emparedados de chola (también preparados con locoto), changa de pollo o de conejo, chicharrones de puerco cocinados con chicha y maíz, charque de llama y lechón. Debe mencionarse que los conejillos de Indias son un alimento popular en Bolivia, aunque también son usados en la medicina popular, así como en el folclor indígena.

Como bebidas populares, los bolivianos tienen chicha de maíz (bebida sagrada de los incas), chicha de maní, tojorí (bebida de maíz), cervezas como la Taquinna, Pacenna, Huari, al igual que vinos como el de Tarija (vino boliviano).

Toda mi vida trabajé al lado de las oficinas de Lloyd Aéreo Boliviano. Todavía mantengo amistad con los jóvenes que venían a Miami a trabajar para la aerolínea. Estos jóvenes crecieron, formaron familia y se mudaron para diferentes ciudades de los Estados Unidos. El edificio fue vendido y aún hoy está vacío. Por eso me gusta ir a la Pequeña Habana *(Little Havana)* para empaparme con el espíritu y la cultura de Bolivia. Hay un restaurante llamado Las Américas que prepara y sirve la mejor comida boliviana afuera de Bolivia. Este es un lugar donde los cocineros salen a explicarles a los clientes cada detalle del plato y el dueño se acerca para comentar que todos los ingredientes son importados directamente desde Bolivia. Sana diversión y alegría.

BEBIDAS

BIBLIA

Disfrute de esta bebida criolla que tiene un color muy agradable.

RINDE: 2 PORCIONES • TIEMPO DE PREPARACIÓN: 15 MINUTOS

INGREDIENTES:

4 huevos enteros
4 cucharadas de azúcar

1 cucharadita de canela molida
1 taza de pisco o singani

PREPARACIÓN:

1. Bata los huevos con el azúcar hasta alcanzar una mezcla espesa.

2. Añada el pisco o singani y bata por un minuto más. Sirva en vasos y espolvoree la canela molida. Se sirve a temperatura ambiental.

CHICHA DE MANÍ

La chicha de maní es un jugo frío de maní con un sabor delicado.

RINDE: 4 PORCIONES •
TIEMPO DE PREPARACIÓN: 2 DÍAS PARA LA FERMENTACIÓN Y 2 HORAS DE PREPARACIÓN

INGREDIENTES:

1 libra de maní tostado y pelado
¼ taza de almendras peladas
¼ taza de coco rallado
¼ tazas de azúcar
½ taza de agua

½ libra de quínoa lavada
½ taza de arroz lavado
3 tazas de agua
Canela en polvo al gusto

PREPARACIÓN:

1. Muela el maní con las almendras, el coco y el arroz hasta que alcance una pasta fina. Si la pasta queda muy seca, se puede añadir un poco de agua.

2. En una cacerola grande eche el azúcar y el agua. Hierva y cocine hasta adquirir una consistencia de sirope, aproximadamente 15 minutos. Agregue la pasta fina y cocine aproximadamente 1 hora hasta que quede espesa. Una vez esté lista la mezcla, cubra la cacerola y póngala aparte.

3. En otra cacerola ponga la quínoa con el agua y cocínela por 60 minutos hasta que abra. Deje fermentar en la misma vasija por dos o tres días en un lugar tibio.

4. Para preparar la chicha debe colar el líquido fermentado en un contenedor grande y agregarle la pasta de maní. Puede echarle más azúcar al gusto. Antes de servir, espolvoree canela en polvo.

SUGERENCIA: Es mejor no guardar la chicha ya preparada porque se pone flemosa. Mezcle solamente lo que se consumirá en el día.

YUNQUEÑO

Bebida típica de la zona de Las Yungás. Un refresco criollo y delicioso.

RINDE: 8 PORCIONES • TIEMPO DE PREPARACIÓN: 15 MINUTOS

INGREDIENTES:

1 taza de jugo de naranja
1 taza de pisco o singani

1 cucharada de azúcar
Hielo picado al gusto

PREPARACIÓN:

Mezcle el jugo de naranja con el pisco o singani, el azúcar y el hielo. Asegúrese de mezclar todo bien y deje enfriar en el refrigerador. Se sirve bien frío.

SUGERENCIA: Puede sustituir ½ taza de agua fría por el hielo.

SHIKASHIKA

Granizado hecho con el hielo de los glaciares bolivianos. Su nombre proviene es la onomatopeya del sonido que se produce cuando se raspa el hielo.

RINDE: 4 PORCIONES • TIEMPO DE PREPARACIÓN: 15 MINUTOS

INGREDIENTES:

4 tazas de Shikashika (hielo raspado o granizado con almíbar y sabores)

4 tazas de jugo o gaseosas

PREPARACIÓN:

Mezcle los ingredientes y sirva inmediatamente. Decore con una rodaja de limón, naranja o cualquier otra fruta.

VEGETALES Y VIANDAS

ESCABECHE DE VERDURAS

RINDE: 4 PORCIONES • TIEMPO DE PREPARACIÓN: 60 MINUTOS Y 2 DÍAS DE MACERACIÓN

INGREDIENTES:

4 zanahorias cortadas en trozos
3 cucharadas de sal
2 cebollas peladas y picadas
2 locotos rojos o 1 ají rojo, picado
   y sin semillas

1libra de habichuelas limpias
½ coliflor picada en trozos
Pimienta negra en grano al gusto
Vinagre de vino

PREPARACIÓN:

1. Corte las zanahorias en mitades y, con media cucharadita de sal, póngalas a hervir en una cacerola grande por 20 minutos o hasta que se ablanden. Escurra y deje refrescar.

2. Haga lo mismo con las cebollas por 10 minutos y, aparte, con los locotos o el ají por 10 minutos. Escurra y deje enfriar.

3. Ponga a hervir las habichuelas por 30 minutos y la coliflor por 15 minutos. Escurra y deje refrescar.

4. Tueste el pimiento en grano. En un recipiente grande mezcle todos los vegetales junto con la pimienta negra y rellene el recipiente con el vinagre hasta cubrir los vegetales por completo. Se deja 2 días en vinagre antes de servir.

PLATO PACEÑO

RINDE: 4 PORCIONES • TIEMPO DE PREPARACIÓN: 35 MINUTOS

INGREDIENTES:

Un litro de agua
4 mazorcas de maíz cortadas en
   cuartos
1 libra de habas lima

4 papas
4 bolas de queso lasqueadas
¼ taza de aceite
½ taza de llajwa *(ver receta p. 33)*

PREPARACIÓN:

1. Ponga agua a hervir antes en una cacerola. En el fondo de otra olla grande coloque las mazorcas y agrégueles el agua hirviendo hasta cubrirlas totalmente.

2. Échele las habas y siga cocinando a fuego lento por 25 minutos.

3. Agregue las papas y cocínelas por 20 minutos más, hasta que estén blandos los vegetales.

4. En una sartén aparte fría el queso hasta dorarlo.

5. En cada plato sirva la mazorca con las habas, una papa, el queso frito. Eche encima la salsa llajwa.

PANES Y EMPANADAS

TAWA-TAWAS

Estas frituras son deliciosas y fáciles de crear.

RINDE: 4 PORCIONES • TIEMPO DE PREPARACIÓN: 40 MINUTOS

INGREDIENTES:

1 taza de harina	1 huevo batido
1 cucharadita de polvo de hornear	½ taza de leche
Sal al gusto	½ taza de aceite vegetal
1 cucharada de mantequilla	½ taza de miel de caña

PREPARACIÓN:

1. En un bol mezcle la harina, el polvo de hornear y la sal. Agregue la mantequilla y mezcle todo bien.

2. Añada el huevo batido y la leche poco a poco. Forme una masa suave.

3. Cúbrala con una tela o lienzo y deje la masa reposar durante aproximadamente 15 minutos.

4. Estírela con un rodillo y córtela en rombos o tiras de 1 pulgada o más.

5. En una sartén, ponga los trozos de masa a freír en el aceite bien caliente por 15 minutos. Mueva las frituras mientras para que queden doradas uniformemente.

6. Saque los tawa-tawas del sartén y escúrralos en papel toalla para absorber la grasa.

7. Sirva en una bandeja con la miel o un simple almíbar.

SALTEÑAS

En el siglo XIX, Juana Manuela Gorriti fue la primera persona en crear la actual versión de este plato. Ella luego se casó con el presidente Manuel Isidoro Belzú. Ella era una emigrante nacida en Salta, Argentina. De ahí el nombre de la receta.

RINDE: 8 EMPANADAS • TIEMPO DE PREPARACIÓN: 1 HORA

INGREDIENTES:

Para la masa de las salteñas

1 libra de harina
2 cucharadas de azúcar
1/2 libra de manteca
2 yemas de huevo

2 cucharadas de ají colorado, molido y frito
½ taza de agua con sal

Para el relleno

4 cucharadas de manteca
2 cucharadas de pimienta de cayena disuelta en 1 taza de agua
½ cucharadita de comino molido
½ cucharadita de pimienta negra
½ cucharadita de orégano
1 cucharada de sal
1 cebolla pelada y picada
3 cucharadas de azúcar
½ cucharada de vinagre
1 rama de perejil picada

½ libra de papas peladas y cortadas en cuadros
½ taza de guisantes verdes cocinados
1 cucharada de gelatina sin sabor disuelta en 1 taza de agua
1 libra de carne de res (cañada) cortada en cuadraditos
½ taza de aceitunas picadas
½ taza de pasas
2 huevos duros picados

PREPARACIÓN:

Para la masa

1. Mezcle la harina y el azúcar. Abra un círculo en el centro y coloque la manteca, los huevos y el ají colorado.

2. Amase todos los ingredientes por aproximadamente 5 minutos y extienda la masa con el rodillo. Deje reposar. Para ello, cubra la masa con un lienzo por 2 horas o más, y métala en el refrigerador o en algún lugar fresco de la casa.

Para el relleno

1. En una cacerola a fuego lento sofría la manteca y la pimienta de cayena disuelta en agua. Agregue el comino, la pimienta negra molida, el orégano y la sal. Cocine por 10 minutos revolviendo constantemente.

2. Añada la cebolla y quite del fuego. Entonces agregue el azúcar, el vinagre, el perejil, las papas y los guisantes.

3. En otra cacerola ponga a hervir la gelatina disuelta en agua a fuego lento. Cuando empiece a hervir, eche la carne revolviendo rápidamente y déjela a fuego lento hasta que se cocine, aproximadamente 10 minutos.

4. Una las dos mezclas en un bol, añada las aceitunas, las pasas y los huevos, y póngala en el refrigerador durante aproximadamente 12 horas, hasta que se endurezca.

Para elaborar las empanadas salteñas

1. Estire la masa y forme unos discos de ½ pulgada de ancho y espesor.

2. Rellene los discos de masa con el relleno.

3. Cierre la masa para formar la empanada en forma de medialuna. Presione el borde exterior con un tenedor o selle los bordes con agua, dejando las salteñas ya hechas boca arriba.

4. Colóquelas en un molde espolvoreado con harina y hornéelas a 405°F durante aproximadamente 10 minutos.

CUÑAPÉS

RINDE: 4 PORCIONES • TIEMPO DE PREPARACIÓN: 60 MINUTOS

INGREDIENTES:

3 cucharadas de aceite o mantequilla (para engrasar una bandeja)
1 libra de fécula de yuca
1 cucharada de polvo de hornear

2 libras de queso
4 huevos
3 cucharadas de leche
1 cucharada de azúcar
Sal al gusto

PREPARACIÓN:

1. Prepare una bandeja para hornear y engrásela con mantequilla o aceite.

2. En un recipiente aparte, cierne la fécula de yuca para retirar las impurezas.

3. Agregue el polvo de hornear.

4. Raspe el queso hasta que quede todo en pequeñas tiras y luego añádalo al recipiente.

5. Añada los huevos.

6. Mezcle todos los ingredientes hasta formar una masa uniforme espesa. Use la leche, el azúcar y la sal para ayudar en el proceso. Utilice cuanta leche sea necesaria.

7. Una vez esté lista la masa, forme unas pequeñas bolas del tamaño de una pelota de ping pong y déjelas reposar en la bandeja para hornear de 5 a 10 minutos.

8. Lleve la bandeja el horno y hornee a 400°F por 25 minutos hasta que los cuñapés queden dorados.

HUMINTAS A LA OLLA

RINDE: 4 PORCIONES • TIEMPO DE PREPARACIÓN: 15 MINUTOS

INGREDIENTES:

½ cucharadita de pimienta de cayena
1 taza de agua hirviendo
3 cucharadas de mantequilla
2 tazas de maíz molido
1 cucharada de azúcar

Sal al gusto
Una cucharadita de anís en grano
Canela al gusto
4 mazorcas con sus hojas
4 lascas de queso mozzarella

PREPARACIÓN:

1. En una olla precalentada, ponga la pimienta de cayena con la taza de agua hirviendo. Siga calentando hasta que se evapore toda el agua. Luego agregue la mantequilla. Cocine por 5 minutos y retire del fuego. Inmediatamente agregue el maíz, el azúcar, la sal, el anís y la canela. Sin dejar de revolver, baje la mezcla del fuego.

2. Tenga las hojas de mazorca cortadas en pedazos grandes y preparadas para echarles las porciones de la mezcla con una lasca de queso encima. Amárrelas para que queden en forma rectangular.

3. En una cacerola ponga unas mazorcas limpias en el fondo. Cúbralas con agua. Ponga las humitas (tamales) y cubra todo con las hojas restantes de maíz. Se cocinan por 10 minutos. Así tal cual se presentan. Se sirven calientes.

PUKACAPAS

RINDE: 4 PORCIONES • TIEMPO DE PREPARACIÓN: 60 MINUTOS

INGREDIENTES:

Para la masa

2 tazas de harina
1 cucharadita de polvo de hornear
Sal al gusto
½ cucharadita de azúcar

½ taza de leche
3 cucharadas de mantequilla
1 yema de huevo

Para el relleno

1 cebolla pelada y picada
3 cucharadas de ají rojo molido
1 ají verde picado y sin semillas
2 tomates picados
1 cebolla pelada y picada

2 tazas de queso molido o parmesano
½ taza de aceitunas picadas
1 rama de perejil picado
3 cucharadas de mantequilla

Para pintar las pukacapas

2 cucharadas de pimienta roja en polvo para pintar

2 cucharadas de mantequilla
2 cucharadas de agua

PREPARACIÓN:

Para la masa

Mezcle todos los ingredientes revolviendo con una cuchara de madera. Amase la mezcla hasta que quede suave. Cubra la masa con una tela y déjela reposar mientras prepara el relleno.

Para el relleno

En un bol mezcle los ingredientes para el relleno.

Para elaborar las pukacapas

1. Extienda la masa con el rodillo y córtela en discos de aproximadamente 4 o 5 pulgadas.

2. Rellene los discos de la masa, dóblelos a la mitad y selle los bordes de cada uno con agua, sin derramar el relleno.

3. Coloque las pukacapas en un molde para hornear. Mezcle la pimienta, la mantequilla y el agua para la pintura, y pinte las pukapas de rojo con una brocha.

4. Precaliente el horno y hornéelas a 450°F durante aproximadamente 20 minutos.

ARROCES

MAJAO

RINDE: 4 PORCIONES • TIEMPO DE PREPARACIÓN: 60 MINUTOS

INGREDIENTES:

6 tazas de agua
½ libra de charque (carne de res seca y salada)
½ taza de caldo de res
1 taza de arroz
½ taza de aceite
1 cebolla pelada y picada
1 tomate picado

4 semillas de urucú remojadas (puede sustituirse con paprika)
Sal al gusto
4 plátanos fritos para acompañar
8 pedazos de yuca frita para acompañar
4 huevos fritos para acompañar

PREPARACIÓN:

1. En una cacerola, ponga a hervir el agua a fuego medio. Cuando empiece a hervir, agregue la carne de res seca (charque) y cocine por 20 minutos o hasta que se ablande. Retire del fuego y reserve la carne, desmenuzándola.

2. Al caldo de la carne se le echa el arroz y se deja cocinar por 20 minutos. Retire del fuego y reserve.

3. En una sartén ponga a calentar el aceite. Agregue la carne hasta que se dore.

4. Agregue la cebolla, el tomate, las semillas de urucú o paprika y el caldo, y siga cocinando a fuego lento aproximadamente 5 minutos.

5. En cada plato se sirve la carne con el plátano y las yucas fritas a un lado. El huevo frito va encima.

SALSAS

SALSA LLAJWA (LLAJUA)

No hay mesa boliviana en la que se esté celebrando algún acontecimiento o reunión familiar en la que falte una buena llajwa. Esta salsa se usa para acompañar empanadas y para comer con pan, también se le agrega a la comida cuando falta picante.

RINDE: 4 PORCIONES • TIEMPO DE PREPARACIÓN: 20 MINUTOS

INGREDIENTES:

4 tomates maduros medianos picados
2 locotos picados y sin semillas

1 ají sin semillas y picado
1 cebolla mediana pelada y picada
Sal al gusto

PREPARACIÓN:

Muela todos los ingredientes y sirva. También se puede pasar todo por la procesadora o licuadora. Lo importante es que todos los ingredientes se incorporen bien para que se cree una textura agradable.

SALSA CRUDA

Acompaña platos con asados, empanadas y panes. Y como su nombre lo indica, no hace falta cocinarla.

RINDE: 4 PORCIONES • TIEMPO DE PREPARACIÓN: 15 MINUTOS

INGREDIENTES:

1 cebolla pelada y picada
2 tomates picados
1 locoto picado

1 rama de perejil picado
Sal y pimienta negra al gusto
1 cucharita de aceite de oliva

PREPARACIÓN:

Mezcle todos los ingredientes en un bol. Adicione algunas gotas de aceite de oliva para que ruede fácilmente.

CHANCACA O MELAZA

La Chancaca (o panela) es azúcar cruda, sin refinar. Se conoce también como raspadura.

RINDE: 8 PORCIONES • TIEMPO DE PREPARACIÓN: 15 MINUTOS

INGREDIENTES:

1 litro de agua
1 libra de chancaca (azúcar cruda)
2 clavos de olor
1 cáscara de limón rallada

1 rama de canela
²⁄₃ taza de azúcar granulada
16 sopaipillas preparadas *(ver receta p. 39)*

PREPARACIÓN:

1. En una cacerola ponga a fuego bajo la chancaca y el agua, y mueva la cacerola, pero no utilice una espátula porque no le va a salir igual. Revuelva de esa manera constantemente para que no se pegue. Agregue los clavos, la cáscara de limón, el azúcar y la rama de canela.

2. Llegue al punto de almíbar o sirope (es decir, logre una consistencia fluida). Baje el fuego y añada las sopaipillas una por una, cocinándolas durante aproximadamente 5 minutos. Se sirve tibio.

CARNES

SILPANCHO

El silpancho es una comida completa. Tiene una tradición muy linda y se comparte con familia y amigos.

RINDE: 4 PORCIONES • TIEMPO DE PREPARACIÓN: 24 HORAS Y 30 MINUTOS

INGREDIENTES:

- 6 papas medianas, peladas y cortadas en lascas
- 3 tazas de arroz blanco
- 1 ají rojo, picado y sin semillas
- 1 cebolla morada, pelada y picada
- 1 rama de cilantro picado
- 1 libra de carne (falda, *brisket* o centro del lomo sin hueso)
- cortada en lascas o trozos
- Adobo al gusto
- Comino al gusto
- 2 tazas de migas de pan
- 2 tomates-ciruela picados
- Aceite vegetal
- Sal al gusto
- 8 huevos fritos

PREPARACIÓN:

Este plato se empieza a preparar con 24 horas de anticipación para dejar que los sabores se mezclen y todo se adobe.

1. Ponga a hervir las papas con agua y sal por 25 minutos hasta que se ablanden. Retire del fuego, escurra las papas y póngalas tapadas en el refrigerador.

2. Al mismo tiempo haga el arroz con tres tazas de agua y sal. Ya hecho, añada el ají rojo, la cebolla morada y el cilantro. Ponga en el refrigerador tapado.

3. Adobe la carne y échele una pizca de comino. Pase la carne por un poco de huevo batido (o agua) y las migas de pan. Ponga en el refrigerador tapado.

4. Para la salsa, mezcle los tomates con la cebolla y póngalos en el refrigerador tapado. Al día siguiente, fría el arroz con 3 cucharadas de aceite, y con el ají, la cebolla y el cilantro. Sazónelo con sal y cocínelo por 15 minutos.

5. Fría las papas hasta que queden doradas. Fría la carne también hasta que dore. Fría los huevos antes de preparar los platos.

6. En cada plato se sirven 2 o 3 pedazos de carne salteada con la salsa, 1 cucharón de arroz, 5 lascas de papas y dos huevos fritos encima. Se come caliente y siempre rodeado de seres queridos.

SAISI

RINDE: 4 PORCIONES • TIEMPO DE PREPARACIÓN: 60 MINUTOS

INGREDIENTES:

1 libra de lomo de res cortada en dados	1 ají verde picado y sin semillas
½ taza de aceite	½ cucharadita de comino molido
1 taza de guisantes verdes picados	½ cucharadita de orégano molido
1 cebolla pelada y picada	3 tazas de caldo de carne
2 tomates pelados	Sal y pimiento al gusto
	1 rama de perejil picado

PREPARACIÓN:

Cocine la carne con todos los ingredientes en una cacerola a fuego lento por aproximadamente una hora. Cuando queda espeso, está listo para ser servido. Se acompaña con papas asadas, arroz blanco o Chuño Phuti. Se espolvorea con perejil antes de servir.

CHAIRO PACEÑO

Este es el almuerzo de todo boliviano.

RINDE: 4 PORCIONES • TIEMPO DE PREPARACIÓN: 2 HORAS

INGREDIENTES:

6 tazas de agua
4 chuletas de res con hueso
½ libra de chalona (masa de carnero seca y salada)
½ taza de guisantes
½ taza de habas lima
2 zanahorias picadas 3 papas peladas y picadas
1 taza de chuño (remojado la noche anterior y lavado)
1 cebolla pelada y picada
2 cucharaditas de pimienta de cayena
½ cucharadita de comino molido
½ cucharadita de orégano molido
½ cucharadita de pimienta negra
Sal al gusto

PREPARACIÓN:

1. Ponga el agua en una cacerola a fuego medio. Agregue la carne y la chalona con la sal, y hierva por una hora.

2. A este caldo añádale los guisantes, las habas, las zanahorias y las papas. Sígalo cocinando por aproximadamente 15 minutos.

3. Agregue el chuño y hierva 5 minutos más.

4. En una sartén aparte, fría la cebolla, la pimienta de cayena, el comino y el orégano, y sazónelo con sal y pimienta negra. Retírelo del fuego y añada esta mezcla a la cacerola de la carne hervida.

5. Cocine la carne con todos los ingredientes pero vigile el nivel de líquido para que siempre quede con una consistencia de caldo.

LECHÓN AL HORNO

RINDE: 8 PORCIONES • **TIEMPO DE PREPARACIÓN: 4 HORAS Y 12 HORAS DE MACERACIÓN**

INGREDIENTES:

1 cerdo entero de 6 ½ libras
1 limón
1 taza de pimienta de cayena
1 rama de perejil picado
1 cucharada de tomillo picado
8 dientes de ajo triturados
1 ½ cucharada de sal

1 ½ cucharadita de comino
1 ½ cucharadita de orégano
  picado
1 cucharadita de pimienta negra
¾ taza de vinagre
¼ taza de aceite

PREPARACIÓN:

1. Limpie el cerdo y adobe por dentro y por fuera con el jugo de limón.

2. Mezcle todos los demás ingredientes hasta formar una salsa. Adobe y rocíe el cerdo con la salsa.

3. Tape y mantenga adobado en una bandeja durante 12 horas.

4. Al día siguiente, antes de hornear el cerdo, haga algunos cortes en los hombros y patas, y separe los nervios de los miembros para que no se reduzca durante el horneado.

5. Remójelo con la salsa que queda en la bandeja y hornéelo a 350°F por tres horas. Luego vírelo para que se cocine la otra mitad y hornee por otra hora.

6. Ya listo, sírvalo acompañado de papas y ensalada de lechuga.

DULCES

SOPAIPILLAS

Las sopaipillas son ricas con mantequilla, especialmente cuando son tostadas. La receta típica es con almíbar.

RINDE: 4 PORCIONES • TIEMPO DE PREPARACIÓN: 25 MINUTOS

INGREDIENTES:

3 tazas de agua
½ calabaza pelada y picada en trozos
2 tazas de harina

3 cucharadas de mantequilla derretida
Sal al gusto
½ taza de leche (o agua)
1 taza de aceite para freír

PREPARACIÓN:

1. Hierva abundante agua y agregue la calabaza. Cocine a fuego medio por 15 minutos.

2. Cuando la calabaza esté blandita, escúrrale el agua y písela con un tenedor hasta volverla puré. Haga una corona con la harina y en el centro échele la mantequilla derretida junto con la leche o el agua y la sal. Añada la calabaza.

3. Mezcle bien los ingredientes y forme una masa. La masa no debe pegarse en la tabla pero debe ser suave y elástica.

4. Estire la masa y córtela en discos de aproximadamente 2 o 3 pulgadas. Perfore con un tenedor en varias partes de su espesor.

5. Caliente el aceite en una olla (o *deep fryer*) a la temperatura de 375°F. Ponga 2 o 3 sopaipillas en el aceite caliente y fríalas por un minuto a cada lado. Las sopaipillas deben estar doradas, pero no muy oscuras. Retírelas del aceite y colóquelas sobre un papel absorbente. Continúe friendo las sopaipillas de esta manera hasta terminar con toda la masa.

COCADAS BOLIVIANAS

RINDE: 24 PORCIONES • TIEMPO DE PREPARACIÓN: 30 MINUTOS

INGREDIENTES:

2 ⅔ tazas de coco rallado
¾ taza de leche condensada
1 huevo batido
¼ cucharadita de extracto de
    almendras

Una cucharada de mantequilla
    (para engrasar un molde, no
    para la mezcla)

PREPARACIÓN:

1. Mezcle todos los ingredientes y déjelos reposar por tres minutos.

2. Engrase con mantequilla un molde para hornear y coloque ahí cucharadas de la mezcla, separadas entre sí.

3. Hornee a 325°F por 25 minutos hasta que queden dorados. Deje enfriar antes de servir.

LECHE ASADA

RINDE: 6 PORCIONES • TIEMPO DE PREPARACIÓN: 65 MINUTOS

INGREDIENTES:

12 huevos enteros
4 tazas de leche

2 tazas de azúcar granulada

PREPARACIÓN:

1. Bata los huevos en una cazuela. Agregue la leche y el azúcar. Ponga la mezcla en una vasija para hornear y hornéela por una hora a 375°F. Déjela refrescar antes de servirla.

MANJAR BLANCO

RINDE: 8 PORCIONES • TIEMPO DE PREPARACIÓN: 60 MINUTOS

INGREDIENTES:

½ taza de arroz
9 tazas de leche
⅛ cucharadita de bicarbonato (para evitar que se corte la leche)

1 rama de canela
2 tazas de azúcar granulada

PREPARACIÓN:

1. Lave el arroz, escúrralo y déjelo secar al sol. Ya seco, páselo por la licuadora y bátalo.

2. En una cacerola eche la leche, el arroz molido, el bicarbonato, la canela y el azúcar, y mezcle bien hasta disolver todo.

3. Ponga la mezcla a fuego medio, revolviendo constantemente hasta que se espese. Debe quedar una pasta suave: al revolver debe poder verse el fondo de la vasija. Puede comerse solo, con pan o como relleno para tartas.

LA COCINA DE

CHILE

Chile es un país único por su variedad de climas, paisajes y, sobre todo, por la diversidad de su cultura y de su gente. Esto se refleja en su cocina. En Chile, los españoles encontraron el chocolate, el maní, la vainilla, los fríjoles, las calabazas, los aguacates, el coco, el maíz y los tomates, pero dejaron el cerdo, el carnero, los cítricos, el ajo, el queso, la leche, el trigo, el vinagre y el vino. Haciendo un recuento histórico de la comida chilena hasta hoy, sabemos de las huellas que dejaron la cocina española, araucana (indígenas del Norte chileno), alemana, italiana, croata, francesa y, finalmente, árabe. En una comida chilena no pueden faltar empanadas, cazuela de ave, bistec a lo pobre, caldillo de congrio o sopa de machas, siempre acompañados de un pan recién salido del horno y probablemente del mejor vino del continente. Chile es uno de los mayores productores de vino en el mundo y su consumo es ampliamente popular. Es significativo que los chilenos disfruten de comer sus recetas auténticamente nacionales, que no sólo forman parte de sus costumbres y tradiciones. Es un pueblo orgulloso de su herencia culinaria.

BEBIDAS

CAZUELA DE CHAMPÁN

RINDE: 4 PORCIONES • TIEMPO DE PREPARACIÓN: 15 MINUTOS

INGREDIENTES:

1 botella de vino espumoso   Azúcar al gusto
4 bolas grandes de helado de piña

PREPARACIÓN:

1. Deje el vino en el refrigerador unos cuantos días. Al momento de servir, eche una bola de helado en cada copa y rellene con el vino.

2. Si quiere, agréguele al final una pizca de azúcar.

SUGERENCIA: Puede sustituir el helado de piña con ½ taza de piña cortada en cubos, 3 cucharadas de azúcar y hielo picado, todo batido en la licuadora como un puré.

PONCHE A LA ROMANA

RINDE: 8 PORCIONES • TIEMPO DE PREPARACIÓN: 15 MINUTOS

INGREDIENTES:

1 piña pelada y picada en trozos   1 botella de vino de Champagne
1 taza de coñac   4 tazas de helado de piña
1 botella de vino blanco

PREPARACIÓN:

1. Coloque la piña y el coñac en la licuadora. Bata por 1 minuto. Vierta en una jarra y agregue el vino blanco. Ponga en el refrigerador por aproximadamente 2 horas.

2. Al momento de servir, agregue el champagne y el helado.

SUGERENCIA: Si lo desea, al momento de servir puede utilizar una ponchera.

COLA DE MONO

La cola de mono es un trago chileno hecho con una base de licor de aguardiente, leche, café, azúcar y especias. También se puede probar con vodka. Se caracteriza por pertenecer a la zona norte de Chile y siempre se toma en la época navideña, así como en otras fechas cercanas.

RINDE: 8 PORCIONES • TIEMPO DE PREPARACIÓN: 45 MINUTOS

INGREDIENTES:

1 taza de agua
La cáscara de 1 naranja
10 clavos enteros
3 ramas de canela
1 cucharada de esencia de vainilla
½ galón de leche

2 tazas de leche condensada
¼ taza de café instantáneo (o 1 taza de café expreso)
1 taza de azúcar blanca
1 taza de aguardiente o brandy

PREPARACIÓN:

1. En una cacerola eche el agua, la cáscara de naranja, los clavos, la canela y la vainilla, y cocine hasta que empiece a hervir.

2. Cuando comience a hervir, baje el fuego. Agregue las leches y el café, y siga cocinando por 5 minutos, revolviendo constantemente hasta que todos los ingredientes se disuelvan.

3. Al quitar del fuego, échele el aguardiente o el brandy. Cuele todo para eliminar la cáscara de la naranja y los clavos de olor.

4. Sírvalo frío. Puede guardarse varios días en el refrigerador.

JUGOS Y BATIDOS

BATIDO DE PLÁTANO AL CAFÉ

RINDE: 4 PORCIONES • TIEMPO DE PREPARACIÓN: 15 MINUTOS

INGREDIENTES:

1 taza de leche
3 gotas de esencia de vainilla
2 bananas peladas
1 cucharadita de canela en polvo

¼ taza de café expreso
⅓ taza de azúcar
1 taza de crema

PREPARACIÓN:

1. Coloque los ingredientes, con excepción de a crema, en la licuadora. Bátalos 3 minutos.

2. Decore y corone el batido con la crema.

SOPAS Y CALDOS

AJIACO CHILENO

No hay nada más agradable que llegar a casa y ver que nos está esperando una cazuelita de ajiaco. Lo mejor de esta sopa es que se aprovechan los restos de la carne asada que quedó de alguna parrillada o barbacoa. Claro que también puede usarse carne asada en el horno. Si no cuenta con una carne hecha previamente, aliñe una y métala en el horno.

RINDE: 4 PORCIONES • TIEMPO DE PREPARACIÓN: 60 MINUTOS

INGREDIENTES:

3 cucharadas de aceite
1 cebolla grande pelada y picada
2 dientes de ajo triturado
Sal y pimienta al gusto
Comino y orégano al gusto
½ libra de papas peladas y cortadas en tiras pequeñas

1 libra de carne asada
1 ají verde sin semilla y picado
1 rama de perejil picado
4 tazas de caldo de res
2 huevos duros cortados en rodajas
1 cucharada de azafrán

PREPARACIÓN:

1. En una cacerola a fuego medio, caliente el aceite. Eche la cebolla, el ajo, la sal, el comino y el orégano. Siga cocinando, revolviendo. Agregue las papas con la carne en su jugo.

2. Cuando esté dorado, añada el ají y el perejil. Al final, vierta el caldo y siga cocinando a fuego lento, aproximadamente 30 minutos.

3. Decore con las rodajas de huevos espolvoreados en azafrán. Se sirve caliente.

CAZUELA DE POLLO A LA CHILENA

La cazuela puede hacerse de pollo o gallina.

RINDE: 4 PORCIONES • TIEMPO DE PREPARACIÓN: 30 MINUTOS

INGREDIENTES:

- 4 pechugas de pollo
- ½ calabaza pelada y cortada en cubos
- 4 papas medianas peladas
- 4 mazorcas de maíz picadas en cuartos
- 3 zanahorias picadas
- 6 tazas de caldo de pollo
- 2 tazas de arroz blanco cocinado
- Salsa de ají picante
- Sal y pimiento al gusto
- Cilantro al gusto

PREPARACIÓN:

1. En una cacerola honda hierva el pollo, la calabaza, las papas, el maíz, las zanahorias y el caldo de pollo a fuego lento, aproximadamente por 30 minutos. Tape la cacerola para que se cocine despacio. Así, el pollo se ablanda y las papas van tomando el sabor del guiso.

2. Sirva en un plato de sopa sobre el arroz blanco previamente cocinado. Agregue salsa picante, sal y pimienta al gusto, Adorne con cilantro.

VEGETALES Y VIANDAS

ACELGAS A LA CHILENA

RINDE: 4 PORCIONES • TIEMPO DE PREPARACIÓN: 30 MINUTOS

INGREDIENTES:

- 1 ½ de acelgas
- ¼ taza de aceite
- 1 cebolla pelada y picada
- 1 ½ libra de papas
- 3 zanahorias cortadas en tiras finas
- 1 taza de caldo de pollo
- ½ taza de leche
- Sal y pimienta al gusto

PREPARACIÓN:

1. Sáquele los tallos a las acelgas y corte las hojas a lo largo en tiras estrechas.

2. En una cacerola, hierva el agua con la sal y las acelgas. Cocine 3 minutos. Sáquelas cuando estén blandas y escúrralas.

3. En una sartén aparte, fría en aceite las cebollas, las papas y la zanahoria. Siga cocinando durante 4 o 5 minutos. Luego agregue las acelgas, el caldo y la leche. Sazone con sal y pimienta, y siga cocinando a fuego lento hasta que se espese, aproximadamente 25 minutos. Sirve caliente.

PANES Y EMPANADAS

PAN DE CHUCHOCA

RINDE: 4 PORCIONES • TIEMPO DE PREPARACIÓN: 30 MINUTOS

INGREDIENTES:

2 tazas de chuchoca (maíz chileno)
½ taza de harina
3 cucharadas de azúcar
1 cucharadita de polvo de hornear
1 cucharadita de sal

2 huevos
¾ taza de yogur natural
1 taza de leche
¼ taza de mantequilla blanda
Salsa al gusto

PREPARACIÓN:

1. Caliente el horno a 425°F grados y prepare un molde adecuado untándole mantequilla o aceite.

2. Cierna la harina con la chuchoca y los ingredientes secos. Luego añada los líquidos lentamente, chorro a chorro, para que se mezcle bien. Deje refrescar y vierta en la fuente para hornear.

3. Hornee aproximadamente 20 minutos hasta que el pan esté firme y dorado.

4. Sirva con mantequilla y miel.

EMPANADAS DE PINO

RINDE: 8 PORCIONES • TIEMPO DE PREPARACIÓN: 60 MINUTOS

INGREDIENTES:

Para la masa

3 tazas de harina (medida después de cernida)
½ cucharadita de polvo de hornear
1 cucharada de mantequilla
1 cucharada de manteca
1 cucharada de azúcar

1 cucharada de sal
¼ taza de cocimiento de canela (una rama de canela en agua hirviendo)
2 huevos batidos

Para el relleno

1 diente de ajo machacado
1 cebolla pelada y picada
1 ají verde picado y sin semillas
2 cucharadas de aceite
1 libra de picadillo de res (carne

molida)
½ taza de caldo de res
½ tazas de aceitunas picadas
½ taza de pasas

PREPARACIÓN:

Para la masa

1. Cierna la harina y el polvo de hornear. Abra un círculo en el centro y coloque la manteca, la mantequilla, el azúcar, la sal, el cocimiento de canela frío y los huevos batidos.

2. Amase todos los ingredientes aproximadamente 10 minutos. Extienda la masa con el rodillo y déjela reposar por 2 horas en el refrigerador o en algún lugar fresco de la casa.

3. Estire la masa y córtela en discos de aproximadamente 4 o 5 pulgadas.

4. Una vez cortados los discos, sepárelos con papel de seda hasta el momento de utilizarlos para que no se le peguen unos con otros.

Para el relleno

1. En una sartén aparte, ponga a freír el ajo, la cebolla picada y el ají picado con 2 cucharadas de aceite por 5 minutos hasta que estén dorados. Después agregue la carne molida (es decir, el picadillo). Sazone con sal y cocínelo a fuego fuerte por 5 minutos.

2. Baje el fuego y eche el caldo con las aceitunas y pasas. Siga cocinando aproximadamente tapado aproximadamente 10 minutos. Quite del fuego y déjelo enfriar un poco antes de rellenar los discos.

Elaboración de las empanadas

1. Rellene los discos de la masa de empanadas con el picadillo.

2. Póngale el relleno en el centro del disco y extienda nuevamente el borde (o vuelo) de la empanada, de forma que quede lo más fina posible.

3. Cierre la masa para formar la empanada y presione el borde exterior con un tenedor (o con sus dedos), de manera que quede debidamente sellada.

4. Mezcle la leche con un poco de huevo batido y úntelo encima de las empanadas.

5. Precaliente el horno a 350°F y hornee por 30 minutos hasta que queden doradas.

ARROCES

ARROZ CON LOCOS

Los locos o caracoles chilenos son unos mariscos marinos al estilo del abalone. Tienen un gran gusto y una textura firme que se presta para elaborar muchos platos. Se compran en lata y pueden sustituir cualquier marisco que le guste, incluyendo almejas y calamares.

RINDE: 4 PORCIONES • TIEMPO DE PREPARACIÓN: 55 MINUTOS

INGREDIENTES:

3 cucharadas de aceite de caracoles o mantequilla
1 cebolla mediana pelada y picada
2 dientes de ajo machacados
6 locos frescos hervidos y cortados en trozos o 1 lata de locos en lata enaceite.

½ taza de vino blanco
1 libra de arroz
4 tazas de caldo de pescado
1 taza de agua
Sal y pimienta al gusto
5 cucharadas de queso *gruyère*

PREPARACIÓN:

1. En una cacerola con el aceite de los caracoles (o con la mantequilla), sofría la cebolla y el ajo.

2. Después de unos minutos, agregue los caracoles picados y el vino. Cocine tapado por 10 minutos y entonces añádale el arroz con el caldo y el agua. Sazone con sal y pimienta.

3. Cuando hierva, siga cocinando a fuego medio por 20 minutos hasta que el arroz esté cocinado. Vaya agregándole el queso *gruyère* antes de retirarlo del fuego.

SUGERENCIA: Si desea hacerlo con olla de presión, agregue el arroz bien lavado al sofrito y los caracoles. Entonces tape la olla y, cuando vea salir vapor de agua, coloque el indicador y déjelo hasta que se produzca la señal de que tiene la presión necesaria. En ese momento, retire del fuego y cocine por 5 minutos. Retire la olla y permita que vaya perdiendo lentamente la presión.

PASTAS

PASTA CON CARNE PRISCILIANA

La carne prisciliana simplemente es carne de res de calidad cocida con ají.
Decore este plato con pimientos morrones (de lata) cortados en tiras.

RINDE: 4 PORCIONES • TIEMPO DE PREPARACIÓN: 40 MINUTOS

INGREDIENTES:

1 litro de agua
1 taza de pasta *fusilli* (pasta espiral)
Sal al gusto
1 hoja de laurel
1 cucharadita de aceite de oliva
2 tazas de carne de res cortada en cubos

1 ají rojo cortado sin semillas picado
1 ají verde picado y sin semillas
Queso parmesano rallado

PREPARACIÓN:

1. Hierva el agua en una cacerola grande, a fuego alto, y eche en ella la pasta con la sal, la hoja de laurel y el aceite de oliva. Cocine por unos 15 minutos. Retire del fuego y escúrralo.

2. En otro sartén, sofría los ajíes en un poco de aceite de oliva a fuego lento por 7 minutos. Baje el fuego, saque los ajíes e incorpore la carne; sofríala en la misma sartén aproximadamente 7 minutos.

3. Agregue la pasta escurrida y revuelva añadiendo el queso rallado.

4. Sirva en una fuente y acompáñelo con jugo de naranja, que resalta el sabor de los ajíes.

SALSAS

ADEREZO CHILENO

Un aliño que se puede servir con cualquier ensalada, carne, pollo o pescado.

RINDE: 4 PORCIONES • TIEMPO DE PREPARACIÓN: 5 MINUTOS

INGREDIENTES:

⅓ taza de vinagre balsámico
⅓ taza de aceite de oliva
⅓ taza de mostaza
3 dientes de ajo triturados
3 yemas de huevo cocinadas

1 rama de hierbas picadas
2 cucharaditas de tabasco
1 cucharadita de azúcar
Sal y pimienta al gusto

PREPARACIÓN:

1. Coloque los ingredientes en la licuadora y bátalos por 3 minutos hasta conseguir que se espese y que todo se mezcle bien.

2. Coloque la salsa en el refrigerador hasta el momento de utilizarla.

PESCADOS Y MARISCOS

ALMEJAS CHILENAS A LA PARMESANA

RINDE: 4 PORCIONES • TIEMPO DE PREPARACIÓN: 25 MINUTOS

INGREDIENTES:

1 ½ libra de almejas lavadas
2 tazas de vino blanco
⅛ libra de mantequilla

Orégano y pimienta al gusto
Queso parmesano al gusto

PREPARACIÓN:

1. Caliente el horno a 350°F. Coloque las almejas en una olla de barro y échele encima el vino blanco.

2. Añada la mantequilla, la pimienta, el orégano y el queso. Deje reposar un momento y cocínelos al horno durante 15 minutos. Sirva caliente.

LANGOSTINOS A LA CAVA

La cava es un tipo de vino espumoso con burbujas de gran calidad. Puede sustituir los langostinos por camarones, gambas u otro marisco.

RINDE: 4 PORCIONES • TIEMPO DE PREPARACIÓN: 40 MINUTOS

INGREDIENTES:

2 ½ taza de cava
1 hoja de laurel
El jugo de 1 limón

16 langostinos grandes, limpios y
   cortados en dos (con todo y
   caparazón)
Sal al gusto

Para la salsa

2 cucharadas de mantequilla
1 cebolla pelada y picada
1 cucharada de salsa de tomate
1 cucharada de harina

1 copita de brandy
1 ½ taza de caldo de pescado o
   mariscos

PREPARACIÓN:

1. En una cacerola a fuego medio, cocine la cava con la hoja de laurel y el jugo de limón por 10 minutos.

2. Cuando empiece a hervir, baje el fuego y agregue los langostinos (o camarones) y siga cocinando durante aproximadamente 7 minutos. Retire del fuego y escurra los camarones, guardando el caldo.

Para la salsa

1. En una sartén, derrita la mantequilla y fría la cebolla por 3 minutos. Agregue la salsa de tomate, el pimentón y la harina. Baje el fuego.

2. Encienda el brandy con un fósforo. Flambee.

3. Eche 1 taza del caldo reservado de los camarones y 1 taza del caldo de pescado preparado, cocinándolo todo por 10 minutos, removiendo constantemente. Durante ese tiempo, el caldo debe estar flambeado.

4. Pase esta salsa por la licuadora y viértala en una salsera (o sobre los langostinos).

5. Sirva con arroz blanco.

SUGERENCIA: Si usa camarones, pélelos, lávelos y quíteles la vena negra.

CARNES

ANTICUCHOS O PINCHOS DE CARNE CHILENOS

¡Qué rico es un pincho un domingo por la tarde! Los chilenos, al igual que los argentinos y uruguayos, son conocidos por sus asados.

El asado es una técnica de cocción donde cortes de carne y otros alimentos son expuestos al calor de fuego, o a brasas, para que la comida se cocine lentamente. Es el método tradicional de cocina de los grandes países ganaderos como Argentina y Chile, donde se celebran fiestas al aire libre. En ellas, los invitados se alimentan en las barbacoas. El asado fue inventado por los gauchos, que son los vaqueros de las pampas.

RINDE: 4 PORCIONES • TIEMPO DE PREPARACIÓN: 40 MINUTOS

INGREDIENTES:

1 libra de carne de res (boliche, cañada, churrasco)
¼ libra de salchichas
⅛ libra de longaniza
Vinagre y aceite
Sal y pimienta al gusto

Pizca de orégano
1 cebolla pelada en rodajas
1 tomate en rodajes
½ ají rojo en rodajas y sin semillas
8 pinchos de hierro o madera para los anticuchos

PREPARACIÓN:

1. Corte la carne, las salchichas y las longanizas en trozos de aproximadamente 1 pulgada.

2. Deje los trozos con un adobo de vinagre, aceite, sal, pimienta y orégano por aproximadamente 2 horas.

3. También échele un poco de este aliño a la cebolla, al tomate y al ají.

4. Elabore los pinchos alternando los trozos de carne con los de tomate, cebolla y ají.

5. Ponga los pinchos a la parrilla, volteando por cada lado para que se cocinen parejo.

LOMO A LO POBRE

RINDE: 4 PORCIONES • TIEMPO DE PREPARACIÓN: 60 MINUTOS

INGREDIENTES:

4 medallones de lomo (delmónico)   4 huevos
4 dientes de ajo triturados   Sal y pimienta al gusto
4 cucharadas de aceite

PREPARACIÓN:

1. Adobe los medallones con sal y pimienta. Reserve.

2. En una sartén a fuego lento, ponga a freír en aceite el ajo hasta que se dore. Agregue los medallones uno a uno, volteando cada lado hasta que queden dorados y se cocinen.

3. Escurra los medallones sobre un papel absorbente para eliminar la grasa sobrante.

4. Fría los huevos, uno a uno, cuidando de no romper las yemas.

5. Sirva los medallones en una fuente y ponga un huevo frito encima de cada medallón.

6. Se acompaña con papas fritas, arroz blanco y plátano maduro frito.

DULCES

NARANJAS RELLENAS

RINDE: 4 PORCIONES • TIEMPO DE PREPARACIÓN: 30 MINUTOS

INGREDIENTES:

4 naranjas cortadas por la mitad   2 cucharadas de azúcar
½ taza de agua   Nata al gusto
2 cucharadas de maicena   Confituras o mermelada de cereza

PREPARACIÓN

1. Exprima las naranjas con cuidado de no romper las mitades. Reserve.

2. En una cacerola aparte hierva el agua con el azúcar y la maicena, y cocine por 15 minutos hasta que se espese.

3. Cuando llegue a la textura deseada, baje el fuego y vierta la mezcla adentro de las mitades de las naranjas. Cubra la corona de cada media naranja con nata y contrastando como adorno las cerezas o la mermelada de cereza.

4. Ponga en el refrigerador aproximadamente 1 hora antes de servir.

POSTRE DE FRUTILLAS

En Chile, elaborar conservas dulces es parte de la tradición de muchas familias y los postres de frutas son abundantes. Los chilenos le llaman frutilla a la fresa pero este postre también se puede hacer con cerezas, frambuesas o moras.

RINDE: 4 PORCIONES • TIEMPO DE PREPARACIÓN: 60 MINUTOS

INGREDIENTES:

2 tazas de frutillas (fresas)
1 taza de jugo de naranja
1 ½ cucharada de gelatina en polvo

1 cucharada de azúcar
2 claras de huevo batidas
1 taza de crema Chantilly

PREPARACIÓN:

1. Separe una taza de las frutillas o fresas, córtelas en rodajas y reserve.

2. Coloque el resto de las frutillas en la licuadora y bátalas por 2 minutos.

3. Cocine el jugo de naranja con la gelatina y revuelva la mezcla hasta que se espese como espuma. Agréguele poco a poco las frutillas licuadas y el azúcar, y añada las claras batidas mezclando suavemente.

4. Coloque en el fondo de las copas de postre las frutillas en rodajas. Vierta la gelatina y ponga en el congelador aproximadamente 30 minutos.

5. Adorne con una capa de crema Chantilly al servir.

SUGERENCIA: La crema Chantilly es una crema batida ligeramente azucarada y perfumada con vainilla.

LA COCINA DE

COLOMBIA

La cocina colombiana está fuertemente influenciada por la cocina española y por la cocina indígena, y tiene una rica variedad de platos típicos deliciosos, cual explosión de sabor, olor y color. Los platos típicos están salpicados de especias y frutas exóticas que comúnmente crecen en las selvas colombianas. También listo para probar está el ron —que es una delicadeza— y por supuesto, el gran café colombiano, que es una exquisitez.

Uno de los platos nacionales colombianos es el ajiaco, que es también el plato nacional de muchos países del Caribe como República Dominicana, Puerto Rico y Cuba. También son tradicionales los tamales, que es un plato tradicional de la cocina latinoamericana. Sin embargo, los colombianos envuelven los tamales en hojas de plátano para darles un sabor dulce, diferente del sabor que tienen los tamales envueltos en hojas de maíz. Las arepas son la versión colombiana de la milenaria tortilla.

BEBIDAS

AGUARDIENTE COLOMBIANO

El licor nacional de Colombia es el aguardiente, un licor potente, dulce y con sabor anisado. Pruebe un buen aguardiente y sabrá por qué los colombianos lo disfrutan tanto y lo utilizan para cocteles y postres.

RINDE: 1 COCTEL • TIEMPO DE PREPARACIÓN: 5 MINUTOS

INGREDIENTES:

2 medidas de aguardiente colombiano
1 medida de jugo de limón
1 medida de jugo de naranja

1 clara de huevo
2 cucharadas de azúcar
Hielo picado al gusto
1 rodaja de naranja para adornar

PREPARACIÓN:

En una coctelera mezcle todos los ingredientes y bata bien. Cuele y vierta en un vaso de Martini, decore con la rodaja de naranja y sirva. ¡Salud!

SUGERENCIA: Tenga en cuenta que, en las recetas de cocteles, una medida equivale a 1 onza de líquido o licor. Por lo tanto, la receta da para un solo trago.

ENTREMESES

AREPAS BLANCAS CON QUESO

Todos los colombianos hacen arepas, dentro y fuera del país. Son ideales para cualquier ocasión del día. Los colombianos que yo conozco suelen comerla como si fuera un entremés, aunque en algunas regiones la comen como plato de desayuno o como acompañamiento del plato principal.

RINDE: 8 PORCIONES • TIEMPO DE PREPARACIÓN: 20 MINUTOS

INGREDIENTES:

3 tazas de harina de maíz
1 ⅓ tazas de agua tibia
3 ½ cucharadas de mantequilla
  derretida

1 taza de queso blanco
¼ cucharadita de sal
1 cucharada de azúcar
1 taza de aceite vegetal para freír

PREPARACIÓN:

1. En un tazón profundo mezcle la harina de maíz, el agua y la mantequilla derretida. Amase y agregue el queso, la sal y el azúcar.

2. Agregue agua hasta que la masa sea suave. Haga bolas de masa de cerca de 1 pulgada de espesor y aplástelas con la mano, colocándolas entre dos hojas de papel aluminio. Déles forma redonda con las manos húmedas.

3. En una sartén con aceite a fuego alto, fríalas por 2 o 3 minutos por cada lado (o hasta que se doren completamente).

SUGERENCIA: Para mantenerlas calentitas, cúbralas con una toalla de cocina hasta el momento de servirlas.

SOPAS Y CALDOS

Para los colombianos, las sopas son parte esencial de la rutina. Son útiles como remedio casero: curan resfriados y también levantan el espíritu. Una buena comida colombiana no está completa sin «sopa y seco»; es decir, la sopa con cualquier otro plato. Cada región de Colombia tiene su propia sopa. Los costeños preparan las sopas con tanto marisco fresco que pareciera que se derrama el plato. Tierra adentro abundan las sopas cálidas, abundantes en carnes y vegetales.

Los colombianos, sin embargo, suelen afirmar que la mejor receta para una sopa aparece después de una larga noche de copas y parrandas. Así la disfrutan tempranito en medio de la Resaca («guayabo», como dicen ellos). Es así, justamente, como este segmento debe comenzar: con esas maravillosas sopas que nos rescatan y nos salvan. Esas maravillosas sopas para desayunar.

CHANGUA

En el interior de Colombia, la gente se levanta y piensa en la changua para el desayuno. Es baja en grasas y en calorías, altamente proteica.

RINDE: 4 PORCIONES • TIEMPO DE PREPARACIÓN: 45 MINUTOS

INGREDIENTES:

2 tazas de agua
2 tazas de leche
Sal al gusto
4 huevos
4 cucharadas de cilantro fresco

bien picado
2 tallos de cebolla larga cortada en
 pedazos
4 rodajas de pan tostado, cortado
 en cubitos

PREPARACIÓN:

1. En una cacerola grande mezcle el agua, la leche y la sal. Cocine esta mezcla a fuego medio por 20 minutos y déjela hervir.

2. Cuando la sopa hierva, abra los huevos y viértalos cuidadosamente, sin que se rompan las yemas.

3. Tape la cacerola y siga cocinando por aproximadamente 2 minutos.

4. Para servir, coloque en el fondo de cada plato de sopa una cucharada de la cebolla y el cilantro. Vierta el caldo y sirva la sopa con los cubitos de pan.

SUGERENCIA También puede agregar papa cocida antes del huevo.

SANCOCHO DE COLA

No se asuste, no se trata de un rabo. El sancocho de cola o costilla es un plato muy versátil de la gastronomía colombiana; se prepara tradicionalmente con gallina aunque ésta, sin embargo, puede sustituirse por pollo, pescado o cerdo.

RINDE: 4 PORCIONES • TIEMPO DE PREPARACIÓN: 1 HORA Y 50 MINUTOS

INGREDIENTES:

12 tazas de agua
2 libras de costilla de res
2 tallos de cebolla larga, enteros y amarrados
2 plátanos verdes pelados y cortados en trozos
½ libra de yuca pelada y cortada
2 mazorcas de maíz, partidas
½ libra de calabaza pelada y cortada
2 dientes de ajo triturados
Sal, pimienta y comino al gusto
2 cucharadas de cilantro, picado fino
Cilantro triturado al gusto

PREPARACIÓN:

1. En una cacerola grande con agua, cocine la costilla y la cebolla a fuego medio por aproximadamente una hora, hasta que la carne se pueda despegar del hueso.

2. Agregue los plátanos y siga cocinando a fuego medio por 25 minutos.

3. Añada la yuca, el maíz y la calabaza, y siga cocinando por 15 minutos más. Sazone con el ajo, la sal, el comino y la pimienta, y sirva inmediatamente espolvoreando con el cilantro.

SUGERENCIA: Se suele servir el caldo y la costilla conjuntamente y los vegetales aparte. Procure no revolver el sancocho con utensilios de metal para no oscurecer el caldo. Se acompaña con arroz blanco, aguacate y plátanos maduros.

SUDADOS

En los sudados colombianos, la carne se cocina en una salsa a base de tomates, cebollas y ajíes rojos, y se acompaña con papas y yuca. Es como un guiso o un potaje. Existen diferentes sudados según las carnes que se utilizan: sudado de carne, sudado de pollo, sudado de cerdo, sudado de pecado. Todos son igualmente deliciosos.

SUDADO DE PESCADO

RINDE: 4 PORCIONES • TIEMPO DE PREPARACIÓN: 30 MINUTOS

INGREDIENTES:

2 cucharadas de aceite vegetal
1 cebolla pelada y picada
1 taza de tomate pelado y picado
1 diente de ajo triturado
Sal y pimienta al gusto

2 tazas de agua
1 libra de yuca pelada y cortada
1 cucharada de comino molido
2 libras de filete de pescado blanco
½ taza de cilantro picado

PREPARACIÓN:

1. En una cacerola grande, caliente el aceite vegetal a fuego medio. Agregue la cebolla y saltéela durante unos 3 minutos hasta que esté traslúcida. Añada entonces el tomate, el ajo, la sal y la pimienta, y saltee todo junto durante 5 minutos más.

2. Agregue el agua, la yuca y el comino. Tape la cacerola y cocínelo durante 10 minutos a fuego medio.

3. Agregue los filetes de pescado y el cilantro, y cocínelos por 15 minutos más (o hasta que la yuca esté tierna y el pescado totalmente cocinado).

SUGERENCIA: Se acompaña con arroz blanco y plátanos maduros fritos. Otra opción es servirlo sobre arroz blanco y acompañarlo con aguacate y patacones (tostones).

SUDADO DE CERDO

RINDE: 4 PORCIONES • TIEMPO DE PREPARACIÓN: 50 MINUTOS

INGREDIENTES:

2 cucharadas de aceite vegetal
1 cebolla pelada y picada
2 tomates pelados y picados
1 diente de ajo triturado
Sal y pimienta al gusto
2 libras de chuletas de cerdo sin hueso

3 tazas de agua
½ cucharadita de comino molido
4 papas peladas y cortadas
1 libra de yuca pelada y cortada
2 zanahorias peladas y cortadas en rodajas
Cilantro fresco al gusto

PREPARACIÓN:

1. En una cacerola grande, caliente el aceite vegetal a fuego medio. Agregue la cebolla y saltéela durante unos 3 minutos hasta que esté traslúcida. Luego agregue los tomates, el ajo, la sal y la pimienta y saltee durante 5 minutos más.

2. Agregue la carne de cerdo, el agua y el comino. Tape la olla y cocine todo durante 20 minutos a fuego medio, revolviéndolo a cada rato para que no se pegue.

3. Agregue las papas, la yuca, las zanahorias y el cilantro, y cocínelo por 20 minutos más (o hasta que todos los vegetales estén tiernos).

SUGERENCIA: Acompañe con arroz blanco.

SUDADO DE CARNE DE RES

RINDE: 4 PORCIONES • TIEMPO DE PREPARACIÓN: 50 MINUTOS

INGREDIENTES:

2 cucharadas de aceite vegetal
2 libras de carne de res sin grasa,
  cortada en cubos
1 cebolla pelada y picada
1 ají rojo, pelados y picados
1 diente de ajo triturado
2 tomates pelados y picados

¼ cucharadita de comino en polvo
½ taza con cilantro fresco picado
Sal al gusto
8 papas pequeñas, peladas y
  cortadas a la mitad.
½ libra de yuca pelada y cortada
3 tazas de agua

PREPARACIÓN:

1. En una cacerola grande, caliente el aceite vegetal a fuego medio. Agregue la cebolla y el ají rojo, y saltéelos durante unos 3 minutos, hasta que la cebolla esté traslúcida. Luego agregue los tomates, el ajo, la sal y la pimienta, y saltee todo durante 5 minutos más.

2. Agregue la carne, el agua y el comino en polvo. Tape la cacerola y cocine todo durante 15 minutos a fuego medio, revolviendo para que no se pegue.

3. Añada las papas, la yuca y el cilantro, y cocine todo por 20 minutos más (o hasta que las papas y la yuca estén tiernas).

SUGERENCIA: Acompañe con arroz blanco.

SUDADO DE POLLO

RINDE: 4 PORCIONES • TIEMPO DE PREPARACIÓN: 60 MINUTOS

INGREDIENTES:

2 cucharadas de aceite vegetal
3 tazas de agua
1 cebolla pelada y picada
1 ají rojo cortado en pedacitos
1 diente de ajo triturado
2 tomates picados

¼ cucharadita de comino en polvo
1 pollo de 3 libras cortado en octavos
8 papas pequeñas, peladas y
  cortadas a la mitad
¼ taza con cilantro fresco picado
Sal y pimienta al gusto

PREPARACIÓN:

1. En una cacerola grande, caliente el aceite vegetal a fuego medio. Agregue la cebolla y el ají rojo, y saltéelos durante unos 3 minutos, hasta que las cebollas estén traslucidas. Luego agregue el ajo, los tomates, el comino, la sal y la pimienta, y saltee todo durante 5 minutos más.

2. Agregue el pollo y el agua. Tape la cacerola y cocínelo durante 25 minutos, revolviéndolo para que no se pegue.

3. Agregue las papas y el cilantro, y cocine todo por 30 minutos más (o hasta que las papas estén tiernas).

SUGERENCIA: Acompañe con arroz blanco.

SÁNDWICHS

PERROS CALIENTES

¿Cómo es esto de perros calientes colombianos? Oyendo el bullicio de mi hijo adolescente y sus amigos sobre los hot dogs de Colombia —que siempre comen después de una salida—, decidí investigar. Los muchachos me mandaron a un lugar muy urbano y moderno llamado L.A. Moon, en el centro de Miami, para que entrara y mirara el menú. Allí fue que me di cuenta de que los colombianos han llevado los perros calientes a otro nivel. El «perro Supermoon» tiene hasta huevo de codorniz. ¡Qué locura pero qué rico!

RINDE: 4 PORCIONES • TIEMPO DE PREPARACIÓN: 10 MINUTOS

INGREDIENTES:

8 salchichas (perros de carne)
8 panes para perros
1 taza de salsa de piña *(ver receta p. 71)*
1 taza de ensalada de repollo y zanahoria *(ver receta p. 140)*

Mayonesa al gusto
Mostaza al gusto
Salsa de tomate (kétchup) al gusto
1 bolsa pequeña de papitas *(potato chips)* trituradas

PREPARACIÓN:

1. En una cacerola mediana, hierva 3 tazas de agua a fuego medio y agregue las salchichas. Cocínelas por aproximadamente 5 minutos.

2. Coloque los perros en los panes y cúbralos con la salsa de piña, la ensalada de repollo, la mayonesa, la mostaza, la salsa de tomate y las papitas trituradas.

PANDEBONO

Para cualquier colombiano dentro y fuera de Colombia, comer un pandebono (o pan de queso) es un deleite en cualquier momento del día. Anímese y pruébelo, no se arrepentirá.

RINDE: 12 PANES • TIEMPO DE PREPARACIÓN: 30 MINUTOS

INGREDIENTES:

⅔ tazas de harina de yuca
¼ taza de harina de maíz blanco
1 taza de queso blanco fresco

1 taza de queso feta
1 huevo grande

PREPARACIÓN:

1. Precaliente el horno a 400°F.

2. En un procesador, agregue la harina de yuca, la harina de maíz blanco y los quesos. Procese hasta que la mezcla esté uniforme. Agregue el huevo despacio, mientras el procesador está funcionando. Debe quedar una masa suave que no se pegue a los dedos.

3. Divida la mezcla en 12 porciones iguales y moldee bolitas de 1 pulgada de diámetro (como el tamaño de una pelota de golf).

4. Coloque en un recipiente para hornear papel antiadherente. Hornee de 15 a 20 minutos (o hasta que estén doraditos). Sírvalos calientes.

SUGERENCIA: En el desayuno, este delicioso pan se acompaña con café con leche y huevos cocinados a su gusto.

ARROCES

ARROZ CON POLLO

Cada país tiene una receta especial para el arroz con pollo. Los colombianos lo preparan a lo express —es decir, rapidísimo— porque usan el arroz y el pollo ya cocinado. Perfecto para la familia que cuida el bolsillo, ya que si le quedan restos de arroz y de pollo de la cena de la noche anterior, pueden utilizarlos para este delicioso plato el próximo día.

RINDE: 4 PORCIONES • TIEMPO DE PREPARACIÓN: 30 MINUTOS

INGREDIENTES:

2 cucharadas de aceite de oliva
1 diente de ajo triturado
1 cebolla pelada y cortada
3 pechugas de pollo deshuesadas, cocinadas y cortadas en trozos
1 cucharada de paprika
¼ de taza de chicharos o guisantes

2 tazas de arroz cocinado
1 cucharada de cilantro
1 hoja de laurel
Sal y pimienta al gusto
2 huevos duros cortados en rodajas para decorar

PREPARACIÓN:

1. En una cacerola fría el aceite con el ajo y la cebolla de 3 a 5 minutos, a fuego medio hasta que estén dorados.

2. Agregue el pollo y siga cocinando por 6 minutos más para que se integren los sabores.

3. Agregue el pimentón y los chicharos, y siga cocinando por aproximadamente 10 minutos, revolviendo con una cuchara de madera para que no se pegue.

4. Finalmente incorpore el arroz, el cilantro, la hoja de laurel, la sal y la pimienta, y siga cocinando por unos 5 minutos.

5. Decore con el huevo duro y sirva inmediatamente.

SUGERENCIA: Para darle un sabor especial, agréguele al final ½ taza de tomillo fresco picado.

ENSALADAS

ENSALADA DE PAPA

Una ensalada apetitosa, colorida y baja en grasas (alta en carbohidratos, eso sí).

RINDE: 4 PORCIONES •
TIEMPO DE PREPARACIÓN: 5 MINUTOS (MÁS EL TIEMPO DE COCCIÓN DE LAS PAPAS Y ZANAHORIAS)

INGREDIENTES:

Para la ensalada

4 papas peladas, cocinadas al vapor y cortadas en cubos

2 zanahorias grandes, cocinadas al vapor y cortadas en rodajas

1 cebolla roja pelada y picada

¼ taza de cilantro picado

2 tomates grandes cortados en cubos

Para el aderezo

⅓ taza con vinagre de vino

⅓ de taza de aceite

Sal y pimienta al gusto

1 cucharada de azúcar

PREPARACIÓN:

1. En un recipiente mezcle las papas, la zanahoria, la cebolla y el cilantro. Deje enfriar.

2. Para el aliño mezcle en un recipiente el aceite y el vinagre. Revuelva con un batidor de alambre para emulsionar los dos ingredientes. Sazone al gusto.

3. Al momento de servir incorpore los tomates y el aliño, mezclando todo suavemente.

SUGERENCIA: Es muy importante emulsionar el aceite y el vinagre para que no se mezclan fácilmente.

SALSAS

SALSA DE PIÑA

Por su textura y sabor, se usa esta salsa para los perros calientes y sándwiches. Sin embargo le doy una idea: si prepara filetes de pescado, sirva esta salsa a un lado.

RINDE: 4 PORCIONES • TIEMPO DE PREPARACIÓN: 20 MINUTOS

INGREDIENTES:

1 piña fresca, pelada y cortada en pedazos
½ taza de agua

2 ½ cucharaditas de azúcar
1 ¼ cucharadita de maicena
Jugo de ½ limón

PREPARACIÓN:

1. Coloque todos los ingredientes, con excepción de la maicena, en la licuadora. Bata por 3 minutos.

2. Vierta esta mezcla en una cacerola y cocine por aproximadamente 10 minutos.

3. En un recipiente aparte, mezcle la maicena con 1 cucharada de agua. Agregue la preparación de la piña. Deje que hierva despacio, revolviendo hasta que la salsa espese.

4. Deje que se enfríe y sírvalo en una salsera.

HOGAO

El hogao es una salsa tradicional colombiana hecha para acompañar los delicio-sos platos originarios del país. Como el chimichurri para los argentinos y el so-frito para los cubanos, el hogao se puede servir sobre cualquier plato en cualquier momento.

RINDE: 4 PORCIONES • TIEMPO DE PREPARACIÓN: 20 MINUTOS

INGREDIENTES:

3 cucharadas de aceite vegetal
2 cebollas peladas y picadas
1 diente de ajo triturado
1 cucharadita de comino

Sal y pimienta al gusto
2 tomates cortados en cubos
¼ de taza cilantro picado

PREPARACIÓN:

1. En una sartén con aceite, dore ligeramente las cebollas y el ajo. Agregue el comino, la sal y la pimienta.

2. Agréguele después de unos minutos el tomate y el cilantro, y cocine por 10 mi-nutos a fuego lento.

PLATOS CON HUEVOS

HUEVOS PERICOS CON CEBOLLA Y TOMATE

Son sencillamente, huevos revueltos con cebolla y tomate. ¡Deliciosos!

RINDE: 4 PORCIONES • TIEMPO DE PREPARACIÓN: 15 MINUTOS

INGREDIENTES:

2 cucharadas de aceite de oliva
1 cebolla pelada y picada
2 tomates medianos picados

4 huevos
Sal al gusto

PREPARACIÓN:

1. En una sartén mediana, caliente el aceite de oliva a fuego medio. Fría la cebolla y, cuando esté transparente, agregue los tomates. Siga cocinando por 5 minutos hasta que los tomates estén tiernos.

2. En un recipiente bata ligeramente los huevos y la sal, y agréguelos a la sartén.

3. Siga cocinando a fuego medio sin revolver. Deje la tortilla 3 minutos de un lado, déle la vuelta y cocine el otro lado 5 minutos más.

PESCADOS Y MARISCOS

VIUDO DE PESCADO

La verdad es que no sabemos por qué le dicen viudo a este plato. ¿Será una leyenda? Sí sabemos que usualmente usan pescado de río para prepararlo. Para ser más práctico, válgase de cualquier pescado fresco y, si usted es un gran aficionado de la pesca, use el que lleve a la casa. Este fenomenal plato colombiano tiene de todo: calabaza, papa, yuca, plátanos y, para colmo, arracacha —una vianda originaria de los andes que parece una zanahoria blanca.

RINDE: 4 PORCIONES • TIEMPO DE PREPARACIÓN: 50 MINUTOS

INGREDIENTES:

10 tazas de agua
2 cebollas grandes, peladas y cortadas en trozos
2 dientes de ajo enteros
1 ají rojo cortado en trozos
Sal y pimienta al gusto
3 plátanos verdes cortados a lo largo y a la mitad
½ libra de papas peladas y cortadas por la mitad
½ libra de yuca pelada y cortada por la mitad
½ libra de calabaza pelada y cortada en trozos
4 arracachas peladas y cortadas a lo largo
1 libra de filetes de pescado (pargo)
2 cucharadas de cilantro picado
Hogao *(ver receta en la p. 72)*

PREPARACIÓN:

1. En una cacerola ponga el agua a hervir a fuego medio. Una vez que rompa el hervor, incorpore la cebolla, el ajo y el ají. Condimente con la sal y la pimienta.

2. Luego de 10 minutos agregue los plátanos cortados. 10 minutos después agregue las papas, la yuca, la arracacha y la calabaza.

3. Pasados 10 minutos de incorporados los vegetales, agregue el pescado y deje cocinar todo a fuego medio durante 10 minutos con la cacerola tapada. No revuelva para que no se deshaga el pescado.

4. Después de pasados los 10 minutos, retire el pescado con cuidado y acomódelo en una fuente para servir. Cuele los vegetales y sírvalos encima del pescado. El caldo colado se sirve aparte, rociado con el cilantro. En una salsera vierta el hogao para que cada comensal se sirva a su gusto.

MOJARRA FRITA

RINDE: 4–6 PERSONAS •
TIEMPO DE PREPARACIÓN: 30 MINUTOS (INCLUYE LA LIMPIEZA DEL PESCADO)

INGREDIENTES:

4–6 mojarras enteras (1 pescado
   por persona)
Aceite

Sal
Limón

PREPARACIÓN:

1. Abrir las mojarras, limpiarlas y adobarlas por dentro con sal y limón, dejándolas así por 5 minutos para que coja sabor.

2. Freírlas en abundante aceite (debe estar bien caliente) durante 15 minutos.

3. Bajar el fuego y cocinar hasta que dore por ambos lados.

SUGERENCIA: Acompañe la mojarra con patacones, una buena porción de arroz con coco y ensalada de tomate y cebolla.

PLATOS FUERTES

BANDEJA PAISA

La bandeja paisa es uno de los platos más típicos de la gastronomía colombiana y quizás el más conocido por fuera de las fronteras de Colombia. Es un plato oriundo de la región andina, específicamente del departamento de Antioquia, cuya capital es Medellín. Si va de paseo por esa bella región de Colombia no deje de pedir este plato, famoso por su tamaño y por la combinación de sabores y colores que presenta. Además, disfrutará de la amabilidad de «los paisas», los habitantes de esa región.

RINDE: 4 PORCIONES • TIEMPO DE PREPARACIÓN: 1 HORA Y 45 MINUTOS

INGREDIENTES:

Para los fríjoles

- 4 tazas de fríjoles pintos
- 2 plátanos verdes pelados, cortados en trozos
- 1 zanahoria mediana pelada y rallada
- 1 cebolla grande pelada y picada

- ½ libra de tocino
- 2 cucharadas de aceite
- 2 cucharadas de salsa de tomate
- 1 ½ taza de hogao *(vea la receta en la p. 72)*
- Sal, pimienta y comino al gusto

Para la carne molida

- 3 tomates medianos maduros, pelados y picados
- 2 tallos de cebolla verde picados
- 1 cucharada de cilantro picado
- 2 dientes de ajo picados

- 6 cucharadas de aceite
- 2 libras de carne de falda cortada en trozos
- Sal, pimienta y comino al gustoArroz blanco para acompañar

PREPARACIÓN:

Para los fríjoles:

1. El día anterior, ponga los fríjoles en remojo con suficiente agua para que los cubra. Escurra el agua antes de cocinar.

2. En una cacerola, fría 3 cucharadas de aceite a fuego medio y agregue los fríjoles, los plátanos, la zanahoria, la cebolla, el tocino y la salsa de tomate. Cocine por 30 minutos. Después de pasado ese tiempo, agregue el hogao y sazone con la sal, la pimienta y el comino. Deje esta preparación en la cacerola tapada hasta el momento de servir.

Para la carne molida

1. En una cacerola, fría 3 cucharadas de aceite a fuego medio. Agregue la cebolla y el ajo, y saltéelos durante unos 3 minutos, hasta que las cebollas estén translucidas. Agregue los tomates y el cilantro; cocínelos por 5 minutos hasta que los tomates estén tiernos.

2. Agregue la carne y déjela cocinar en la salsa durante 20 minutos. Sazone con sal, pimienta y comino. Una vez que esté cocinada, déjela enfriar

3. Una vez fría, procese la carne en la procesadora hasta que quede molida. Antes de servirla, llévela nuevamente a una cacerola y caliéntela durante 5 minutos.

SUGERENCIA: Para la presentación del plato, la carne molida y los fríjoles se ponen al lado del arroz. Acompañe con tostones y dos huevos fritos sobre la carne.

AJIACO SANTAFEREÑO

Esta sopa incluye en sus ingredientes pollo, cebollas, patatas, «papas criollas» y mazorcas (aún sin desgranar) Se sazona con cilantro, hojas de laurel y con guasca deshidratada (una hierba que crece en Colombia y puede ser encontrada en algunos mercados de los Estados Unidos). Todos estos ingredientes hierven juntos. El ajiaco se sirve en platos separados; se agrega también crema de leche (que puede espesar el ajiaco), alcaparras y aguacates. Lo que hace que esta sopa sea un plato tan delicioso es la consistencia sustanciosa que las «papas criollas» —o las papas creole— le dan al ajiaco. Estas se mezclan con la combinación de olores y sabores que emanan de las hierbas. «Papas criollas» congeladas se pueden encontrar en el mercado local.

RINDE: 6–8 PORCIONES • TIEMPO DE PREPARACIÓN: 2 HORAS

INGREDIENTES:

3 pechugas de pollo con piel
3 mazorcas, cada una cortada en
   dos pedazos
2 cubitos de caldo de pollo
3 cucharadas de cilantro picadito
2 dientes de ajo picaditos
3 cebollines
¼ cucharadita de sal
Pimienta al gusto

12 tazas de agua
2 tazas con papas criollas
3 papas blancas medianas, peladas
   y cortadas en trozos
3 papas rojas, peladas y cortadas
   en pedazos
⅓ taza con guascas
1 taza con crema de leche
1 taza con alcaparras

PREPARACIÓN:

1. En una olla grande ponga el pollo, el maíz, los cubitos de caldo de pollo, el cilantro, los cebollinos, el ajo, la sal y la pimienta. Añada el agua y póngalo todo a hervir a medio fuego; cocínelo por 35 o 45 minutos, hasta que el pollo esté cocinado y blando. Saque el pollo y póngalo a un lado.

2. Continúe cocinando el maíz por 30 minutos más. Añada las papas rojas, las papas blancas y las guascas. Cocínelo por 30 minutos más.

3. Agregue las papas criollas congeladas y hierva el ajiaco a fuego lento por 15 o 20 minutos. Sazone con sal y pimienta.

4. Corte la carne del pollo en pedazos pequeños y póngalos nuevamente en la olla. Sirva el ajiaco caliente con alcaparras y crema de leche como acompañantes.

SUGERENCIA: Acompañe con alcaparras y crema de leche. Este plato puede ser preparado para la cena de Nochebuena.

CARNES

SOBREBARRIGA BOGOTANA EN SALSA

¡Un gran nombre para una gran receta! Bogotá es la capital de Colombia. La sobrebarriga, muy apreciada entre los bogotanos, es un corte de carne de res que proviene de los músculos abdominales de la vaca. Es un rollo macizo de carne que se pone a cocinar en cerveza. ¿Habrá algo mejor? El éxito de la receta está en la gran calidad de la carne de la sobrebarriga. Si va al supermercado, pregunte al carnicero por este afamado corte de carne. Por su forma, esta carne es perfecta para rellenar.

RINDE: 4 PORCIONES •
TIEMPO DE PREPARACIÓN: 2 HORAS Y MEDIA. NECESITA PREVIAMENTE 24 HORAS PARA ADOBARSE.

INGREDIENTES:

3 libras de sobrebarriga, cortada
2 tazas con tomates, picados
1 cebolla pelada y picada
1 zanahoria picada
2 dientes de ajo, picaditos
1 cucharada de salsa Worcestershire
1 cucharada de mostaza

1 cucharada de jugo de limón
1 cerveza (preferiblemente oscura)
2 tazas de agua
1 taza de pan rallado
2 cucharadas de mantequilla,
 margarina o algún otro sustituto

PREPARACIÓN:

1. Coloque la carne de sobrebarriga en una tabla de cortar y quítele todo exceso de grasa.

2. En un recipiente hondo, mezcle los tomates, la cebolla, la zanahoria, el ajo, la salsa Worcestershire, la mostaza y el jugo de limón. Revuélvalo todo hasta conseguir una textura batida que pueda ser untada y esparcida. Usted también puede poner todo en un procesador de alimentos para conseguir la textura deseada.

3. Coloque el bistec de sobrebarriga bien extendido; úntele la mezcla que ha batido, distribuyéndola bien.

4. Comience a enrollar el bistec, siguiendo el largo del hilo de la carne. Recuerde que cuando lo vaya a cortar —una vez cocinado— deberá hacerlo en sentido inverso, contrario al hilo que lleva la carne.

5. Cada 2 o 3 pulgadas amarre con fuerza el rollo de carne con un cordel. Coloque el rollo de carne en una bolsa bien cerrada y déjela por una noche en el refrigerador.

6. Saque la carne del refrigerador y póngala a fuego lento en una olla con agua que cubra bien la carne. Eche a la olla una cerveza entera.

7. Ponga todo a cocinar a fuego lento por dos horas.

8. Saque la carne de la olla. Aumente el fuego y permita que toda la salsa que ha desprendido se vaya reduciendo. Sirva la salsa en un recipiente.

9. Mientras tanto, unte mantequilla en la parte superior del rollo de carne, rocíele pan rallado y póngalo en la parrilla por 10 o 15 minutos hasta que el pan se vea tostado.

10. Quite la carne de la parrilla y déjela reposar por diez minutos. Recuerde cortar la carne en sentido contrario a su hilo.

11. Usted puede servir la salsa aparte o verterla sobre cada pedazo de carne.

BISTEC A CABALLO

La receta es muy fácil. Un bistec, una salsa hecha con tomate y cebolla y, encima de todo, para que sea aún más apetecible, un huevo frito. Puede servirse acompañado de arroz blanco y plátanos maduros. La receta contempla un bistec de falda pero puede hacerse igualmente con un bistec de sobrebarriga.

RINDE: 4 PORCIONES •
TIEMPO DE PREPARACIÓN: 1 HORA Y 15 MINUTOS (PUEDE MARINARSE DURANTE LA NOCHE ANTERIOR)

INGREDIENTES:

2 libras de bistecs de falda, cortadas en 4 porciones iguales

4 bistecs de churrasco de dos libras y media (el bistec de sobrebarriga también es bienvenido)

2 cucharadas de mostaza

1 cucharada de orégano

1 cucharada de comino molido

1 diente de ajo picado

2 cucharadas de cilantro fresco, bien cortado.

Sal y pimienta al gusto

1 ½ cucharada de aceite de oliva

1 taza de hogao *(ver receta p. 72)*

4 huevos fritos (pueden estar hechos con anterioridad, pero es aún mejor freírlos al mismo tiempo que los bistecs)

PREPARACIÓN:

1. Limpie los bistecs y macháquelos con un mortero hasta que tengan un fino grosor (la medida perfecta es un cuarto de pulgada). También puede colocar, si lo desea, papel encerado entre los bistecs hasta que pueda conseguir un grosor de un cuarto de pulgada.

2. Coloque los bistecs en una bolsa plástica que pueda cerrarse herméticamente, añádales la mostaza, el orégano, el comino, el ajo, el cilantro, la sal y la pimienta. Refrigere los bistecs por una hora o desde la noche anterior a su preparación. Asegúrese de que los bistecs estén todos igualmente cubiertos por el adobo. Para asegurarse aún mejor: agite la bolsa plástica y vea que todo queda bien adobado. O simplemente use la manera más tradicional para adobar… En un recipiente de cristal coloque y eche a los bistecs la mostaza, el orégano, el comino, el ajo, el cilantro, la sal y la pimienta. Cubra los bistecs y refrigérelos durante dos horas (o desde la noche anterior a su preparación). El adobo ablandará aún más los bistecs. Sáquelos del refrigerador cuando se vayan a cocinar.

3. En un sartén, caliente el aceite de oliva a fuego medio. Coloque los bistecs en la sartén y cocínelos durante tres minutos por cada lado. Cuando estén todos cocinados, vierta sobre ellos el hogao y coloque encima de todo un huevo frito.

POSTRES

EL SALPICÓN
(ENSALADA DE FRUTAS COLOMBIANA)

El salpicón es la receta perfecta para disfrutar a cualquier hora del día. La forma tradicional de prepararlo es con Colombiana, un suave y burbujeante refresco que le da un toque de acidez. Como no siempre es fácil encontrar este refresco, se puede reemplazar por jugo de naranja o jugo de piña. Ésta es una receta que utiliza las frutas que se consiguen en Colombia. Sin embargo, se pueden utilizar las frutas que encuentre en el lugar donde vive. También he incluido dos salsas para la ensalada —una a base de yogur y otra a base de leche condensada— para que disfrute el salpicón al mejor estilo colombiano.

RINDE: 4 PORCIONES • TIEMPO DE PREPARACIÓN: 30 MINUTOS

INGREDIENTES:

1 piña pelada y cortada en cuadritos
2 mangos pelados y cortados en cuadritos
2 tazas de fresas
1 taza con uvas sin semillas

½ sandia cortada en trozos
1 guayaba cortada en trozos
1 mamey cortado en trozos
Jugo de 4 naranjas

Para la salsa de yogur

16 onzas de yogur de vainilla
2 cucharaditas de miel

1 cucharadita de extracto de vainilla

Para la salsa de leche condensada

1 taza de crema de leche
1 taza de leche condensada

1 cucharadita de extracto de vainilla

PREPARACIÓN:

Para la ensalada

En un recipiente mezcle las frutas y agrégueles el jugo de naranja. No es necesario agregar azúcar porque las frutas ya son dulces naturalmente. Lleve a la heladera hasta el momento de servir.

Para la salsa de yogur

En un recipiente mezcle con batidor de alambre el yogur, la miel y la vainilla. Llévelo a la heladera hasta el momento de servir. La recomendación es usar una salsera para que cada comensal se sirva a su gusto.

Para la salsa de leche condensada

En un recipiente mezcle con batidor de alambre la crema, la leche condensada y la vainilla. No lo bata para que no se corte la crema de leche. Llévelo a la heladera hasta el momento de servir. La recomendación es usar una salsera para que cada comensal se sirva a su gusto.

CAFÉS

El café colombiano es famoso en todo el mundo. En el mercado lo encontrará en todas sus variedades: instantáneo, expreso y tipo americano. Hay para todos los gustos. El secreto de un buen café está en la temperatura del agua (170° F). También es importante conservarlo en un lugar seco y fresco para que no pierda su aroma y sabor.

CAFÉ

RINDE: 4 PORCIONES • TIEMPO DE PREPARACIÓN: 5 MINUTOS

INGREDIENTES:

34 onzas (1 litro) de agua
10 cucharaditas (60 gramos) de café

Azúcar al gusto

PREPARACIÓN:

Prepare el café en la cafetera que acostumbra usar. Bébalo recién preparado y no lo recaliente.

CREMA DE CAFÉ

Esta crema café es refrescante y perfecta compartir con la familia y los amigos. Si prefiere una consistencia más espesa, agregue el hielo a la licuadora junto con el café y la crema. De esta forma tendrá la consistencia de un sorbete.

RINDE: 4 PORCIONES • TIEMPO DE PREPARACIÓN: 5 MINUTOS

INGREDIENTES:

4 tazas de café
1 taza de crema batida (nata de leche batida)

Hielo al gusto
2 cucharadas de azúcar
Canela en polvo al gusto

PREPARACIÓN:

1. Prepare el café como acostumbra y déjelo enfriar. En el vaso de la licuadora eche el café, la crema batida y el azúcar; mézclelo todo durante 2 minutos.

2. En cada vaso sirva hielo y agregue la crema de café. Para decorar, espolvoree con canela en polvo.

LA COCINA DE

COSTA RICA

¡Bienvenido al sabor de Costa Rica!

En Miami, donde vivo, no hay muchos restaurantes de comida costarricense. Pero encontré una amiga de allá que tiene un hermoso restaurante italiano en medio del centro urbano —o *downtown*— de nuestra ciudad. De vez en cuando, Fiorella ofrece un sabor tropical de su país a través de un postre o plato supuestamente italiano. ¡Y siempre lo sirve con una sonrisa traviesa!

Quizás el más auténtico restaurante costarricense sea el Irazú, ubicado en el vecindario de Buckhead, en Chicago, Illinois. Su chef y fundadora es Miriam Cerdas-Salazar. Ella acostumbra alimentar y educar a sus comensales. Bonita costumbre tica.

BEBIDAS

MOJITO TICO

El mojito es por excelencia de origen cubano y es uno de los tragos que más gusta a nivel internacional. Esta es una versión del coctel al estilo «tico» —es decir, costarricense— y las frutas locales son utilizadas para hacerlo.

RINDE: 1 PORCIÓN • TIEMPO DE PREPARACIÓN: 5 MINUTOS

INGREDIENTES:

½ taza de fresas picadas, limpias y lavadas
2 cucharaditas de azúcar
3 hojas de menta
1 medida de ron blanco

½ taza de hielo picado al gusto
½ taza de bebida gaseosa de preferencia
1 rodaja de limón para decorar

PREPARACIÓN:

1. Mezcle las fresas partidas con el azúcar. Eche las hojas de menta y aplaste con un mortero. Mezcle bien.

2. Agregue el ron y el hielo.

3. Agregue la gaseosa de último y decore con una rodaja de limón.

PONCHE ROMPOPE

Cuando quiera reunirse con su familia o amigos, prepare este ponche y disfrute de la música tica.

RINDE: 6–8 PORCIONES • TIEMPO DE PREPARACIÓN: 20 MINUTOS

INGREDIENTES:

4 tazas de leche

1 taza de azúcar

2 ramas de canela

1 cucharada de maicena disuelta
  en ½ taza de agua

3 yemas de huevo batidas

1 taza de ron oscuro o de coñac

¼ cucharadita de vainilla

PREPARACIÓN:

1. En una cacerola hierva la leche con el azúcar y la canela. Una vez que comience a hervir, agregue la maicena poco a poco. Agregue las yemas de huevo y cocine a fuego lento, revolviendo constantemente para que no se pegue ni vuelva a hervir.

2. Quítelo del fuego y deje que se enfríe, revolviendo de vez en cuando.

3. Una vez que esté completamente frío, viértalo en una jarra apropiada y agregue el ron.

4. Métalo al refrigerador y déjelo reposar de 3 a 4 horas. Antes de servir, retire la ramita de canela.

JUGOS Y BATIDOS

HORCHATA

RINDE: 5 PORCIONES • TIEMPO DE PREPARACIÓN: 5 MINUTOS Y 24 HORAS DE REMOJO DEL ARROZ

INGREDIENTES:

1 taza de arroz
1 taza de maní pelado (limpio)
1 cucharada de canela en polvo

3 tazas de agua
Leche, vainilla y azúcar al gusto

PREPARACIÓN:

1. Ponga a remojar el arroz en agua 24 horas antes. Escurra.

2. Coloque los ingredientes en una licuadora o procesadora y bátalos por 5 minutos hasta hacer un líquido.

2. Sírvalo frío. Se puede guardar varios días en el refrigerador.

SOPAS Y CALDOS

SOPA NEGRA

Cuando la prepare, entenderá el porqué de su color.

RINDE: 6 PORCIONES • **TIEMPO DE PREPARACIÓN: 1 HORA Y 12 HORAS DE REMOJO**

INGREDIENTES:

2 tazas de fríjoles negros, escogidos y lavados
1 ají rojo en tiras
1 ají verde picado y sin semillas
3 dientes de ajo machacados
½ cucharadita de orégano

1 ramita de apio picado
Sal al gusto
¼ de cucharadita de pimienta
1 rollo de cilantro
1 cebolla pelada y picada

Para decorar

2 huevos duros cortados por la mitad

½ cebolla pelada y picada
¼ de taza de cilantro picado

PREPARACIÓN:

1. Lave los fríjoles con agua fría y póngalos a remojar con el ají cortado. Asegúrese de cubrirlos y déjelos remojar toda la noche.

2. Cocine los fríjoles a fuego medio por unos 45 minutos (o hasta que estén tiernos pero firmes).

3. Aparte, fría los ajos, el orégano, el apio, la sal y la pimienta. Cocínelos por 5 minutos sin dejar de revolverlos. Agregue los fríjoles y el rollo de cilantro, y mezcle todo bien. Retírelos del fuego y pase todo por la licuadora o la procesadora.

4. En una cacerola a fuego lento, prepare otro sofrito con ajo, cebolla y ají verde. Cuando esté listo, agregue los fríjoles molidos y pruebe la sazón, asegurándose de que esté bien condimentada con sal.

5. Tape y termine de cocinar a fuego lento por aproximadamente 5 minutos más. Puede agregar más agua caliente o caldo si está muy espeso.

SUGERENCIA: Sirva en platos individuales y adorne con el huevo, la cebolla y el cilantro.

SÁNDWICHS

SÁNDWICH JARDINERO

RINDE: 1 SÁNDWICH • TIEMPO DE PREPARACIÓN: 10 MINUTOS

INGREDIENTES:

¼ taza de zanahoria rallada
¼ taza de lechuga picada
¼ taza de apio picado finamente
1 cucharada de mayonesa
½ cucharada de salsa de tomate

1 huevo duro picado
Sal al gusto
1 pizca de pimienta negra
2 lascas de pan americano

PREPARACIÓN:

1. En un tazón mezcle todos los ingredientes, excepto el pan, y revuelva bien.

2. Unte las lascas de pan por ambos lados y forme el sándwich.

SUGERENCIA: Puede utilizar pan de trigo o pan negro para que sea más saludable. Para un variante delicioso, trate algún pan crocante como el clásico *baguette*.

VEGETALES

ESCABECHE DE VERDURAS A LO SAN JOSÉ

RINDE: 4 PORCIONES • TIEMPO DE PREPARACIÓN: 20 MINUTOS Y 24 HORAS PARA MARINAR

INGREDIENTES:

1 libra de habichuelas tiernas
1 libra de zanahoria cortadas
1 coliflor cortada
2 ajíes rojos picados y sin
   semillas

3 cebollas grandes, peladas y
   cortadas
3 tazas de vinagre blanco
2 pepinos pelados y cortados
3 cucharadas de salsa de tomate

PREPARACIÓN:

1. Coloque todos los ingredientes, con excepción del pepino, la salsa de tomate y el vinagre, en una olla media, llena de agua, y cocine a fuego lento por aproximadamente 20 minutos (o hasta que los vegetales estén blandos).

2. Saque del fuego y deje enfriar; vierta en un recipiente apropiado. Agregue el pepino, la salsa de tomate y el vinagre.

3. Tape todo bien y déjelo reposar en el refrigerador por 24 horas para que se cure antes de servirlo.

ARROCES

ARROZ CON ALMENDRAS

RINDE: 4 PORCIONES • TIEMPO DE PREPARACIÓN: 40 MINUTOS

INGREDIENTES:

2 cucharaditas de aceite vegetal
2 dientes de ajo triturados
1 cebolla mediana, pelada y picada
1 ají rojo picado y sin semillas
1 taza de caldo de pollo
2 tazas de arroz de grano largo
½ taza de almendras picadas

2 tazas de agua caliente
½ taza de zanahorias cocinadas y cortadas en cuadritos
½ taza de habichuelas cocinadas y cortadas en trozos
Aceitunas verdes sin carozo, para decorar

PREPARACIÓN:

1. En una cacerola a fuego medio, caliente el aceite y sofría los dientes de ajo, la cebolla y el ají por aproximadamente por 3 minutos.

2. Agregue el caldo y el arroz. Mezcle bien.

3. Agregue los demás ingredientes (menos las aceitunas) y, cuando comience a hervir, baje la llama de modo que termine de cocinarse a fuego muy lento. Manténgalo tapado durante unos 30 minutos, hasta que el arroz esté cocinado.

4. Sirva en una fuente y decore con las aceitunas.

SUGERENCIA: Para una fiesta especial, coloque el arroz en un molde que tenga forma de anillo y que haya sido engrasado previamente. Para servir, desmóldelo y decórelo.

PASTAS

MACARRONES A LA NAPOLITANA ESTILO TICO

RINDE: 4 PORCIONES • TIEMPO DE PREPARACIÓN: 30 MINUTOS

INGREDIENTES:

1 paquete de 1 libra de macarrones
3 tomates pelados y picados
½ taza de apio picado
3 cucharadas de mantequilla

Sal y pimienta al gusto
½ libra de jamón picado en trozos
1 lata de alverjas

PREPARACIÓN:

1. En una cacerola con agua y sal, hierva los macarrones hasta que estén al dente. Cuando estén listos, quítelos del fuego, enjuáguelos en agua fría y reserve.

2. Aparte, en una sartén a fuego medio, fría los tomates, el apio, la mantequilla, sal y pimienta. Baje la llama e incorpore el jamón y las alverjas. Cocine todo a fuego lento hasta que cuaje, aproximadamente por 10 minutos.

3. Añada esta mezcla a los macarrones, revuelva y espolvoree con queso rallado.

ENSALADAS

ENSALADA DE CARACOLITOS CON ATÚN

RINDE: 4–6 PORCIONES • TIEMPO DE PREPARACIÓN: 20 MINUTOS

INGREDIENTES:

3 tazas de pasta (caracolitos)
1 taza de atún en aceite
Sal al gusto
1 taza de mayonesa
1 latita de alverjas
2 cucharadas de cilantro picado
finamente
1 cebolla mediana, picada finamente

1 cucharada de tallo de apio,
picado finamente
3 cucharadas de jugo de limón
ácido
1 cucharada de mostaza
1 cucharada de aceite vegetal
Hojas de lechuga para decorar
1 tomate mediano, cortado en
rodajas

PREPARACIÓN:

1. Hierva los caracolitos en agua, con aceite y sal. Una vez listos, escúrralos en un colador y enjuague en agua fría.

2. Mezcle todos los ingredientes en un tazón grande y revuelva bien.

3. Para presentar la ensalada, adorne la ensaladera con hojas de lechuga y el tomate en rodajas.

SUGERENCIA: Para que la pasta siempre le quede «al dente» (a punto), enjuague en agua helada cuando la escurra.

ENSALADA TICA

RINDE: 4 PORCIONES • TIEMPO DE PREPARACIÓN: 10 MINUTOS

INGREDIENTES:

1 lechuga lavada y cortada en tiras
1 taza de col morada, cortada en tiras
1 cebolla roja, pelada y cortada en rodajas
1 ají rojo picado en tiritas y sin semilla

1 zanahoria rallada
1 lata de remolacha
1 aguacate
3 cucharadas de jugo de limón
Sal al gusto

PREPARACIÓN:

1. Mezcle todos los ingredientes ya cortados en un tazón o ensaladera.

2. Eche el jugo de limón y sazone con la sal.

3. Sirva inmediatamente.

SUGERENCIA: Para un plato más original y personal, y para conservar mejor el sabor de la lechuga, corte las hojas con las manos.

PLATOS CON HUEVOS

COLIFLOR ENVUELTA EN HUEVO

RINDE: 4 PORCIONES • TIEMPO DE PREPARACIÓN: 30 MINUTOS

INGREDIENTES:

1 coliflor cortada en trozos
2 huevos
Sal y pimienta

½ taza de caldo de pollo
½ taza de aceite

PREPARACIÓN:

1. En una cacerola con suficiente agua y sal, cocine la coliflor por aproximadamente 20 minutos. Cuando esté tierna (pero no deshecha), escúrrala y reserve.

2. En un recipiente ponga las claras y bátalas hasta que tengan textura esponjosa. Agregue la sal, la pimienta y el caldo. Bata nuevamente e incorpore las yemas. Siga batiendo la mezcla. Reserve.

3. En una sartén a fuego alto, eche el aceite. Aplaste la coliflor en el fondo de un plato y dele forma de trozos. Envuelva los trozos de la coliflor en el huevo batido y fríalos en aceite bien caliente, hasta que estén doraditos.

PESCADOS Y MARISCOS

CEVICHE A LA TICA

RINDE: 4 PORCIONES • TIEMPO DE PREPARACIÓN: 2 ½ HORAS

INGREDIENTES:

4 filetes de corvina (o cualquier otro pescado blanco) en trocitos
½ taza jugo de limón
1 cebolla pequeña, pelada y picada
1 ají rojo pequeño sin semillas, picado

1 puñado de cilantro picado
1 aguacate pelado sin semilla y cortado en trozos
Sal al gusto

PREPARACIÓN:

1. Ponga el pescado en un recipiente y agréguele el jugo de limón. Déjelo reposar por aproximadamente 2 horas para hacer un cocido. En los ceviches el pecado se cocina en el jugo de limón.

2. Agréguele después todos los ingredientes crudos para que los vegetales no se malogren.

3. Sirva en una fuente y decore con las rodajas de aguacate.

SUGERENCIA: Para un ceviche perfecto, reduzca el ácido agregándole agua, soda, Ginger Ale, o simplemente cubitos de hielo.

CARNES

OLLA DE CARNES

RINDE: 4 PORCIONES • TIEMPO DE PREPARACIÓN: 2 HORAS

INGREDIENTES:

1 libra de costilla de res en pedazos
1 libra de lomo (o pecho de res) en pedazos
1 plátano verde pelado y cortado
1 libra de yuca pelada y cortada
1 chayote tierno pelado y cortado

1 libra de papas peladas y cortadas en trozo
2 zanahorias peladas y cortadas
2 boniatos pelados y cortados
2 mazorcas de maíz en trozos
Sal al gusto

PREPARACIÓN:

1. Eche 5 litros de agua en una olla grande. Agregue las carnes y cocine por 1 hora a fuego lento.

2. Agregue el plátano verde y la yuca. Cocine por ½ hora. Después, agregue el chayote, las papas, las zanahorias, los boniatos, el maíz y los demás ingredientes. Cocine todo por 30 minutos más a fuego lento.

3. Finalmente, agregue sal al gusto. Sirva inmediatamente y acompañe con pan o arroz blanco.

SUGERENCIA: Puede agregar más verduras, pero no olvide incluirlas según la resistencia al cocido (primero hay que meter las más duras).

POLLOS

POLLO GUISADO

RINDE: 4 PORCIONES • TIEMPO DE PREPARACIÓN: 45 MINUTOS

INGREDIENTES:

4 cucharadas de aceite
1 cebolla grande pelada y picada
½ taza de tomates picados
1 cucharadita de perejil picado
Sal y pimienta al gusto
1 pollo de 3 libras cortado en octavos

2 libras de papas peladas y cortadas en trozos
½ libra de zanahorias peladas y cortadas en rodajas
3 cucharadas de vino (opcional)
Harina al gusto para espesar
1 taza de alverjas
3 tazas de caldo

PREPARACIÓN:

1. En una cacerola a fuego medio sofría la cebolla, los tomates, el perejil, la sal y la pimienta.

2. Una vez esté listo el sofrito, agregue el pollo y tape la cacerola para que se cocine despacio El pollo irá tomando el sabor del sofrito.

3. Tan pronto note que se empieza a ablandar, añádale las papas, las zanahorias, el vino (si así lo desea), las alverjas y el caldo. Tape nuevamente y termine de cocinar a fuego lento por 30 minutos. Si quiere espesar su guisado, agregue un poco de harina disuelta en agua. Sirva enseguida.

DULCES

MADUROS TENTADORES

RINDE: 4 PORCIONES • TIEMPO DE PREPARACIÓN: 25 MINUTOS

INGREDIENTES:

6 plátanos bien maduros pelados y cortados
½ taza de fríjoles molidos
1 cucharada de azúcar

½ cucharadita de polvo de canela
½ cucharada de manteca o aceite para freír

PREPARACIÓN:

1. En una cacerola con agua y sal, hierva los plátanos con su cáscara por aproximadamente 5 minutos de cada lado, hasta que estén bien blanditos.

2. Pele los plátanos y aplástelos con un tenedor. Con esa masa se hace una tortilla grande en forma redonda.

3. Encima póngale una capa de fríjoles, otra de azúcar y polvo de canela. Arróllelo y córtelo en tajadas.

4. Fría en manteca o aceite caliente por aproximadamente 5 minutos.

CAFÉS

ROMPOPE DE CAFÉ

RINDE: 4 PORCIONES   •   TIEMPO DE PREPARACIÓN: 15 MINUTOS

INGREDIENTES:

2 tazas de leche
2 yemas de huevo
½ taza de azúcar
1 cucharadita de maicena
1 cucharada de café soluble

¼ lata de leche evaporada
2 claras de huevo
¼ taza de licor de café
¼ lata de leche condensada

PREPARACIÓN:

1. En una batidora licúe la leche, las yemas, el azúcar, la maicena y el café.

2. En una cacerola ponga esta mezcla a hervir junto con la leche evaporada y condensada. Mueva constantemente. Deje que dé un hervor solamente y quite del fuego de inmediato.

3. Deje enfriar. Agregue las claras batidas, pero no muy firmes. Revuelva todo bien. Añada el licor.

SUGERENCIA: Si lo desea, puede rallar un poquito de chocolate dulce en barra para decorar.

LA COCINA DE

CUBA

La cocina cubana es el resultado de una mezcla del mundo colonial español, méto-dos e ingredientes africanos, frutas tropicales y caribeñas y platos suculentos de frí-joles, carne, pescado, mariscos y arroz. Los postres son sofisticados y las mermeladas son caseras. La comida cubana nunca es muy picante pero si es vibrante.

Todo lo que sé de la cocina cubana lo aprendí en la casa de mis abuelas en Cuba, que nos daban las recetas por poquitos y pizcas y usaban cualquier taza, jarro o cu-chara para medir. En la casa moderna Cubana como en la mía, no he necesitado gran competencia ni práctica especial para lograr éxito y cocinar muy sabroso. En Miami los cubanos se parecen al café que toman, son de carácter fuerte, intenso y apasionado. Cada nueva ola de inmigrantes de la isla recobra la cubanidad perdida por las generaciones anteriores. En Miami se come cubano 24 horas al día 7 días a la semana.

BEBIDAS

DAIQUIRÍ DE PIÑA

Un trago delicioso y refrescante.

RINDE: 1 TRAGO • TIEMPO DE PREPARACIÓN: 5 MINUTOS

INGREDIENTES:

Jugo de ½ limón de cáscara amarilla

½ cucharada de azúcar

Hielo picado al gusto

½ medida de Cointreau

½ taza de jugo de piña

2 medidas de ron blanco

PREPARACIÓN:

1. Coloque el jugo de limón con el azúcar en la coctelera para que esta última se disuelva. Luego agregue el hielo, el Cointreau, el jugo de piña y, por último, el ron.

2. Bátalo en la licuadora y sírvalo en una copa tipo flauta.

JUGOS Y BATIDOS

BATIDO DE MANGO

RINDE: 1 BATIDO • TIEMPO DE PREPARACIÓN: 5 MINUTOS

INGREDIENTES:

1 mango pelado y cortado en
   pedazos
6 onzas de leche

Azúcar al gusto
Hielo picado al gusto

PREPARACIÓN:

1. Coloque todos los ingredientes en la licuadora y bátalos por 3 minutos.

2. Sírvalo enseguida.

SUGERENCIA: Puede sustituir la leche con leche evaporada y condensada.

SOPAS Y CALDOS

SOPA DE CAMARONES A LA CREMA

Una bisque a lo cubano.

RINDE: 4 PORCIONES • TIEMPO DE PREPARACIÓN: 25 MINUTOS

INGREDIENTES:

4 cucharadas de harina
3 tazas de leche
Sal y pimiento al gusto
1 cebolla, pelada y picada
2 ramitas de perejil picada

4 cucharadas de mantequilla
1 taza de caldo de vegetal
½ libra de camarones hervidos y
  pelados

PREPARACIÓN:

1. Mezcle la harina, la leche, la sal, la pimienta, la cebolla y el perejil, y pase por la procesadora para convertir en puré.

2. En un sartén a fuego lento, derrita la mantequilla y añádale esta mezcla con el caldo. Siga cocinando aproximadamente 15 minutos hasta que tenga espesor de crema ligera.

3. Ponga los camarones en la procesadora con un poco de la crema ya preparada. Luego, póngalo todo nuevamente al fuego unos 10 minutos, revolviendo constantemente sin dejar que hierva.

4. Al momento de servir, se puede añadir el resto de la crema.

SUGERENCIA: Sírvalo en platicos individuales acompañando con tostadas.

GUISO DE QUIMBOMBÓ CON POLLO Y BOLAS DE PLÁTANO A LA CUBANA

Sirva este guiso como plato principal. Disfrute el fuerte sabor de la verdura criolla que es el quimbombó.

RINDE: 4 PORCIONES • TIEMPO DE PREPARACIÓN: 1 HORA

INGREDIENTES:

¼ taza de aceite
1 pollo cortado en octavos
1 cebolla, pelada y picada
1 ají verde sin semillas, picado
2 dientes de ajo triturados
Sal y pimienta al gusto
1 taza salsa de tomate
¼ taza de vinagre blanco

1 taza de caldo de pollo
2 tazas de vino seco blanco
½ libra de quimbombó cortado en ruedas
3 tazas de agua
Jugo de 3 limones
2 plátanos pelados y picados

PREPARACIÓN:

1. En una cacerola a fuego lento, caliente el aceite y dore el pollo con la cebolla, el ají y los ajos. Siga cocinando por aproximadamente 10 minutos y añada la sal, la pimienta, la salsa de tomate, el vinagre, el caldo y el vino seco.

2. Continúe cocinando y, cuando el pollo esté blando y medio cocinando, agréguele el quimbombó con el agua y el jugo de limón. Déjelo todo en el fuego hasta que el quimbombó esté blando.

3. En otra cacerola, hierva los plátanos aproximadamente 15 minutos y, cuando estén cocinados, aplástelos con un tenedor y forme bolas. Reserve.

4. Siga cocinando el guiso aproximadamente 25 minutos y, al momento de servir, agregue las bolas de plátano en cada plato.

BONIATO FRITO

El boniato es un alimento rico en antioxidantes y fibra, de ahí que se usa tanto en la medicina natural y la comida orgánica.

RINDE: 4 PORCIONES (12 FRITURAS) • **TIEMPO DE PREPARACIÓN: 25 MINUTOS**

INGREDIENTES:

1 libra de boniato pelado y picado en ruedas (aproximadamente ½ pulgada de espesor)

2 tazas de aceite vegetal
Sal al gusto

PREPARACIÓN:

1. En una sartén grande a fuego medio, fría las ruedas de boniato en el aceite caliente y siga cocinando aproximadamente 5 minutos hasta que empiecen a dorarse. Retire del fuego.

2. Escúrralos sobre el papel absorbente.

3. Al momento de servirlos, vuélvalos a freír durante unos 3 minutos en el mismo aceite precalentado, hasta que queden doraditos.

4. Espolvoree sal al gusto.

SUGERENCIA: Estas frituras se pueden combinar con las frituras de queso crema *(ver siguiente receta).*

FRITURAS DE QUESO CREMA

RINDE: 4 PORCIONES (12 FRITURAS) • **TIEMPO DE PREPARACIÓN: 25 MINUTOS**

INGREDIENTES:

1 taza de harina
1 cucharadita de polvo de hornear
Sal al gusto
½ taza de queso crema
4 cucharadas de leche condensada
¼ taza de jugo de naranja

1 cucharadita de ralladura de naranja
1 huevo batido
2 tazas de aceite vegetal

PREPARACIÓN:

1. Cierna la harina con el polvo de hornear y la sal, y mezcle con el queso crema, la leche condensada, el jugo, la ralladura y el huevo, añadiendo los ingredientes secos poco a poco.

2 Forme una masa uniforme y tome la masa por cucharadas para formar bolitas. Vaya friendo varias a la vez en aceite bien caliente, hasta que queden doradas (aproximadamente 10 minutos).

ARROZ CON SALCHICHAS

Esta receta de arroz es fácil y deliciosa. Puede usar chorizo o salchichas frescas pero también queda espectacular con salchichas de lata, que son tan económicas. Sírvalo con una ensalada de aguacate y plátanos maduros fritos Incluso puede poner un huevo frito encima de cada plato.

RINDE: 4 PORCIONES   •   TIEMPO DE PREPARACIÓN: 35 MINUTOS

INGREDIENTES:

2 cucharadas de aceite de olive
1 cebolla pelada y picada
1 diente de ajo triturado
ají verde sin semillas, picado
2 tomates pelados y picados
Salchichas o chorizos (cantidad al

gusto)
3 tazas de agua
¼ taza de vino o cerveza
2 tazas de arroz
1 pizca de azafrán
Sal al gusto

PREPARACIÓN:

1. En una cacerola con aceite, prepare un sofrito con la cebolla, los tomates, el ajo y el ají, y dore las salchichas durante aproximadamente 2 minutos.

2. Agregue suficiente agua, cerveza o vino al gusto. Seguidamente, añada el arroz; cuando comience a ablandarse, échele un poco de aceite y azafrán.

3. Tape el recipiente y cocine a fuego lento por aproximadamente 25 minutos.

FRÍJOLES NEGROS

RINDE: 8 PORCIONES • TIEMPO DE PREPARACIÓN: 1 ½ HORA Y 24 HORAS DE REMOJO

INGREDIENTES:

1 libra de fríjoles negros
10 tazas de agua
1 ají verde picado, sin semillas
4 dientes de ajo triturados
1 cebolla pelada y picada
1 cucharada de orégano

Sal y pimienta al gusto
2 hojas de laurel
1 cucharada de azúcar
1 cucharada de vinagre
2 cucharadas de vino blanco seco
¼ taza de aceite de oliva

PREPARACIÓN:

1. Lave los fríjoles con agua fría y póngalos a remojar. Asegúrese de cubrirlos con el agua y déjelos ahí toda la noche.

2. Cuando estén bien hinchados, póngalos a cocinar en esa misma agua hasta que se ablanden (se necesitan aproximadamente 45 minutos).

3. En una sartén, caliente el aceite a fuego medio y sofría el ají, el ajo y la cebolla. Eche aproximadamente 1 taza de fríjoles en la sartén y aplástelos bien.

4. Échelo todo en la cazuela con el resto de los fríjoles y sazone con sal pimienta, orégano, laurel y azúcar.

5. Déjelos hervir aproximadamente 35 minutos más y luego añádales el vinagre y el vino seco. Cocine a fuego lento durante 25 minutos más para que los fríjoles queden cuajados.

SUGERENCIA: Si ve que todavía tienen mucho caldo, déjelos destapados para que se espesen. Al momento de servirlos, añada 2 cucharadas de aceite.

FRÍJOLES NEGROS REFRITOS A LA CUBANA

Cuando sobran fríjoles negros, quedan muy sabrosos si se pasan por un colador para reducirlos a puré.

RINDE: 4 PORCIONES • TIEMPO DE PREPARACIÓN: 5 MINUTOS

INGREDIENTES:

2 tazas de fríjoles negros cocinados
1 cucharada de aceite de oliva

2 huevos duros cocinados y picados

PREPARACIÓN:

1. Pase los fríjoles negros por un colador o procesadora y reduzca a puré.

2. En una sartén, ponga 1 cucharada de aceite de oliva y cocine el puré de fríjoles revolviéndolo constantemente hasta que se despegue de los lados de la sartén y quede como una pasta bien espesa.

3. Sirva los fríjoles refritos con huevo duro picado, espolvoreado por encima. También con queso rallado resulta delicioso.

ENSALADA RUSA CUBANA

Este plato es resultado de la influencia rusa en el mundo culinario cubano. Es exquisita.

RINDE: 4 PORCIONES • TIEMPO DE PREPARACIÓN: 40 MINUTOS

INGREDIENTES:

2 papas peladas y picadas
1 remolacha pelada y picada
1 zanahoria pelada y picada
4 tazas de agua
½ taza de alverjas

3 huevos cocidos, duros, pelados y picados
Sal al gusto
1 taza de mayonesa

PREPARACIÓN:

1. En una cacerola grande cocine las papas, la remolacha y la zanahoria en agua con sal aproximadamente por 15 minutos, hasta que los vegetales se ablanden.

2. Retire del fuego y reserve, dejándolos enfriar antes de mezclarlos con los otros ingredientes.

3. En un bol apropiado, mezcle todos los ingredientes con la mayonesa y la sal. Ponga a enfriar aproximadamente 2 horas.

4. Sirva la ensalada bien fría, sobre hojas de lechuga.

CIRUELAS RELLENAS

Algunos ofrecen esta fruta saludable y deliciosa como plato especial para fiestas o como un postre. Yo preparo las ciruelas como una ensalada.

RINDE: 4 PORCIONES • TIEMPO DE PREPARACIÓN: 15 MINUTOS Y 2 HORAS DE REMOJO

INGREDIENTES:

16 ciruelas pasa
1 taza de queso crema

½ taza de nueces

PREPARACIÓN:

1. Remoje las ciruelas durante 2 horas para que pueda quitarle las semillas y abrirlas.

2. Rellene cada ciruela con una cucharadita de queso crema y póngale en el centro un poco de nueces.

3. Sírvalas con jamón o carne.

ENSALADA DE ARROZ CON POLLO

Más que una ensalada, éste es un plato fuerte y puede ser el principal en un almuerzo o comida informal de verano. O, aún mejor, en un picnic playero.

RINDE: 4 PORCIONES • TIEMPO DE PREPARACIÓN: 20 MINUTOS

INGREDIENTES:

2 tazas de arroz amarillo cocinado
2 pechugas de pollo deshuesadas, cocinadas y picadas
2 huevos duros cocidos, picados
1 tallo de apio picado

1 ají verde sin semillas y picado
½ taza de aceitunas picadas
2 pimientos morrones picaditos en lata
1 taza de mayonesa

PREPARACIÓN:

1. Mezcle todos los ingredientes, salteándolos con 2 tenedores.

2. Sirva el plato bien frío, encima de hojas de lechuga, y adorne con ruedas de ají y huevos duros.

SUGERENCIA: El arroz debe estar frío y el pollo cocinado como prefiera.

PUDÍN DE PESCADO

Sírvalo caliente con salsa bechamel, o frío con mayonesa. Puede usar un pescado como el pargo o la cherna.

RINDE: 8 PORCIONES • TIEMPO DE PREPARACIÓN: 1 ½ HORA

INGREDIENTES:

1 libra de pescado en ruedas o trozos
½ libra de camarones limpios y pelados
1 libra de papas peladas y picadas
1 cebolla pelada y picada
1 lata de pimientos morrones
2 cucharadas de mantequilla

Jugo de 1 limón
4 huevos batidos
1 lata de anchoas
Sal y pimienta al gusto
1 taza de migas de pan
½ taza de leche
¼ taza de kétchup

PREPARACIÓN:

1. Lave las rodajas de pescado y póngalas a cocinar en agua hirviendo con los camarones y las papas por aproximadamente 15 minutos. Agregue la cebolla y siga cocinando por 5 minutos. Retire del fuego.

2. Desmenuce el pescado para quitarle las espinas y corte los camarones en pedacitos.

3. Pase todos los ingredientes por la procesadora; pase también las anchoas y los pimientos morrones.

4. En una sartén a fuego medio, caliente la mantequilla, añada el jugo de limón y los ingredientes mezclados en la procesadora. Sofría todo por aproximadamente 5 minutos, revolviendo para que no se pegue.

5. Retire del fuego y añada los huevos batidos, las migas de pan remojadas en la leche, la sal, la pimienta y el kétchup.

6. Revuélvalo todo bien y viértalo en un molde engrasado (puede ser de forma rectangular o, si tiene uno en forma de pescado, mucho mejor).

7. Hornee el pudín a 350°F durante aproximadamente 1 hora o hasta que, al introducirle un palito en el medio, éste salga seco.

LADRILLO DE CARNE FRÍA

RINDE: 8 PORCIONES • TIEMPO DE PREPARACIÓN: 2 HORAS

INGREDIENTES:

2 libras de masa de puerco molida

1 libra de masa de jamón dulce molido

1 lata de *foie gras* trufado

2 huevos batidos

Sal y pimienta al gusto

½ cucharada de nuez moscada

3 huevos duros, pelados y picados

PREPARACIÓN:

1. Precaliente el horno a 350°F.

2. Mezcle bien las carnes con el *foie gras* trufado. Una los huevos batidos a las carnes. Agregue la sal, la pimienta y la nuez moscada, e incorpórelo todo bien.

3. Ponga la mitad de la mezcla en un molde mediano, coloque sobre esto los huevos duros y cubra con el resto de la mezcla.

4. Hornee al baño de María durante una hora y media. Deje enfriar, desmolde y adorne como desee.

NOTA: El baño de María consiste en introducir un recipiente con los ingredientes a cocinar dentro de otro recipiente mayor que contiene agua.

BISTEC DE JAMÓN CUBANO

RINDE: 4 PORCIONES • TIEMPO DE PREPARACIÓN: 20 MINUTOS

INGREDIENTES:

½ taza de azúcar prieta

1 cucharada mostaza

¼ cucharada clavo molido

4 bistecs de jamón

4 ruedas de piña

PREPARACIÓN:

1. Mezcle el azúcar con la mostaza y clavo. Unte esta mezcla a ambos lados de los bistecs de jamón.

2. Póngalos bajo el dorador del horno (o en una plancha caliente) y cocínelos aproximadamente 10 minutos, o hasta que se vea el azúcar derretida.

3. Ya al final, dore también las ruedas de piña con un poco de la misma azúcar que suelta el jamón y póngala encima de cada bistec a la hora de servirlos.

ESCALOPINES DE TERNERA

RINDE: 4 PORCIONES • TIEMPO DE PREPARACIÓN: 55 MINUTOS

INGREDIENTES:

1 libra de ternera cortada en
  bistecs finos
2 dientes de ajo triturados
Sal y pimienta al gusto
Jugo de 1 limón

1 taza de galleta molida
½ taza de queso parmesano
  rallado
2 huevos batidos
¼ libra de mantequilla derretida

PREPARACIÓN:

1. Adobe los bistecs con el ajo, la sal, la pimienta y el jugo de limón, y déjelos en ese adobo por lo menos 30 minutos.

2. En un plato mezcle la galleta molida con el queso rallado. Empanice los bistecs pasándolos 2 veces por los huevos batidos y la mezcla de galleta con queso.

3. Fríalos en una sartén bajo fuego medio en la mantequilla.

4. Escúrralos y sírvalos rociados y rodeados de limón.

BISTEC A LA PLANCHA

Un plato simple que se acompaña con arroz blanco y plátanos maduros.

RINDE: 4 PORCIONES • TIEMPO DE PREPARACIÓN: 15 MINUTOS Y 1 HORA DE ADOBO

INGREDIENTES:

1 libra de filete de centro de res
  cortado en 4 bistecs
Jugo de 1 naranja agria

2 cucharadas de mantequilla
2 dientes de ajo triturados
1 cebolla pelada y picada

PREPARACIÓN:

1. Cubra el filete con el jugo de naranja agria, el ajo y la cebolla, y déjelo en el refrigerador aproximadamente 1 hora.

2. Caliente la mantequilla en la plancha o en una sartén, y dore los bistecs uno por uno por ambos lados. Espolvoree sal y deje unos minutos más de cada lado, según su gusto.

3. Saltee las cebollas en la plancha (o a la hora de servirlo, cúbralo con cebolla cruda y perejil picado).

SUGERENCIA: Puede sustituir la naranja agria por una mezcla de jugo de limón y jugo de naranja.

POLLO FRITO A LO MIAMI

RINDE: 4 PORCIONES • TIEMPO DE PREPARACIÓN: 25 MINUTOS

INGREDIENTES:

1 huevo batido
¼ taza de leche
1 taza de harina
Sal y pimienta al gusto

Aceite al gusto
1 pollo de 2 o 3 libras cortado en
   octavos

PREPARACIÓN:

1. Mezcle el huevo con la leche, la harina, la sal y la pimienta.

2. Pase los pedazos de pollo por esta mezcla y fríalos en una sartén de 10 a 12 minutos. Debe haber calentado el aceite previamente.

3. Escurra en papel toalla y sirva con ruedas de limón.

BONIATILLO CON NARANJA

RINDE: 4 PORCIONES • TIEMPO DE PREPARACIÓN: 25 MINUTOS

INGREDIENTES:

2 libras de boniatos, pelados y
   picados
6 tazas de azúcar blanca
2 tazas de agua
Jugo de 1 naranja

Jugo de ½ limón
4 yemas de huevos
1 cucharada de mantequilla
2 cucharadas de vino seco
Canela en polvo al gusto

PREPARACIÓN:

1. En una cacerola con agua, cocine los boniatos aproximadamente 12 minutos, hasta que ablanden.

2. En otra cacerola, ponga a fuego lento el agua con el azúcar, el jugo de limón, la cáscara y el jugo de naranja, y revuelva hasta hacer un simple almíbar.

3. Retire las dos cacerolas del fuego y ponga los boniatos y el almíbar en la procesadora o licuadora. Bata durante 3 minutos.

4. Nuevamente, ponga todo a fuego lento con la cáscara de la naranja, hasta que se espese. Vaya revolviendo para que no se pegue.

5. Coja un poco y añádale las yemas, incorporando todo en el fuego. Añada el vino seco y siga cocinando aproximadamente 5 minutos más, sin dejar de remover, hasta que tome el espesor deseado.

6. Viértalo en una fuente y espolvoréelo con canela.

LA COCINA DE

ECUADOR

Ecuador es un país de contrastes, con cuatro regiones geográficas naturales: la costa, las montañas, la selva y las increíbles Islas Galápagos. Ubicado en una posición geográfica única, el país posee una amplia gama de culturas y esto se ve muy claramente en su gastronomía.

Recientemente probé una rica *noche de verano* en una noche de verano, y fue muy refrescante. Se las recomiendo.

BEBIDAS

COCTEL ENERGÉTICO

RINDE: 1 PORCIÓN • **TIEMPO DE PREPARACIÓN: 15 MINUTOS**

INGREDIENTES:

2 tazas de zanahoria
½ taza de pepino
12 hojas de espinaca
1 limón con cáscara
1 taza de apio

1 manzana
1 tomate
2 cucharadas de miel
Hielo picado al gusto

PREPARACIÓN:

1. En un procesador, ponga todos los ingredientes menos la miel.

2. Cuando la mezcla quede homogénea, añada la miel.

3. Sirva de inmediato con unos cubitos de hielo.

SUGERENCIA: Tomarlo en ayunas resulta saludable y energizante.

NOCHE DE VERANO

RINDE: 1 PORCIÓN • TIEMPO DE PREPARACIÓN: 5 MINUTOS

INGREDIENTES:

¼ de taza de jugo de naranja
¼ de taza de jugo de piña
½ de taza de vodka

1 chorrito de granadina
Hielo picado al gusto
Rodaja de naranja para decorar

PREPARACIÓN:

1. En un recipiente mezcle los jugos con el vodka. Sirva en un vaso con hielo y agregue el chorrito de granadina.

2. Decore con la rodaja de naranja.

JUGOS Y BATIDOS

PONCHE DE ARROZ Y FRESAS

RINDE: 4 PORCIONES • TIEMPO DE PREPARACIÓN: 20 MINUTOS

INGREDIENTES:

2 tazas de arroz bien cocido
1 taza de jugo de manzana frío
2 tazas de leche fría

2 tazas de rodajas de fresas
1 taza de yogur de fresa
Azúcar al gusto

PREPARACIÓN:

1. Coloque en la licuadora todos los ingredientes y bata a velocidad media hasta que la mezcla tenga una consistencia un poco espesa.

2. Sirva en vasos altos adornando con rodajas de fresas.

ENTREMESES

SOPAS Y CALDOS

CALDO DE GALLINA

RINDE: 4 PORCIONES • TIEMPO DE PREPARACIÓN: 1 HORA

INGREDIENTES:

1 gallina gorda mediana
Sal al gusto
3 dientes de ajo machacados
1 cebolla picada
¼ de taza de apio y perejil
1 taza de leche

2 yemas de huevo
½ cucharadita de comino
¼ cucharadita de pimienta
1 rama de cebolla larga
Yucas cocinadas sin sal

PREPARACIÓN:

1. En una olla grande cocine la gallina en agua con sal, ajo, cebolla, apio y perejil. Cocine hasta que la gallina esté suave; se necesita para ello aproximadamente 40 minutos.

2. Cuando la carne esté suave, cuele el caldo sobre una cacerola. Agregue el comino, la pimienta y la cebolla larga bien picada. Déle un hervor.

3. Aparte, mezcle la leche con las yemas de huevo.

4. Retire el contenido y combínelo con la leche, que debe ser mezclada previamente con las yemas de huevo. No necesita llevar al fuego, ya que las yemas y la leche se cocinan con el caldo caliente.

5. Corte la gallina en presas para poner una en cada plato de caldo. Espolvoree perejil y cebolla larga picada finamente. Agregue uno o dos pedazos de yuca cocinada.

SUGERENCIA: Acompañe con arroz blanco y patacones. Puede, además, sustituir la gallina con pollo. En ese caso, recuerde que el tiempo de cocción es menor, ya que la carne de pollo no es tan dura como la carne de gallina.

AGUADO DE POLLO

RINDE: 4 PORCIONES • TIEMPO DE PREPARACIÓN: 1 HORA

INGREDIENTES:

1 cebolla roja finamente picada
1 pimiento finamente picado
1 diente de ajo picado
Comino al gusto
1 cucharada de aceite de achiote
2 litros de agua

1 taza de alverjas
1 taza de zanahorias picadas
1 pollo partido en presas
1 taza de arroz mediano
Sal y pimienta al gusto
Cilantro picado al gusto

PREPARACIÓN:

1. En una olla para sopa, ponga a sofreír la cebolla, el pimiento, el ajo y el comino en el aceite de achiote.

2. Cuando el sofrito esté listo, agregue el agua y las alverjas, y deje hervir un poco.

3. Agregue la zanahoria, el pollo y el arroz limpio. Deje cocinar, removiendo lentamente de vez en cuando para que no se pegue en el fondo de la olla. Estará listo, cuando los granos de arroz se hayan abierto.

4. Sazone con sal y pimienta, y espolvoree con cilantro picadito. Sirva inmediatamente.

VEGETALES

BUDÍN DE ZANAHORIA AMARILLA

RINDE: 6 PORCIONES • TIEMPO DE PREPARACIÓN: 1 ½ HORA

INGREDIENTES:

¾ de libra de zanahoria
¼ de libra de miga de pan seco
½ taza de crema de leche
2 cucharadas de mantequilla
4 huevos
Sal, pimienta y nuez moscada al gusto

2 cucharaditas de mantequilla para engrasar la budinera
2 cucharaditas de perejil picado muy fino
1 cucharada de miga de galleta de sal cernida
½ taza de salsa blanca (*sour cream*)

PREPARACIÓN:

1. Lave y pele las zanahorias. Rállelas. Ponga en una cacerola con agua la mitad de la zanahoria rallada y cocine unos 10 minutos. Ponga en un recipiente hondo la otra mitad rallada y mezcle con la mantequilla derretida.

2. Licúe la zanahoria cocida con la crema de leche y los huevos, y mezcle con la zanahoria rallada. Añada la miga de pan cernida y condimente con sal, pimienta y nuez moscada.

3. Después de mezclar unos minutos, ponga en la budinera y cocine a baño de María durante una hora más o menos, o hasta que el budín esté cocido y firme.

4. Deje que enfríe un poco. Desmolde, bañe con salsa blanca y espolvoree encima el perejil picado.

ARROCES

ARROZ CON ESPINACAS Y CALABACÍN

RINDE: 4 PORCIONES • TIEMPO DE PREPARACIÓN: 20 MINUTOS

INGREDIENTES:

1 taza de espinacas licuadas en ½ taza de agua

½ taza de pasas

1 calabacín amarillo, picado en cuadritos pequeños

2 cucharadas de aceite

3 tazas de arroz cocido

PREPARACIÓN:

1. En una cacerola con aceite sofría el jugo de las espinacas, las pasas y el calabacín. Cuando empiece a reducir el líquido, incorpore el arroz cocido.

2. Deje al fuego unos minutos hasta que esté listo.

3. Sirva caliente.

PASTAS

LASAÑA VEGETARIANA

RINDE: 4–6 PORCIONES • TIEMPO DE PREPARACIÓN: 1 ½ HORA

INGREDIENTES:

1 libra de verduras mixtas (pueden ser zanahoria, coliflor, espinaca, acelga, hongos, etc.)
1 libra de pasta para lasaña
3 tomates maduros
1 cebolla
½ vaso de leche
1 libra de queso mozzarella rallado
4 cucharadas de aceite de oliva
2 cucharadas de mantequilla
Perejil freso picado
Sal y pimienta negra

PREPARACIÓN:

1. Limpie y corte las verduras. En caso de usar verduras duras como zanahorias, cocínelas por 5 minutos en una cacerola con agua.

2. En abundante agua hirviendo con una cuchara de aceite y una pizca de sal, cocine la lasaña «al dente», aproximadamente 10 minutos. Escurra la pasta.

3. En una cacerola con 2 cucharadas de aceite, sofría la cebolla picada añadiendo sal y pimienta al gusto. Pele y corte los tomates, añádalos al sofrito y cocine por 10 minutos más.

4. Mezcle la mitad del queso rallado con la leche.

5. Monte la lasaña en un recipiente apto para el horno; empiece con una capa de sofrito, luego siga con una de lasaña, leche con queso y verduras, y así sucesivamente. La última tapa es solamente de queso con un poco de mantequilla.

6. Deje cocinar en el horno precalentado a 350°F de 25 a 30 minutos. Antes de servir, añada el perejil.

SUGERENCIA UTIL: Acompañe con pan de ajo. Para la lasaña, también puede utilizar vegetales mixtos congelados. En una cacerola, déles un pequeño hervor antes de utilizarlos.

ENSALADAS

ENSALADA DE LANGOSTA

RINDE: 4 PORCIONES • TIEMPO DE PREPARACIÓN: 45 MINUTOS

INGREDIENTES:

1 langosta
1 cebolla roja cortada en rodajas finas
Sal y pimienta al gusto
Jugo de 1 limón
1 libra de papas peladas, cocidas y cortadas en cuadritos pequeños

1 tomate rojo picado finamente
8 cucharadas de mayonesa
Hojas de lechuga
2 huevos cocidos y picados
1 cucharadita de perejil picado

PREPARACIÓN:

1. En una cacerola con agua, hierva la langosta por 15 minutos. Después de cocinarla, déjela enfriar. Luego rompa y raje el caparazón. Saque la masa y córtela en pedazos pequeños.

2. Lave la cebolla con agua fría y mézclela con la sal, la pimienta y el jugo de limón. Deje reposar durante 10 minutos.

3. Mezcle la carne de la langosta con la cebolla; déjela reposar por 20 minutos. Mézclela con las papas, el tomate y la mayonesa.

4. Arregle todo en una fuente, poniendo las hojas de la lechuga en el fondo y luego la ensalada; sobre ella, el huevo y el perejil picado.

SALSAS

SALSA DE AJÍ

RINDE: 6 PORCIONES • TIEMPO DE PREPARACIÓN: 10 MINUTOS

INGREDIENTES:

1 tomate maduro
2 ajíes (pueden ser habaneros o
    jalapeños)
½ cucharita de sal

1 cebolla larga, picada
Cilantro picado
Un chorrito de aceite

PREPARACIÓN:

1. Dé un hervor al tomate; pélelo y agréguelo a la licuadora junto con la sal y el ají. Si lo desea, deje las semillas pero considere que el picante será un poco más fuerte).

2. Cuele el licuado en un recipiente con la cebolla y el cilantro picado, y agregue un chorrito de aceite.

SUGERENCIA: Tenga precaución de no tocar con las manos los ajíes, es preferible hacerlo con guantes. Esta salsa puede acompañar relativamente cualquier comida, es muy versátil.

PESCADOS Y MARISCOS

COCTEL DE CAMARONES

RINDE: 4 PORCIONES • TIEMPO DE PREPARACIÓN: 20 MINUTOS

INGREDIENTES:

1 libra de camarón cocido
2 cucharadas de jugo de limón
Sal y pimienta
1 cucharada de aceite de oliva
1 taza de crema de leche
¼ libra de queso azul

¼ de taza de miel de abeja
4 hojas de rúcula
¾ libra de melón de agua en
    bolitas
½ libra queso mozzarella en
    cuadritos

PREPARACIÓN:

1. Ponga a marinar el camarón con el jugo de limón, la sal, la pimienta y el aceite de oliva. Deje reposar por 10 minutos.

2. Coloque en la licuadora la crema de leche con el queso azul, la miel de abeja, la sal y la pimienta. Bata la mezcla por unos minutos hasta que espese.

3. Monte el plato con la rúcula como base. Intercale los camarones, el melón de agua y el queso.

4. Sirva con la salsa de queso azul.

CEVICHE DE PESCADO

Esta es la versión ecuatoriana de un plato mundialmente conocido. Lo que lo hace particular es el uso del tomate.

RINDE: 4 PORCIONES • TIEMPO DE PREPARACIÓN: 1 HORA

INGREDIENTES:

2 libras de pescado
4 limones
2 cebollas rojas, cortadas en tiras
1 cucharada de mostaza

3 cucharadas de salsa de tomate
½ taza de jugo de naranja
Sal, pimienta y cilantro al gusto

PREPARACIÓN:

1. Lave y corte el pescado en cuadraditos. Luego póngalo en un recipiente con el jugo de los limones para que se encurta por media hora. Agregue la sal.

2. Aparte prepare la salsa de cebolla roja (finamente picada). Añada pimienta, mostaza, salsa de tomate, el jugo de naranja y el cilantro bien picado. A toda esta mezcla, agregue el pescado bien encurtido y deje reposar por unos minutos.

SUGERENCIA: Acompañe con patacones.

CARNES

AJÍ DE CARNE

RINDE: 4 PORCIONES • TIEMPO DE PREPARACIÓN: 1 HORA

INGREDIENTES:

2 libras de papas
1 ½ taza de leche
1 taza de maní
¼ taza de aceite
2 dientes de ajo
2 cebollas blancas, peladas y
   picadas
1 cebolla roja, pelada y picada
½ cucharada de comino
1 cucharada de mantequilla

½ cucharadita de achiote
4 tazas de agua
1 libra de carne, cortada en pedazos
2 maqueños (plátanos maduros)
   fritos
½ pimiento
2 aguacates
½ taza de queso rallado
2 cucharaditas de cilantro

PREPARACIÓN:

1. Lave, pele y corte las papas en rodajas y póngalas a cocinar unos 15 minutos en una cacerola con agua.

2. Ponga en la licuadora la leche y el maní, y bata hasta que tenga consistencia (aproximadamente 3 minutos).

3. Caliente el aceite y sofría el ajo, la cebolla blanca, la cebolla roja, el ají y el comino. Cuando las cebollas estén doradas, agregue mantequilla con achiote. A este sofrito agregue 4 tazas de agua y la carne cortada en trozos. Añada la leche licuada previamente con el maní.

4. Deje que todo se cocine a fuego lento hasta que la carne esté blanda, aproximadamente 30 minutos.

5. Para servir, agregue las papas cocinadas, el maqueño frito, una rodaja de aguacate, el queso rallado. Espolvoree cilantro al gusto.

SUGERENCIA: Mientras que la carne se está cocinando, fría los maqueños (plátanos maduros) y corte el aguacate en rodajas.

DULCES

ESPUMILLA CON FRUTAS

RINDE: 4 PORCIONES • TIEMPO DE PREPARACIÓN: 1 HORA (MÁS TIEMPO DE REFRIGERACIÓN)

INGREDIENTES:

4 claras de huevo
4 cucharadas de azúcar granulada
Jugo de 1 limón

1 sobre de gelatina sin sabor
2 latas de frutas al jugo, sin el
    líquido y en trocitos pequeños

Para decorar

½ tarro de leche evaporada
4 yemas de huevo
4 cucharadas de azúcar

Canela al gusto
Frutillas

PREPARACIÓN:

1. Con la batidora eléctrica haga la espumilla con las claras de huevo, el azúcar y el jugo de limón hasta formar una crema.

2. Aparte, diluya el sobre de gelatina en un cuarto de taza de agua hirviente. Agregue esto a la preparación anterior sin detener el batido. Asegúrese de mezclar todo bien.

3. Retire rápidamente la batidora y con un tenedor continúe el batido para añadir la fruta picada. Coloque en una fuente refractaria y refrigere.

4. En un recipiente aparte, mezcle la leche evaporada con las yemas de huevo batidas, el azúcar y la canela en polvo, para luego cocinar al baño de María hasta que tome consistencia. Deje reposar un poco.

5. Con esta crema y las frutillas, decore al gusto la espumilla y póngala de nuevo a refrigerar hasta el momento de servir.

CAFÉS

LICOR DE CAFÉ Y CREMA BATIDA

RINDE: 4 PORCIONES • TIEMPO DE PREPARACIÓN: 20 MINUTOS

INGREDIENTES:

3 huevos
¼ de taza de azúcar
½ cucharada de extracto de vainilla
¼ taza de brandy

1 taza de leche
1 taza de crema batida
Canela para decorar
1 taza de licor de café Kahlúa

PREPARACIÓN:

1. Bata los huevos con la batidora eléctrica a velocidad media por 3 minutos.

2. Añada poco a poco el azúcar y la vainilla, y bata hasta que se disuelva el azúcar.

3. Retire la batidora y agregue el brandy frío, la leche y la crema batida.

4. Sirva en un vaso y espolvoree con canela en polvo.

LA COCINA DE

EL SALVADOR

La cocina de El Salvador es similar a la de sus vecinos geográficos, aunque con una fuerte dependencia de los ingredientes indígenas como el maíz, los fríjoles, las calabazas y los tomates. La influencia de la cultura maya es tan fuerte como la influencia española. Los platos más conocidos son las pupusas y el curtido (ensalada de repollo), pero también son populares el pavo salvadoreño, el atol de elote (bebida de maíz), la quesadilla y la semita. La dieta salvadoreña puede incluir algo tan familiar como la sopa de pollo y algo tan exótico como las flores de palma. Los huevos revueltos con vegetales (huevos picados), plátanos fritos, puré de fríjoles y tortillas, junto con las frutas tropicales, son elementos típicos del desayuno salvadoreño. En los almuerzos y cenas, las sopas y los caldos, las pupusas y los tamales son algunos de los platos preferidos.

Personalmente, yo apuesto por las pupusas.

BEBIDAS

ATOL DE ELOTE

El atol es una bebida de origen prehispánico, consumida principalmente en Cen-troamérica, que en su forma original es una cocción dulce de harina con agua condimentada con canela, nuez o jengibre. El atol se sirve caliente y siempre es posible utilizar leche en vez de agua. Lo puede endulzar con azúcar, miel o con jugo natural de fruta.

RINDE: 4 PORCIONES • TIEMPO DE PREPARACIÓN: 30 MINUTOS

INGREDIENTES:

4 mazorcas de maíz tierno
3 tazas de agua
¼ taza de azúcar

Sal al gusto
3 cucharaditas de maicena
4 cucharaditas de canela en polvo

PREPARACIÓN:

1. Pele las mazorcas y rállelas.

2. Con 2 tazas de agua, pase el maíz por la procesadora (también puede usar una batidora, empleando la cuchilla fina).

3. Agregue el azúcar y la sal a la mezcla, y póngala a hervir por aproximadamente 5 minutos en una cacerola. Cuando comience a hervir, bájele el fuego y siga co-cinando a fuego lento hasta que se espese (revuelva frecuentemente para evitar que se pegue).

4. Si quiere que la mezcla sea más espesa, agréguele maicena y siga cocinando mientras revuelve constantemente.

5. Espolvoree con canela en polvo y sirva caliente.

ATOL DE PIÑA

Disfrute de este sabor exquisito en un día soleado.

RINDE: 4 PORCIONES • TIEMPO DE PREPARACIÓN: 30 MINUTOS

INGREDIENTES:

4 tazas de agua
½ taza de harina de maíz
1 rama de canela

2 tazas de piña cortada en pedazos
½ taza de azúcar o miel al gusto

PREPARACIÓN:

1. En una cacerola, vierta el agua. Apenas comience a hervir, añádale la harina de maíz con la rama de canela.

2. Pase la piña por una procesadora o batidora para obtener la pulpa y póngala a cocinar nuevamente con la harina. Agréguele la cantidad de azúcar o miel que desee.

3. Cocine por 10 minutos hasta obtener la consistencia espesa.

4. Aunque se sirve caliente, puede meterlo al refrigerador y dejarlo reposar por lo menos 24 horas. Caliente y espolvoree con canela en polvo al momento de servir.

SOPAS Y CALDOS

SOPA DE FRÍJOLES COLORADOS

RINDE: 4 PORCIONES • TIEMPO DE PREPARACIÓN: 30 MINUTOS Y 12 HORAS DE REMOJO

INGREDIENTES:

1 libra de fríjoles colorados
3 litros de agua
1 cebolla grande cortada en 4 partes

½ taza de aceite de olive
½ libra de tocino cortado en pedazos
½ taza de crema batida

PREPARACIÓN:

1. Ponga a remojar los fríjoles colorados desde la noche anterior. Enjuáguelos al día siguiente.

2. Cocínelos en una cacerola llena de agua. Cuando comience a hervir, agregue ½ taza de agua fría. Repita esta operación tres veces.

3. Agregue la cebolla y el aceite de olive.

4. Cuando empiece a hervir de nuevo, agregue el tocino. Cocine todo a fuego lento por aproximadamente 2 horas.

5. Sazone con sal y mantenga caliente. Agregue la crema batida cuando la sopa esté lista para servir.

SOPA SALVADOREÑA

La sopa salvadoreña se distingue por el chorizo. Aquí puede experimentar si quiere, usar el chorizo de su gusto. En mi casa, el chorizo de pavo encanta. Es saludable y orgánico, y tiene un gran sabor.

RINDE: 4 PORCIONES • TIEMPO DE PREPARACIÓN: 30 MINUTOS

INGREDIENTES:

5 chorizos salvadoreños picados en trozos
1 cebolla mediana pelada y picada
1 chile verde pelado y picado (o 1 ají verde picado y sin semillas)
2 tomates pelados y cortados en trozos
4 tazas de caldo de pollo (natural o en lata)
2 hojas de laurel
2 hojas de perejil
1 cucharada de aceite de canola
2 dientes de ajo triturados
1 o 2 huevos (opcional)
Sal y pimienta al gusto

PREPARACIÓN:

1. En el aceite, sofría el chorizo, la cebolla el ajo y el chile verde por 5 minutos, a fuego alto. Es importante que no quede muy frito porque dejaría de absorber los jugos después.

2. Agregue el tomate y revuelva por 5 minutos más.

3. Luego agregue en una olla mediana la mezcla anterior con el caldo de pollo, el laurel y el perejil. Tape la olla y deje que se cocine por 10 minutos más a fuego medio.

4. Cocine todo a fuego lento por aproximadamente 1 hora hasta que cuaje.

5. Agregue los huevos batidos hasta que se cocinen. Retire la cacerola inmediatamente y revuelva el contenido.

6. Sirva en tazones pequeños.

SOPA DE PATA DE RES

La sopa de pata es una sopa típica que se prepara en varios países de Latinoamérica. Hay algo reconfortante en esta sopa: es uno de esos platos cuyo aroma es capaz de transportarnos a la cocina de mamá o la abuela.

RINDE: 4 PORCIONES • TIEMPO DE PREPARACIÓN: 1 HORA

INGREDIENTES:

2 libras de patas de res cortadas en pedazos
2 libras de mondongo (tripas de res)
Jugo de limón al gusto
1 cebolla grande pelada y picada
1 taza de salsa de tomate
2 dientes de ajo triturados
Sal al gusto
2 yucas peladas y cortadas en trozos
2 mazorcas de maíz en trozos
2 plátanos maduros pelados y cortados
½ libra de chicharos o guisantes

PREPARACIÓN:

1. Ponga las patas de res y el mondongo en una olla grande con el jugo de limón. Deje que repose por aproximadamente 45 minutos.

2. En una cacerola aparte, ponga a hervir agua. Cuando empiece a hervir, añada las viandas, los guisantes y también las patas de res y el mondongo. Cocine durante 60 minutos.

3. Es muy importante que hierva los plátanos aparte (los verdes por 15 minutos y los maduros por 5 minutos) para que el caldo no se ponga negro.

4. Cuando haya hervido todo y los vegetales estén blandos, agregue los plátanos. Sazone con sal y sirva caliente, agregándole limón o chile al gusto.

VEGETALES Y VIANDAS

CURTIDO

El curtido es el nombre que se le da a los alimentos que han sigo marinados y sumergidos en una solución que fermenta. El curtido tiene zanahoria, cebolla y chiles jalapeños, y se usa para acompañar comidas. Es un acompañamiento común en taquerías y restaurantes.

RINDE: 4 PORCIONES • TIEMPO DE PREPARACIÓN: 30 MINUTOS

INGREDIENTES:

½ cabeza de repollo en trozos	½ taza de vinagre blanco
1 zanahoria pelada y picada	½ taza de agua
4 tazas de agua hervida	1 chile picado
1 cebolla pelada y picada	Sal al gusto

PREPARACIÓN:

1. En una cacerola grande, ponga el repollo y la zanahoria.

2. Vierta el agua hervida hasta cubrir los vegetales y deje reposar durante aproximadamente 10 minutos.

3. Agregue los demás ingredientes y sazone con sal al gusto.

4. Revuelva bien todos los ingredientes, tape y deje a temperatura de ambiente durante aproximadamente 2 horas.

5. Coloque en el refrigerador hasta el momento de utilizarla. Puede conservarse dos días. Se sirve casi siempre con pupusas *(ver receta p. 142)*.

RIGUAS

Las riguas son tortas dulces de maíz, casi siempre acompañadas con queso o quesillo, fríjoles, mantequilla o crema, deliciosas a cualquier hora del día.

RINDE: 4 PORCIONES • TIEMPO DE PREPARACIÓN: 30 MINUTOS

INGREDIENTES:

20 mazorcas de maíz
1 cucharada de azúcar
Sal al gusto

1 cucharada de harina
Hojas de plátanos

PREPARACIÓN:

1. Desgrane las mazorcas y pase el maíz ya rallado por la procesadora, empleando la cuchilla fina. Agregue el azúcar y la sal. La masa debe quedar un poco líquida.

2. Corte las hojas de plátano en láminas de 8x10 pulgadas. Se le echa 1 cucharada grande de la masa y se dobla la hoja en forma de media luna. Se ponen las hojas empaquetadas a hervir por 15 minutos, volteándolas cada cinco minutos.

3. Cuando ya no estén goteando los paquetes, se le retiran las hojas a las masas.

4. Las masas se ponen a cocinar en una parrilla o en una satén hasta que se pongan doradas.

SUGERENCIA: Acompañe con queso, requesón o crema agria.

PANES Y EMPANADAS

PUPUSAS

Las pupusas son como las arepas o las tortillas rellenas, muy típicas de El Salvador.

RINDE: 4 PORCIONES (APROXIMADAMENTE 16 PUPUSAS) • TIEMPO DE PREPARACIÓN: 40 MINUTOS

INGREDIENTES:

1 libra de harina de maíz
4 tazas de agua fría
¼ taza de aceite
½ cebolla pelada y picada
½ ají verde picado sin semillas

1 libra de chicharrón
1 libra de queso mozzarella
1 tomate picado
1 cucharadita de pimienta
3 dientes de ajo picado

PREPARACIÓN:

1. Mezcle la harina de maíz con 4 tazas de agua fría hasta que pueda hacer bollitos. Déles una forma redonda, de 4 pulgadas de diámetro cada uno. Reserve las bolitas hasta el momento de rellenarlas.

2. En una sartén con aceite, sofría la cebolla, el ajo, y el ají para rellenar las tortillas.

3. En las tortillas ya estiradas, ponga una cucharada sopera de queso, una cucharada de chicharrón, una cucharada del sofrito de aj y la cebolla, y ciérrela en forma de media luna.

4. Cocine en una sartén limpia durante 5 minutos por cada lado, a fuego medio.

5. Sírvalas con el curtido (sofrito) al lado.

QUESADILLA SALVADOREÑA

*La quesadilla salvadoreña es como una tarta, no tiene nada que ver con las que-
sadillas mexicanas.*

RINDE: 10 PORCIONES. • **TIEMPO DE PREPARACIÓN: 30 MINUTOS Y 1 HORA DE REPOSO**

INGREDIENTES:

2 tazas de harina
2 cucharaditas de polvo de hornear
½ libra de queso fresco
2 tazas de azúcar
4 huevos batidos

1 taza de leche entera o crema
   fresca
½ libra de mantequilla
2 cucharaditas de ajonjolí

PREPARACIÓN:

1. Caliente el horno a 350°F.

2. Mezcle la harina y el polvo de hornear en una cacerola. Añádale y bata el queso, el azúcar, los huevos y la leche (o crema). Deje reposar por aproximadamente 1 hora hasta que tenga consistencia de pasta.

3. Vierta 3 cucharadas de la mezcla en un molde individual de 3 pulgadas, previamente engrasado, y deje que llene ¼ parte de la altura del molde. Haga lo propio en varios moldes.

4. Hornee hasta que dore, serán necesarios aproximadamente 20 minutos.

5. Saque las quesadillas del horno, deje reposar y sirva en cualquier ocasión.

NUÉGADOS DE MASA

Los nuégados —frituras de maíz con sirope— van bien como a las cuatro de la tarde y ¡ con una taza de café!

RINDE: 4 PORCIONES • TIEMPO DE PREPARACIÓN: 1 HORA

INGREDIENTES:

2 tazas de harina de maíz
2 cucharadas de polvo de hornear
¼ taza de mantequilla

Sal al gusto
½ taza de aceite o ½ libra de manteca

Para el sirope

3 tazas de azúcar blanca
1 ½ taza de agua

Canela en polvo al gusto
Cáscara de 1 limón rallado

PREPARACIÓN:

1. Cierna la harina. Agregue el polvo de hornear, la mantequilla y la sal.

2. Use una cucharada para formar bolitas con la masa y fríalas en el aceite o la manteca durante 5 o 7 minutos. Para saber si el aceite (o la manteca) está lo suficientemente caliente como para freír, póngale unas gotas de agua. Si hace burbujas, está listo para freír.

3. Mueva las frituras para que queden doradas uniformemente.

4. En otra cacerola, ponga a fuego bajo el azúcar y el agua, y muévala para revolver sin usar una espátula hasta llegar al punto de sirope, cuando alcance una temperatura de alrededor de 212°F.

5. Sírvalas calientes o frías con el sirope.

SUGERENCIA: El sirope tiene que tener una consistencia fluida. Con una cuchara tome un poquito del almíbar para dejarlo caer en un plato.

ARROCES

CASAMIENTO

Es típico encontrar en la mesa de familias salvadoreñas esta combinación de frí-joles y arroz.

RINDE: 4 PORCIONES • TIEMPO DE PREPARACIÓN: 40 MINUTOS

INGREDIENTES:

3 dientes de ajo enteros
3 cucharadas de aceite de canola
1 cebolla mediana pelada y picada
1 ají verde grande, picado y sin semillas
1 taza de agua
2 tazas de fríjoles negros cocinados
Sal y pimiento al gusto
2 tazas de arroz

PREPARACIÓN:

1. En una cacerola con aceite, sofría el ajo hasta que esté negro. Quítelo, y en ese mismo aceite sofría la cebolla y el ají.

2. Agregue el agua y el arroz al sofrito, y cocine por aproximadamente 15 minutos.

3. Añada la sal. Apenas rompa a hervir, agréguele los fríjoles cocinados.

4. Cocine a fuego lento hasta que el arroz esté listo.

SALSAS

SALSA ROJA

RINDE: 2 TAZAS • TIEMPO DE PREPARACIÓN: 20 MINUTOS

INGREDIENTES:

3 cucharadas de aceite de oliva
1 taza de cebolla pelada y picadita
1 diente de ajo picado
1 chile sin semillas, picado

1 tomate picado
2 cucharaditas de orégano
Sal y pimienta al gusto
¼ taza de cilantro picado

PREPARACIÓN:

1. Sofría la cebolla, el ajo y el chile en el aceite.

2. Añada los demás ingredientes. Revuélvalo todo bien y cocine a fuego lento, aproximadamente 10 minutos.

3. Pase la mezcla por la licuadora y sirva la salsa caliente o fría.

PESCADOS Y MARISCOS

CEVICHE DE CAMARONES

RINDE: 4 PORCIONES • TIEMPO DE PREPARACIÓN: 15 MINUTOS Y 24 HORAS DE REFRIGERACIÓN

INGREDIENTES:

2 libras de camarones
1 ½ taza de cerveza
1 cebolla pelada y picada
2 dientes de ajo triturados
1 ramita de perejil picado
1 ramita de cilantro picado

½ taza de jugo de limón
1 taza de salsa de tomate
¼ cucharadita de tabasco
1 cucharada de aceite de oliva
Sal y pimienta al gusto
Hojas de lechuga

PREPARACIÓN:

1. Pele, lave y quítele la vena negra a los camarones.

2. En una cacerola con la cerveza, hierva ligeramente los camarones hasta que tengan un color rosado.

3. Prepare un sofrito con la cebolla, el ajo, el perejil y el cilantro. Enseguida agregue los camarones con el jugo de limón, la salsa de tomate y el tabasco. Ponga sal y pimienta al gusto.

4. Cocine a fuego lento hasta que la salsa espese, por aproximadamente 10 minutos.

5. Guarde en el refrigerador, en un recipiente tapado y apropiado, durante 24 horas.

6. Sirva frío en hojas de lechuga.

CARNES

PAVO SALVADOREÑO

RINDE: 8 PORCIONES • TIEMPO DE PREPARACIÓN: 3 HORAS

INGREDIENTES:

Menudillos del pavo (excluyendo el hígado) para la salsa
1 pavo de 8 libras
Sal y pimienta al gusto
½ taza de mostaza
½ taza de salsa Worcestershire
6 tomates picados
3 cebollas peladas y picadas
1 taza de ciruelas pasas sin semillas
2 ajíes verdes sin semillas, picados
4 zanahorias picadas en trozos
½ taza de aceitunas sin semillas
¼ taza de alcaparras
8 dientes de ajo triturados
1 taza de vino blanco
3 tazas de caldo

PREPARACIÓN:

1. Guarde los menudillos del pavo para la salsa.

2. Limpie el pavo y adóbelo con la sal, pimienta, mostaza y la salsa Worcestershire. Frote la mezcla afuera y adentro del pavo.

3. Déjelo marinar en el refrigerador tapado por 24 horas. Para ello, tápelo.

4. Al día siguiente, ponga a calentar el horno a 350°F. Meta el pavo adentro y póngalo con la pechuga hacia arriba, cuidando de rociarlo constantemente con el adobo mientras que se está cocinando (se necesitan alrededor de 20 minutos por cada libra).

5. Agregue al pavo los tomates, las cebollas, las ciruelas, los ajíes, las zanahorias, las aceitunas, las alcaparras, el ajo y el vino blanco. Cerca de dos horas, cuando la pechuga esté dorada y el pavo hecho, retire del horno.

6. Con lo que queda en la bandeja de hornear y los menudillos (con la excepción del hígado) se hace un puré en la batidora. Se pone el puré a hervir con el caldo hasta que espesa. Cuele la mezcla y sazone al gusto.

7. Se corta el pavo en rodajas y se sirve caliente, untado con la salsa.

POLLO ENCEBOLLADO

RINDE: 4 PORCIONES • TIEMPO DE PREPARACIÓN: 45 MINUTOS

INGREDIENTES:

1 pollo de 2 a 3 libras	tiras
Sal y pimienta al gusto	1 taza de caldo
3 cucharadas de aceite vegetal	½ taza de vino blanco
3 cebollas peladas y cortadas en	1 hoja de laurel

PREPARACIÓN:

1. Lave y corte el pollo en cuartos. Sazónelo con sal y pimienta.

2. Fría el pollo en el aceite y agregue la cebolla. Para condimentar, agregue el caldo, el vino y el laurel.

3. Deje reducir el caldo. Para ello, ponga todo a fuego bajo por aproximadamente 35 minutos.

4. Sirva caliente con arroz blanco o amarillo.

SALPICÓN DE RES

RINDE: 4 PORCIONES • TIEMPO DE PREPARACIÓN: 2 HORAS

INGREDIENTES:

2 libras de carne de res
Sal y pimienta al gusto
1 cebolla pelada picada
⅓ taza de aceite de oliva
¼ taza de vinagre

3 tomates picados
3 chiles sin semillas, picados
2 aguacates sin semillas, sin
    cáscaras y cortados en trozos

PREPARACIÓN:

1. Ponga la carne, la cebolla y la sal en una cacerola. Agregue agua hasta que cubra la carne.

2. Hierva por aproximadamente 2 horas, hasta que la carne quede blanda.

3. Saque la carne de la cazuela y deje enfriar un rato (puede guardar el caldo para otras recetas).

4. Desmenuce la carne muy bien, que quede como hebras de hilo.

5. En una sartén, ponga el aceite a calentar. Agregue los tomates, la cebolla y el chile, y revuelva todo junto a fuego lento por 5 minutos. Retire del fuego. Mezcle con la carne y los aguacates con el vinagre. Revuelva suavemente.

SUGERENCIA: Se sirve frío o a temperatura ambiente.

POLLO EN SALSA DE VINO

RINDE: 4 PORCIONES • TIEMPO DE PREPARACIÓN: 1 ½ HORA

INGREDIENTES:

2 cucharadas de aceite
1 cebolla grande, pelada y picada
1 diente de ajo triturado
Sal y pimienta al gusto
1 pollo de 3 libras cortado en octavos
¾ taza de vino rojo
¼ taza de vinagre
1 cucharada de salsa Worcester-shire
¼ cucharadita de cilantro molido
⅛ cucharadita de pimentón
1 ají verde sin semillas y picado
12 ciruelas pasas sin semillas, cortadas
12 aceitunas rellenas
¼ taza de pasta de tomate
2 cucharadas de alcaparras

PREPARACIÓN:

1. Caliente el aceite en una cacerola. Eche la cebolla y el ajo, y cocine por 10 minutos hasta que la cebolla tome un color dorado.

2. Una vez que esté listo el sofrito, échele sal y pimienta al pollo, y colóquelo en la cacerola para que se vaya cocinando. Tape la cacerola para que el pollo vaya tomando el sabor del sofrito.

3. Tan pronto note que se empieza a ablandar, añádale los demás ingredientes.

4. Tape nuevamente y termine de cocinar a fuego lento por aproximadamente 30 minutos.

SUGERENCIA: Se sirve caliente, acompañado de cualquier guarnición o ensalada.

ENVOLTURAS O RELLENOS

SEMITA DE PIÑA

RINDE: 12 PORCIONES • TIEMPO DE PREPARACIÓN: 2 ½ HORA

INGREDIENTES:

6 tazas de harina
½ taza de mantequilla
2 cucharaditas de levadura
3 huevos batidos
½ taza de azúcar

2 cucharaditas de sal
¾ taza de leche
⅓ taza de agua tibia
1 ½ taza de mermelada de piña

PREPARACIÓN:

1. Ponga la harina en una tabla formando un volcán. Haga un hueco en el centro y ponga la margarina, la levadura, los huevos, la mitad del azúcar, una pizca de sal y un poquito de agua. Con sus manos, mezcle todos los ingredientes y amase dándole de vez en cuando golpes contra la mesa.

2. Cuando la masa esté manejable, brillante y no se pegue en las manos, cúbrala con una toalla y deje reposar en un lugar seco por aproximadamente 2 horas (o hasta que duplique su tamaño). Separe una porción de masa de pulgada y media, y con ella prepare las hebras para adornar la cubierta de las semitas (tartas).

3. eDivida el resto de la masa en dos. Coloque la primera parte en un molde para tartas previamente engrasado. Acomode la masa con sus manos y ponga por encima la mermelada.

4. Aplane la segunda parte de la masa con un rodillo y póngala en el molde, encima de lo que ya tiene trabajado. Amase la bola de masa previamente separada y corte a modo de hebras gruesas para entrecruzarlas encima de la semita (tarta). Espolvoree el azúcar restante y hornee a 350°F por aproximadamente 40 minutos.

5. Debe perforarse la superficie con un palillo de dientes para que no se hinche. Ya hecha la semita (tarta) se pone a refrescar. Corte en rectángulos y sirva acompañado de café, té o chocolate.

LA COCINA DE

ESPAÑA

Quién no conoce las famosas tapas españolas, que para nosotros los que amamos la cocina, son como una religión, tan simple en creación. La cocina de España es un carrusel de platos enriquecidos por la historia de este país, la madre patria de nuestra cultura Latina.

La cocina española oscila entre los estilos costeros y rurales, y de acorde a los climas. España fue un pueblo conquistado y luego al convertirse en conquistador importó recetas de sus colonias. También, por ello, comprende en su contenido cocina clásica y cocina tradicional. En resumen, a lo largo de su historia, España y los españoles han acumulado una variedad de usos, técnicas, e ingredientes, que hace su arsenal culinario rico y variado.

BEBIDAS

SANGRÍA

Los españoles preparan una bandeja de queso manchego y jamón serrano con una jarra de sangría.

RINDE: 4 PORCIONES • TIEMPO DE PREPARACIÓN: 30 MINUTOS

INGREDIENTES:

1 botella de vino tinto
2 cucharadas de miel
½ naranja, picada o en rodajas
1 limón picado o en rodajas

1 medida de brandy
1 medida de Cointreau
1 taza de gaseosa
Hielo a gusto

PREPARACIÓN:

1. Eche el vino en una jarra grande y agregue la miel, fruta el brandy y Cointreau. Métalo al refrigerador y déjelo reposar por lo menos 3–4 horas. También puede congelar la bebida si desea.

2. Antes de servir, eche el hielo, revuelva y agregue la gaseosa al final. Al servir, deje que las frutas y el hielo se queden dentro de la jarra. Acuérdese, lo mas importante para cualquier sangría es dejar que el sabor natural de las frutas se mezcle bien con las bebidas.

SOPAS Y CALDOS

GAZPACHO ANDALUZ

Bueno ya saben que existen tantas recetas de un mismo plato como gente que lo prepara y en el caso del gazpacho, las recetas son infinitas.

Pero vamos a ver un típico gazpacho andaluz, que se prepara en un momento y que refresca como ningún otro. Esta sopa fría, mundialmente famosa y de bajas calorías se sirve en las casas españolas en pleno verano, como el mejor refresco: lo preparan a diario y lo mantienen en una jarra bien fría en el refrigerador, listo para ofrecer al primero que llega. Yo le añado al final unos pedazos de manzana (con piel) y unos pedazos de pepino por que me encanta el contraste que le dan a esta receta. Usted puede adaptar la receta a su gusto pero siempre mantenga la ceremonia. Siempre puede saltear su gazpacho con especies, y agregarle migas de pan, cebolla picada, tomate picado o queso rallado.

RINDE: 4 PORCIONES • TIEMPO DE PREPARACIÓN: 20 MINUTOS

INGREDIENTES:

1 ½ lb de tomates pequeños sin cascara y sin semillas
1 cebolla grande pelada y cortada
1 ají verde picado y sin semillas
1 pepino mediano cortado en trozos
1 taza de aceite de olive

1 taza de agua
2 cucharadas de vinagre
2 tazas de migas de pan remojados el día anterior
1 diente de ajo machacado
Pizca de comino a gusto

PREPARACIÓN:

1. Mezcle bien todos los ingredientes y pase todo por la licuadora o la procesadora. Si se quisiera hacer la mezcla más ligera, puede añadírsele agua.

2. Ya listo, se pone a refrigerar por aproximadamente 3–4 horas. Sirva frío acompañado de trocitos de los vegetales incluidos para que cada persona aderece a gusto.

SOPA DE CASTAÑAS

Las nueces castañas que hacen su aparición a finales del año para fiestas navideñas. El puré o la sopa de castañas es muy fácil de hacer y además es un gran alimento. Las nueces castañas son ricas en fibra y no proporcionan mucha grasa. Así que vamos a aprovechar de sus virtudes nutricionales. En España y en todo el mundo hay distintas formas de elaborar esta sopa.

RINDE: 4 PORCIONES • TIEMPO DE PREPARACIÓN: 1 ½ HORA

INGREDIENTES:

½ lb de nueces castañas
1 cebolla media pelada y cortada
1 rama de hinojo picado
½ taza de mantequilla
½ taza de queso blanco

4 tazas de caldo de pollo o de consomé vegetal
½ taza de leche o crema
Sal y pimienta al gusto

PREPARACIÓN:

1. En una cacerola grande, ponga las nueces castañas a hervir con agua y sal por aproximadamente 20 minutos. Sáquelas del fuego y cuando pueda manipularlas, pélelas. (Las nueces se pueden comprar congeladas o ya peladas para evitarnos este paso).

2. En otra cacerola prepare un sofrito con la cebolla y el hinojo. Agrégueles el caldo, las nueces castañas con la mantequilla. Permita que todo se cocine a fuego lento por aproximadamente 20 minutos hasta que cuaje.

3. Agregue la leche o nata y revuelva por 2–3 minutos. Saque la cacerola inmediatamente y siga revolviendo todo fuera del fuego.

4. Pase todo por un colador fino, por la licuadora o procesadora.

5. Sirva en tazones y al momento de servir agréguele 2 cucharadas de aceite de oliva o mantequilla.

VEGETALES Y VIANDAS

TORTILLA ESPAÑOLA

En España y para todos los españoles, la tortilla de patatas es esencial. Es una entrada clásica, que hecha en casa, resulta verdaderamente deliciosa.

RINDE: 4 PORCIONES • TIEMPO DE PREPARACIÓN: 30 MINUTOS

INGREDIENTES:

2 papas peladas y cortadas en trozos
6 huevos
1 cucharadita de polvo de hornear

½ taza de chorizo picado en pedazos
½ taza de aceite de vegetal
Sal al gusto

PREPARACIÓN:

1. Corte las papas en pedacitos pequeños y fríalas en el aceite.

2. En un tazón bata los huevos con el polvo de hornear.

3. En una sartén coloque el aceite, llévelo al fuego y cuando empiece a calentar sofría los pedazos de chorizo hasta que queden dorados. Vuelque la preparación del los huevos.

4. Sazone con la sal y pimienta y cocínelo todo en el aceite a fuego mediano por aproximadamente 5–7 minutos de un lado, de vuelta a la tortilla con ayuda de un plato y cocine del otro lado por 5–7 minutos más.

PIRIÑACA

Esta es una simple ensalada de cebolla, tomate, ajíes y a veces se le puede añadir huevo duro o cocido e incluso pescado, carne o pollo. Casi siempre se come simple como le enseño y acompaña a pescados asado a la parrilla o mariscos en forma de salpicón.

RINDE: 4 PORCIONES • TIEMPO DE PREPARACIÓN: 25 MINUTOS

INGREDIENTES:

4 Tomates pelados y cortados
1 ají rojo cortados picado y sin semillas
1 ají verde picado y sin semillas
1 cebolla pelada y bien picada
1 pepino mediano cortado en rodajas
4 cucharadas de aceite de oliva
2 cucharadas de vinagre
Sal a gusto

SUGERENCIA: Corte todos los ingredientes y mézclelos en un tazón revolviendo suavemente para que tome sabor al aliño. Sirva esta ensalada fría a cualquier momento. También puede sustituir zanahorias o remolacha por los ajíes.

PANES Y EMPANADAS

HORNAZO

El hornazo es una especie de empanada, típica de muchas zonas de España y toda América Latina. La gran mayoría de los hornazos tienen el huevo duro en su composición y casi siempre se comen en festivales y fiestas religiosas. Vamos a partir de la clásica receta del hornazo, relleno de chorizo, jamón y huevo cocido con una masa elaborada de harina.

RINDE: 9 PORCIONES • TIEMPO DE PREPARACIÓN: 45 MINUTOS

INGREDIENTES

Para la masa:

3 tazas de harina
1 taza de aceite de oliva
1 taza de vino blanco seco
1 taza de agua fría
2 huevos batidos (bátalo ligeramente antes de untarlo)

¼ taza de Manteca de vegetal
Azúcar al gusto
Sal al gusto
1 cucharadita de polvo de hornear

Para el relleno:

¼ libra de jamón picado
¾ lb de chorizo picado

2 huevos duros (hervidos)

PREPARACIÓN:

Para la masa:

1. Para la masa ponga la harina en una cacerola y haga un agujero en el centro. En el agujero ponga la manteca, el aceite, vino y el agua y revuelva bien.

2. Agregue la sal, azúcar y los huevos batidos.

3. Únalo todo apretando la mezcla con la mano. Amase teniendo cuidado que la masa no se le pegue a las paredes de la cacerola.

4. Deje la masa reposar aproximadamente 30 minutos cubierta de papel o tela.

5. Pre-caliente el horno a 350°F.

6. Divida la masa en dos partes, coloque cada parte entre dos pedazos de papel encerado y extienda con un rodillo moviendo este desde el centro hacia afuera hasta que la masa tenga aproximadamente ¼ de pulgada de espesor.

Para el relleno:

1. En una sartén con aceite de oliva, dore ligeramente el chorizo con el jamón y cocine por 10 minutos a fuego lento.

2. Corte los huevos cocidos en rodajas para el relleno. Cúbralo con el resto de la masa extendida en la misma forma que la anterior.

3. Coloque la masa en un molde y rellene el pastel.

4. Doble los bordes de la parte superior de la masa por debajo de la parte inferior, y selle los bordes con un tenedor.

5. Hornee a 350°F por 30 minutos.

ARROCES

PAELLA

Ahora la paella esta muy de moda. Por todo Estados Unidos y sobre todo en Miami se ven compañías de chefs que te hacen una paella en su olla especial preparado todo al aire libre para entretenimiento de sus invitados. Pero lo que sabemos pocos es que la propia palabra paella significa sartén en catalán y valenciano. En España, los puristas le llaman a este plato "arroz en paella" si no es la tradicional y original paella valenciana. Los que no somos españoles o medios españoles le llamamos genéricamente paella a la receta y al sartén paellera, el cual debe tener mucho diámetro y poco fondo para mantener la cocción adecuada.

RINDE: 8 PORCIONES • TIEMPO DE PREPARACIÓN: 90 MINUTOS

INGREDIENTES:

1 ¼ tazas de aceite de canola

2 cebollas peladas y picadas

4 dientes de ajo triturados

2 ajíes verdes grandes picados y sin semillas

1 pollo aproximadamente de 1 ½ libras cortado en octavos

½ libra de masa de pescado en trozos

1 libra de almejas u ostiones

2 cangrejos (o masas de 2 cangrejos)

1 langosta (o masa de 1 langosta)

¼ libra de jamón crudo picado

1 lata de salsa de tomate

1 lata de pimientos morrones (ajíes rojos)

2 cucharadas de sal

¼ cucharadita de pimiento

2 cucharaditas de pimento

2 hojas de laurel

1 cucharada de vinagre blanco

2 tazas de vino seco (2 latas de cerveza)

2 libras de arroz (estilo Valencia de grano Redondo)

PREPARACIÓN:

1. En una cacerola grande, prepare un sofrito con el aceite, la cebolla, el ajo y el ají. Cuando esté cocinando, añádale el pollo en pedazos, los mariscos limpiados y crudos, el jamón y el pescado.

2. Cocine a fuego lento, revolviendo hasta que todo se dore ligeramente. En este momento, añada la salsa de tomate, los pimientos morrones molidos y con su agua, la sal, la pimienta, el pimento, el laurel el vinagre y el vino seco.

3. Siga cocinando a fuego lento hasta que comience a hervir. Agregue el caldo.

4. Una vez que el pollo se haya ablandado, agregue el arroz. Cocine a fuego lento hasta que el grano este blando, aproximadamente 40 minutos.

5. Sirva la paella en una cacerola de barro. Decore con arvejas y pimientos.

PASTAS

FIDEUÁ

Nunca tan famosa como la paella, la fideuá es otro guiso de pescado y mariscos que gritan España. Al igual que la paella y la bouillabaise francesa, la fideuá ha ido enriqueciéndose con el tiempo con la incorporación de delicias de pescadores y de hecho se elabora también en la sartén tradicional plana de paella. En esta receta se le sustituye el arroz por unos fideos gruesos con el interior hueco que pueden absorber gran cantidad de caldo. Claro que el secreto para una buena fideuá es un buen caldo de pescado casero. Si quiere ahorrar tiempo puede usar un caldo de pescado envasado pero nunca es lo mismo.

RINDE: 8 PORCIONES • TIEMPO DE PREPARACIÓN: 2 HORAS

INGREDIENTES:

Para el caldo

2 litros de agua
1 cabeza de pescado

1 cebolla mediana pelada y picadas
3 dientes de ajo triturados

Para la fideua

6 tomates pelados y picados
2 cangrejos (o masa de cangrejo)
1 lb de masa de pescado
1 lb de camarones
1 ½ lb de fideos gordos

3 cucharadas de anís
1 taza de aceite de oliva
Azafrán a gusto
1 ramita de eneldo picada
Sal a gusto

PREPARACIÓN:

1. Para el caldo ponga el agua y los demás ingredientes del caldo en una cacerola apropiada.

2. Ponga la cacerola al fuego y cuando comience a hervir, baje la llama para que se cocine a fuego lento, aproximadamente 1 ½ o 2 horas (deberá reducirse a la mitad). Cuando listo y aromático, cuele el caldo.

3. En otra cacerola o sartén grande con aceite, cocine los tomates y agregue los camarones, el pescado y los cangrejos. Se les echa el caldo hasta cubrirlo media pulgada por arriba e inmediatamente se les echa los fideos con el anís.

4. Cocine por 10 minutos mas hasta que los fideos queden "al dente" o de su preferencia.

5. Sazone y decore con azafrán y el eneldo. Se puede servir en la misma sartén o en una olla de barro.

SALSAS

SALSA ALIOLI

RINDE: 3 TAZAS • TIEMPO DE PREPARACIÓN: 20 MINUTOS

INGREDIENTES:

3 dientes de ajo triturado
3 huevos

1 cucharada de vinagre
1 ½ taza de aceite de oliva

PREPARACIÓN:

Procese todos los ingredientes hasta obtener una mayonesa de ajos espesa y lisa. Añada el aceite poco a poco y bátalo por 3 minutos. También puede mezclar y batir con una cuchara de madera echando el aceite poco a poco moviendo en forma circular y en la misma dirección para no cortar la mezcla.

PESCADOS Y MARISCOS

CAMARONES DE SANLÚCAR

RINDE: 4 PORCIONES • TIEMPO DE PREPARACIÓN: 30 MINUTOS

INGREDIENTES:

1 lb de camarones
Sal gruesa

3 litros de agua

PREPARACIÓN:

1. Pele los camarones, elimine la vena negra y hiérvalos en una cacerola con agua y la sal gruesa por aproximadamente 15 minutos.

2. Saque los camarones y échelos en un recipiente con hielo manteniéndolos así por 2–3 minutos.

3. Escúrralos y ponga en una fuente formando una capa. Cúbralos con una tela o papel y ponga en el refrigerador hasta servir. Acompañe los camarones con cualquier mayonesa casera.

CARNES

MICHIRONES

Es uno de los platos mas típicos de la región del sur de España sobre todo en la ciudad de Murcia donde es raro no encontrarlo en meriendas, tapas y reuniones de amigos.

RINDE: 4 PORCIONES. • TIEMPO DE PREPARACIÓN: 1 HORA

INGREDIENTES:

1 libra de frijoles combinados o habas secas
1 cucharada de aceite de oliva
1 hueso de jamón para sopa
½ libra de chorizos cortados en pedazos

1 ají picante sin semillas y picado
1 hoja de laurel
1 cucharadita de pimentón dulce
Pimienta molida a gusto
Sal al gusto

PREPARACIÓN:

1. Ponga a remojar los frijoles o habas desde la noche anterior. Enjuáguelos al día siguiente. Cocínelos en una cacerola llena de agua. Cuando comience a hervir, agregue ½ taza de agua fría. Repita esta operación tres veces.

2. Agréguele el aceite de oliva, el hueso de jamón, chorizo, ají, laurel y el pimentón.

3. Cocínelo todo a fuego lento por aproximadamente 2 horas. Sazónelo con sal y manténgalo caliente hasta que este listo para servir en una cazuela de barro o en tazones individuales.

DULCES

CREMA CATALANA

RINDE: 4 PORCIONES • TIEMPO DE PREPARACIÓN: 15 MINUTOS

INGREDIENTES:

1 litro de leche
1 rama de canela
Cascara de 1 limón
8 yemas de huevo
1½ taza de azúcar

4 cucharadas de maicena
¼ taza de agua
1 cucharadita de vainilla
Sal a gusto

PREPARACIÓN:

1. En una cacerola, hierva la leche con la canela, la cascara de limón y la sal. Una vez que rompa el hervor, deje entibiarla.

2. En un tazon aparte, bata las yemas con el azúcar y la maicena disuelta en el agua.

3. Añádale la leche a esta preparación. Cuele todo para retirar la rama de canela y la cascara de limón y cocine a fuego mediano, revolviendo constantemente hasta que espese. Reparta la mezcla en pequeños platos de barro, y colóquelos en el refrigerador.

4. Al servir la crema catalana quemamos la superficie con un soplete de cocina después de echar una cucharada de azúcar en la parte superior de la natilla. Es un postre elegante con pompa y circunstancia.

PERAS EN BLANCO Y NEGRO

RINDE: 6 PORCIONES • TIEMPO DE PREPARACIÓN: 45 MINUTOS

INGREDIENTES:

12 peras peladas
1 lb de nata azucarada
½ taza de azúcar
2 tazas de leche
1 ½ cucharada de anís dulce

Cascara de limón
3 cucharadas de chocolate en
  polvo
Canela en rama

PREPARACIÓN:

1. Pele las peras sin romper los rabos.

2. En una cacerola hierva el agua con la canela, la cascara de limón, el anís y el azúcar.

3. Eche las peras y cocínelas a fuego lento aproximadamente 20 minutos hasta que estén tiernas.

4. Saque y escurra las peras y póngalas en el refrigerador, aproximadamente 2 horas.

5. Haga un chocolate espeso caliente con la leche y el chocolate en polvo.

Sirva las peras con los rabos (palito) hacia arriba, sobre una capa de nata, y encima un chorro del chocolate espeso.

SUGERENCIA: Para el chocolate caliente, use la leche evaporada o leche condensada.

LA COCINA DE

GUATEMALA

Guatemala es otro país latinoamericano que tiene herencias indígenas y europeas. Sin embargo, hay muchos guatemaltecos de pura sangre maya —los chapines— cuya cocina típica maya tiene una fuerte presencia en la comida diaria. Algunos platos típicos son los fríjoles, moles, pepianes, pbbuliques, chiles, chirmoles y recaditos. También hay platos hechos principalmente a base de maíz; como en los demás países centroamericanos, encontramos las tortillas, tamales y tamalitos, tacos, enchiladas y chuchitos. En los postres encontramos la presencia española unida a la maya en los buñuelos, las torrejas, los coyoles en miel, los rellenitos, los molletes, los platanitos en mole, las quesadillas, los higos y camotes en dulce, los cambrayes, las chancletas de chayote y el pico de zope. Además hay bebidas deliciosas como el atol de elote, el arroz con leche, las horchatas, el fresco de chicha, la rosa de Jamaica, el caldo de frutas de Salcajá y el rompopo. Muchas recetas son únicas de Guatemala como el jocón, el pepián y las hilachas, y sus platos incluyen especias exóticas como el chile pasa y el chile guaque.

BEBIDAS

AGUA DE FLOR DE JAMAICA

El agua de flor de Jamaica es altamente pura, desintoxicante y cicatrizante porque tiene muchas vitaminas y minerales. Dicen que mejora la digestión, cura resacas, previene la ceguera nocturna, fortalece huesos y dientes. Es útil para infecciones respiratorias, para la anemia, la fatiga y las debilidades musculares.

RINDE: 4 PORCIONES • TIEMPO DE PREPARACIÓN: 30 MINUTOS

INGREDIENTES:

2 flores de Jamaica secas, limpias y
    picadas

1 litro de agua
⅓ taza de azúcar

PREPARACIÓN:

Hierva el agua en una cacerola. Cuando empiece a hervir, agregue la flor de Jamaica y siga cocinando por aproximadamente 25 minutos. Cuele, endulce a su gusto y sirva frío o caliente.

SOPAS Y CALDOS

CONSOMÉ QUITA GOMA

RINDE: 4 PORCIONES • TIEMPO DE PREPARACIÓN: 35 MINUTOS

INGREDIENTES:

½ pollo cortado en cuartos (con los menudos)
2 litros de agua
1 cebolla pelada y picada
2 tomates picados

Jugo de 1 limón
4 chiltepes (ají picante guatemalteco) sin semillas y picados
Salsa inglesa al gusto

PREPARACIÓN:

1. Corte el pollo en cuartos y colóquelo en una cacerola con todos los menudos e ingredientes, con excepción de la salsa inglesa. Déjelo cocinar a fuego medio durante 1 ½ o 2 horas.

2. Cuele el caldo. Reserve el pollo para preparar otros platos (aunque también puede desmenuzarlo en el caldo).

3. Sazone y échele una cucharada de salsa inglesa antes de servir.

SUGERENCIA: Para preparar la salsa inglesa, bata una yema de huevo y agréguele un poco de leche, maicena, azúcar y unas gotas de vainilla al gusto. Luego ponga esta mezcla a fuego lento aproximadamente 15 minutos para que espese.

VEGETALES Y VIANDAS

AJÍES RELLENOS CON SALSA DE TOMATE

RINDE: 4 PORCIONES • TIEMPO DE PREPARACIÓN: 30 MINUTOS

INGREDIENTES:

1 cebolla pelada y picada
1 diente de ajo triturado
4 tomates picados
1 ½ libra de carne de res molida cocinada (picadillo)
1 cucharada de aceite
1 huevo

Sal y pimiento al gusto
4 ajíes verdes, grandes, sin semillas
3 cucharadas de migas de pan
2 tazas de agua
6 cucharaditas de queso parmesano rallado con 2 cucharaditas de galleta molida

PREPARACIÓN:

1. Sofría la cebolla, el ajo, los tomates y el picadillo en una sartén con aceite a fuego medio por unos 15 minutos. Revuélvalo constantemente.

2. Retire del fuego. Agregue el huevo batido junto con las migas de pan, la sal y la pimienta al gusto.

3. Rellene los ajíes con esta mezcla y póngalos en un molde para hornear. Cúbralos con la mezcla de queso rallado y galleta molida.

4. Hornee a 375°F por aproximadamente 45 minutos.

SUGERENCIA: Puede reservar 1 tomate y pasarlo por la procesadora o licuadora. Vierta el tomate molido sobre los ajíes ya rellenos.

ENSALADA EN ESCABECHE

RINDE: 4 PORCIONES • TIEMPO DE PREPARACIÓN: 30 MINUTOS

INGREDIENTES:

4 zanahorias picadas

½ cabeza de coliflor picada

1 taza de guisantes

2 libras de habichuelas

3 ramas de brócoli picadas

1 litro de agua

2 cucharadas de aceite oliva

3 cebollas grandes, peladas y picadas

5 dientes de ajo triturados

1 ají verde picado y sin semilla

Hoja de laurel

1 taza de vinagre

PREPARACIÓN:

1. En una cacerola con agua, hierva las zanahorias, la coliflor, los guisantes, las habichuelas, y el brócoli por 15 o 20 minutos, hasta que los vegetales estén blandos. Reserve.

2. En una sartén a fuego medio sofría la cebolla y los ajos con el ají y el laurel. Cocine por aproximadamente 5 minutos hasta que se doren ligeramente.

3. Mezcle las verduras con el sofrito de cebolla y ají, y échele la taza de vinagre.

4. Ponga todo en el refrigerador en un recipiente de cristal por 24 horas o más.

CHOJÍN

Sirva esta ensalada con cocteles, cerveza o bebidas refrescantes.

RINDE: 4 PORCIONES • TIEMPO DE PREPARACIÓN: 30 MINUTOS

INGREDIENTES:

1 libra de rábanos rojos, picados finamente

¼ taza de hojas de menta picadas finamente

½ taza de jugo de naranja

Jugo de 2 limones

2 tazas de chicharrones de puerco cocinado y cortados

Sal y pimienta al gusto

PREPARACIÓN:

En un bol, coloque todos los ingredientes y mézclelos sazonando con sal y pimienta. Refrigere por 4 horas.

TAMALES DE MAÍZ

RINDE: 4 PORCIONES • TIEMPO DE PREPARACIÓN: 60 MINUTOS

INGREDIENTES:

6 mazorcas de maíz con hojas
¼ taza de manteca de cerdo
¼ taza de mantequilla
2 cucharaditas de polvo de hornear

2 tazas de harina
1 taza de agua tibia
2 cucharaditas de sal

PREPARACIÓN:

1. Ralle el maíz y páselo por la procesadora, empleando la cuchilla fina. Agréguele la manteca de cerdo, la mantequilla y el polvo de hornear, y siga mezclando y batiendo hasta que la mezcla quede suave y uniforme.

2. En un bol aparte, amase la harina, el agua tibia y la sal. Agregue la mezcla de maíz para formar una pasta.

3. Tenga las hojas cortadas en pedazos grandes, preparadas para echarles las porciones de la pasta de maíz. Amárrelas para que queden en forma rectangular.

4. En una cacerola con agua hirviendo, vaya echando los tamales. Cocínelos durante 45 minutos.

5. Cuando estén listos, quite las hojas y se sírvalos calientes. Se les puede echar crema o salsa por encima.

PANES Y EMPANADAS

DOBLADAS

Estas tortillas rellenas se sirven como aperitivos. También son idóneas para un buen desayuno.

RINDE: 4 PORCIONES • TIEMPO DE PREPARACIÓN: 30 MINUTOS

INGREDIENTES:

1 taza de queso gratinado
1 ají rojo sin semillas, picado
1 cebolla mediana pelada y picada
1 diente de ajo triturado

4 tortillas de harina *(ver receta p. 188)*
4 cucharadas de mantequilla
Sal y pimiento al gusto

PREPARACIÓN:

1. Mezcle el queso, el ají, la cebolla y el ajo. Ponga una cucharada de la mezcla en la parte inferior de la tortilla y dóblela en forma de media luna. Presione los bordes hasta sellarlos.

2. Fría cada tortilla doblada a fuego lento en la mantequilla ya derretida. Necesita 1 minuto por cada lado.

3. Escurra la grasa y sirva calientes. Se puede acompañar con la salsa de su preferencia.

ARROCES

ARROZ VERDE

RINDE: 4 PORCIONES • TIEMPO DE PREPARACIÓN: 40 MINUTOS

INGREDIENTES:

¼ libra tomates verdes, pelados y picados
2 cucharadas de agua
1 chile jalapeño picado

Cilantro picado al gusto
Sal y pimienta al gusto
1 diente de ajo triturado
1 taza de arroz

PREPARACIÓN:

1. En una cacerola con agua, cocine los tomates aproximadamente 4 minutos hasta que estén blandos. Reserve el agua.

2. Coloque los tomates en la batidora con el agua y bátalos por 3 minutos.

3. En la misma cacerola donde cocinó los tomates, adicione y cocine a fuego medio la mezcla con el cilantro y el jalapeño, y sazone con sal y pimienta, y el ajo. Permita que comience a hervir. Agregue el arroz y, en ese momento, baje la llama, de modo que termine de cocinarse a fuego muy lento. Mantenga la cacerola tapada durante unos 30 minutos.

SALSAS

SALSA DE MANGO Y AGUACATE

Salsa idónea para acompañar carnes, pollo, pescado y mariscos.

RINDE: 4 PORCIONES • TIEMPO DE PREPARACIÓN: 20 MINUTOS

INGREDIENTES:

1 mango pelado y cortado
1 ají rojo sin semillas, picado
1 tomate picado

1 aguacate sin cáscara y sin pepa
1 cebolla pelada y picada
1 cucharadita de ajo triturado

PREPARACIÓN:

Mezcle bien todos los ingredientes (puede pasarlos por la procesadora o licuadora). Mantenga la salsa fría hasta el momento de servir.

CACK-IK

El Cack-ik es una receta del norte de Guatemala.

RINDE: 4 PORCIONES • TIEMPO DE PREPARACIÓN: 1 HORA

INGREDIENTES:

1 gallina limpia y cortada en octavos
2 dientes de ajo triturados
5 tomates grandes picados
2 cebollas
1 ají picante, sin semillas y picado

5 clavos
1 rama de cilantro
1 rama de yerbabuena
1 cucharada de achiote en polvo
Sal y pimienta al gusto

PREPARACIÓN:

1. En una cacerola a fuego medio, cocine la gallina con los ajos por 30 minutos.

2. Aparte, caliente el horno a 350°F y hornee los tomates con la cebolla y el ají. A los 10 minutos, cuando estén ahumados, páselos por la licuadora. Agregue el resto de los ingredientes y cuele la mezcla.

3. Agregue esta mezcla a la gallina y siga cocinando, aproximadamente 30 minutos. Sírvalo caliente con arroz y tamales.

CARNE EN JOCÓN

RINDE: 6 PORCIONES • TIEMPO DE PREPARACIÓN: 1 HORA

INGREDIENTES:

3 litros de agua
1 pollo de 2 libras cortado en octavos
1 cebolla pelada y picada
1 tomate picado
Sal y pimienta al gusto

2 dientes de ajo triturados
6 cebollinos10 tomatillos picados
1 ají picado
1 cucharada de mantequilla
1 rama de cilantro
Migas de pan al gusto

PREPARACIÓN:

1. En una olla grande a fuego medio, cocine el pollo con la cebolla y el tomate, y sazone con sal y pimienta. Cocine aproximadamente 30 minutos y, cuando ya esté listo, retire del fuego y separe el pollo del caldo.

2. Prepare una salsa colocando los ajos, los cebollinos, los tomatillos, el ají, la mantequilla, el cilantro y el caldo del pollo en una licuadora. Bata por 3 minutos. Cuele la salsa, viértala sobre el pollo y ponga a cocinar por unos minutos, hasta que la salsa rompa el hervor. Retire inmediatamente del fuego y sirva caliente. Espolvoree las migas de pan.

HILACHAS

RINDE: 4 PORCIONES • TIEMPO DE PREPARACIÓN: 2 HORAS

INGREDIENTES:

1 libra de falda (carne de res *brisket*)
3 papas peladas
1 zanahoria picada
3 tazas de agua
Sal y pimienta negra al gusto

2 cucharadas de aceite
1 diente de ajo triturado
1 cebolla pelada y picada
1 ají verde sin semillas, picado
4 tomates picados

PREPARACIÓN:

1. Hierva la carne en agua con las papas y la zanahoria y un poco de sal por 20 minutos. Deje enfriar la carne y luego desmenúcela bien para que quede como hebras de hilo. Reserve el agua con las papas y la zanahoria en la cacerola.

2. En una sartén, ponga el aceite a calentar. Agregue el ajo y, a los 5 minutos, cuando esté dorado, ponga la cebolla, el ají y los tomates. Cocine por cinco minutos más. Añada esta mezcla a la cacerola de las papas y la zanahoria, y finalmente incorpore la carne. Cocine a fuego lento por 25 minutos para que espese. Sirva caliente, acompañe con arroz blanco.

PEPIÁN

El pepián de Guatemala es el plato nacional. Es un guiso de carne de res y su consistencia es bastante espesa por la combinación de vegetales que lleva.

RINDE: 4 PORCIONES • TIEMPO DE PREPARACIÓN: 1 HORA

INGREDIENTES:

1 ½ libras de carne de res (*brisket*)
   cortada en trozos
1 litro de agua
½ chayote (calabaza) pelada y picada
½ libra de papas medianas peladas
1 chile guaque picado y sin semillas
1 chile pasa picado y sin semillas
4 tomates verdes picados
4 tomates picados

1 cebolla pelada y picada
2 cucharadas de ajonjolí
2 cucharadas de pepitoria verde
   (semillas de calabaza en polvo)
Canela en polvo al gusto
1 cáscara de plátano picada
2 dientes de ajo triturado
1 rama de cilantro picado
Sal y pimienta al gusto

PREPARACIÓN:

1. Cocine la carne con el litro de agua durante 20 minutos. Adicione los vegetales y cocine la mezcla por 10 minutos más.

2. Fría los chiles, el miltomate, el tomate, la cebolla, el ajonjolí, la pepitoria, el ajo, la canela y la cáscara de plátano por 5 minutos, o hasta que doren. A este preparado se le echa cilantro y un poco del caldo de la carne; se cocina por un espacio de 30 minutos. Luego se le agrega la carne y las verduras, y se cocina hasta que espese. Puede acompañarse con arroz blanco.

SUGERENCIA: Puede sustituir los chiles típicos guatemaltecos por los chiles que encuentre en su mercado. Al escoger, recuerde que piel arrugada es una señal de que no están muy frescos. Si le gusta picante, deje las venas cuando limpie el chile.

DULCES

CHANCLETAS DE CHAYOTE

El chayote es como una calabacita espinosa en forma de pera. Viene de México y del resto de Centroamérica. Su sabor es suave, perfecto para hacer dulces.

RINDE: 4 PORCIONES • TIEMPO DE PREPARACIÓN: 1 HORA

INGREDIENTES:

2 chayotes verdes enteros (calabazas)
½ cucharadita de sal
¾ taza de migas de pan
1 cucharadita de canela en polvo
¼ taza de crema
¼ taza de pasas
1 cucharada de mantequilla
   derretida

PREPARACIÓN:

1. En una cacerola con agua, hierva o cocine al vapor los chayotes por 20 minutos. Déjelos enfriar. Cuando estén tibios, quíteles la masa cuidando de no romper la cáscara que va a utilizar después de rellenarlos.

2. Combine todos los otros ingredientes. Añádalos a la masa y mezcle bien.

3. Rellene las cáscaras y hornee a unos 375°F por 20 minutos.

4. Deje refrescar y sirva tibio.

TORTICAS DE YUCA

RINDE: 4 PORCIONES • TIEMPO DE PREPARACIÓN: 35 MINUTOS

INGREDIENTES:

3 tazas de agua
1 libra de yuca pelada y cortada en trozos
2 huevos batidos
1 cucharada de harina

½ cucharadita de bicarbonato
Aceite para freír
Sal al gusto
Miel al gusto

PREPARACIÓN:

1. En una cacerola, hierva el agua con la yuca por 25 minutos, agregándole agua si necesita.

2. Sáquela cuando esté blanda y mezcle con los huevos y la harina para preparar una masa.

3. Forme torticas con las manos y fríalas por ambas partes hasta que queden doradas.

4. Déjelas refrescar y échele sal y miel por encima.

PASTEL DE ZANAHORIA

RINDE: 4 PORCIONES • TIEMPO DE PREPARACIÓN: 60 MINUTOS

INGREDIENTES:

1 taza de azúcar
1½ taza de aceite
2 huevos batidos
1 cucharadita de sal
1 cucharadita de bicarbonato

1 cucharadita de canela en polvo
2 zanahorias ralladas
1 taza de harina
½ taza de nueces picadas

PREPARACIÓN:

1. En un bol, mezcle el azúcar, el aceite y el huevo.

2. Agréguele los demás ingredientes y colóquelos en un molde cuadrado de 6 x 6 x 2 pulgadas.

3. Hornee a 375°F por aproximadamente 50 minutos.

LA COCINA DE

HONDURAS

La comida hondureña, al igual que sus países vecinos centroamericanos, pone un gran énfasis en el uso del maíz, ajíes, tomates y fríjoles. Todos los días se consume tortillas y fríjoles —rojos o negros. El arroz es el acompañante de casi todas las carnes y pescados. La ensalada más común contiene repollo y zanahoria con aceite y vinagre. Tierra adentro abundan las recetas con carne y en la costa norte son populares los platos con pescado, ambas tendencias acompañadas con salsas. Los quesos más populares son salados. En sus postres abunda la presencia de frutas nacionales, que también vemos en muchos platos.

El menú hondureño contiene, al igual que el nicaragüense, los nacatamales (elaborados a base de maíz y rellenos de carne de cerdo).

La gastronomía del Caribe hondureño se formó a partir de la fusión de dos cocinas bien diferenciadas. Por un lado, la criolla que contiene el cerdo, los dulces y especias, y por otro, una cocina nativa —la garífuna— que se dio tras el establecimiento de los esclavos africanos. Esta comida garífuna mezcla las frutas del Caribe (como el coco y el banano) con las del mar (como los caracoles, la langosta y el cangrejo).

Yo tengo muchos amigos hondureños que trabajan en gastronomía. Los restaurantes abundan en la Florida, Nueva York, Texas, California y Nueva Jersey. En Miami, a mí me gusta seguir a los chefs a sus restaurantes preferidos. Para ellos, su Honduras natal es «un hueco en la pared» llamado Adelita's Cafetería. Pero los mejores aromas los experimentas durante el Carnaval de la Calle Ocho, en los primeros días de Marzo. Las calles se inundan de comida latinoamericana, donde la hondureña es una de las más deseadas.

BEBIDAS

PONCHE INFERNAL DE PIÑA

Este ponche suele servirse en el invierno porque es caliente. Se usan frutas tropicales en la receta.

RINDE: 8 PORCIONES • TIEMPO DE PREPARACIÓN: 15 MINUTOS Y 12 HORAS DE REMOJO

INGREDIENTES:

3 piñas cortadas en pedazos
4 tazas de agua
¾ taza de azúcar
1 taza de leche de coco

3 ramas de canela
2 cucharaditas de polvo de clavos
   de olor
¼ taza de ron

PREPARACIÓN:

1. Ponga los pedazos de piña a remojar en el agua desde la noche anterior.

2. Al día siguiente ponga al hervir la piña en la misma agua con azúcar, la leche de coco y todas las especies. Siga cocinando aproximadamente 5 minutos.

3. Cuele el líquido, páselo a una jarra de barro y añada el aguardiente. Sirva caliente.

SOPAS Y CALDOS

SOPA DE CARACOL

Arroz blando y tortillas de maíz recién hechas son el paisaje de guarnición de esta sopa rica en proteínas y fácil de digerir.

RINDE: 4 PORCIONES • TIEMPO DE PREPARACIÓN: 40 MINUTOS

INGREDIENTES:

2 dientes de ajo triturados
1 cebolla grande picada
1 ají verde picado y sin semillas
2 zanahorias picadas
1 libra de yuca pelada y picada
½ taza de mantequilla
1 taza de caldo de res
1 rama de cilantro picado

1 taza de leche
1 coco rallado
1 taza de agua
2 plátanos verdes, pelados y cortados
1 libra de caracoles marinos comestibles sin caparazones, picados

PREPARACIÓN:

1. Sofría en una cacerola a fuego medio el ajo, la cebolla, el ají, la zanahoria y la yuca en la mantequilla.

2. Agregue el caldo y el cilantro y siga cocinando durante aproximadamente 10 minutos.

3. Aparte, mezcle la leche con el coco rallado y el agua, y pase todo por un colador.

4. Agregue este líquido colado a la mezcla en la cacerola y siga cocinando a fuego lento por 20 minutos más.

5. Cuando empiece a hervir de nuevo, agréguele el plátano y siga cocinando hasta que se ablande, aproximadamente 5 minutos.

6. Una vez cocinado, eche los caracoles ya picados y limpios, y retire del fuego para que se cocine. Procure que no se endurezca demasiado. Los caracoles se cocinarán con el calor de la sopa en la cacerola tapada. Sirva caliente con arroz blanco y tortillas.

VEGETALES Y VIANDAS

NACATAMALES A LA HONDUREÑA

Los nacatamales se diferencian de los tamales por su tamaño: son más grandes y anchos. Se elaboran para las fiestas y reuniones familiares.

RINDE: 4 PORCIONES • TIEMPO DE PREPARACIÓN: 4 ½ HORAS

INGREDIENTES:

Para la masa

3 tazas de harina de maíz
½ taza de manteca
1 cucharada de sal

Jugo de 1naranja agria
3 tazas de caldo de res

Para el relleno

1 libra de masa de puerco, en
   pedazos o molida
Ajo al gusto
1 cebolla pelada y picada
1 ají picado y sin semillas
2 tomates picados

½ taza de arroz cocinado
½ libra de papas peladas, cortadas
   y hervidas
Sal y pimienta al gusto
Hojas de menta al gusto

Para la envoltura

12 hojas de plátano sin nervio
   central (de 10x10 pulgadas)
12 papeles de aluminio (de 10x10

   pulgadas)
1 rodillo de cordel

PREPARACIÓN:

Para la masa

Mezcle la harina de maíz con la manteca y la sal en una mezcladora o procesadora a baja velocidad. Agregue el jugo de naranja y el caldo hasta obtener la consistencia de una masa que debe quedar tierna. Cubra y mantenga aparte.

Para el relleno

En una sartén a fuego medio, sofría la carne de puerco en ajo y agréguele la cebolla, el ají y los tomates. Cocine durante aproximadamente 5 minutos. Mezcle con el arroz y las papas cocidas. Añada sal y pimienta al gusto.

Para elaborar los nacatamales

1. Tenga las hojas de plátano preparadas para ponerle una bola (¼ taza) del relleno. Tape con otro poco de masa.

2. Doble la hoja de plátano en un paquete rectangular y amarre con el cordel, envolviéndolo en un papel de aluminio de manera que cubra todo el paquete.

3. En una cacerola con agua hirviendo vaya echando los paquetes. Estos deben cocinarse a fuego lento por 1 ½ horas. Es muy importante echarle agua hasta que los cubra. Si se evapora, siga echándole agua.

4. Se sirven con las hojas de menta.

SUGERENCIA: Puede pasar las hojas de plátano por agua caliente para que se vuelvan más elásticas. Los nacatamales se sirven calientes.

MONTUCAS

Las montucas son similares al nacatamal. La diferencia es que se preparan con maíz tierno y carne de cerdo, una combinación que les proporciona un sabor particular y dulce.

RINDE: 8 PORCIONES • TIEMPO DE PREPARACIÓN: 1 ½ HORA

INGREDIENTES:

6 mazorcas de maíz verde con hojas
1 libra de carne de cerdo molida
1 taza de leche
1 taza de azúcar
1 cebolla pelada y picada
1 tomate picado
1 diente de ajo

1 ají mediano, picado y sin semillas
Pimentón al gusto.
2 cucharadas de aceite de oliva
2 cucharadas de canela molida
1 barras de margarina
Sal y pimienta al gusto
16 hojas de maiz

PREPARACIÓN:

1. Desgrane las mazorcas y pase el maíz por la procesadora empleando la cuchilla fina. Échele agua y leche poco a poco. Agregue azúcar al gusto.

2. Ponga la carne de cerdo en una cazuela de barro o una sartén. Sofríala en aceite de oliva con la cebolla, el tomate, el ajo, el ají y el pimentón. Agrega sal y pimienta al gusto.

3. Luego de 20 minutos aproximadamente, cuando el cerdo esté blando, retírelo del fuego y écheselo al maíz. Amase la mezcla hasta formar una pasta. Agregue la canela y la margarina.

4. Tenga las hojas anchas cortadas en pedazos grandes y écheles porciones del relleno. Amárrelas para que queden en forma rectangular (3x5 pulgadas).

5. En una cacerola con agua hirviendo, vaya echando las montucas. Estas deben cocinarse por 1 ½ horas.

6. Sirva con queso crema y fríjoles fritos.

PANES Y EMPANADAS

TORTILLAS DE HARINA

En Honduras, El Salvador y Nicaragua, las tortillas de harina son como el pan para los españoles, el plátano para el cubano y el arroz para el chino. Es el primer plato, lo esencial.

Y en Honduras hay otro nombre designado para una simple tortilla de harina con fríjoles fritos: la «baleada».

RINDE: 8 PORCIONES.   •   TIEMPO DE PREPARACIÓN: 40 MINUTOS

INGREDIENTES:

2 tazas de harina
1 cucharadita de polvo de hornear
¾ taza de agua o leche

3 cucharadas de mantequilla
Sal al gusto

PREPARACIÓN:

1. Cierna la harina y el polvo de hornear. Abra un círculo en el centro y coloque el agua (o la leche) con la mantequilla. Amase todo por aproximadamente 10 minutos. Agregue sal al gusto.

2. Ponga la masa a reposar durante 30 minutos. Puede ser en el refrigerador o en algún lugar fresco de la casa. Asegúrese de taparla.

3. Saque la masa del refrigerador, estírela y córtela en 8 discos pasándole el rodillo a cada parte hasta formar tartas circulares de 8 pulgadas por ⅛ pulgada de espesor.

4. Fríalas en una sartén por cada lado hasta que queden ligeramente doradas. Acuérdese de que las tortillas hondureñas son más gruesas que las mexicanas.

SUGERENCIA: Las tortillas también se pueden asar por cada lado ligeramente. Se sirven con fríjoles bien fritos, crema, queso en polvo, huevos revueltos o como usted guste. También las puede doblar y rellenar para formar empanadas.

ARROCES

ARROZ CON COCO

Esta es una adaptación de una receta garífuna de Honduras. Los garífunas son descendientes africanos que habitan en la costa norte de Nicaragua y Honduras y en algunas islas caribeñas.

RINDE: 8 PORCIONES • TIEMPO DE PREPARACIÓN: 30 MINUTOS

INGREDIENTES:

1 cebolla pequeña pelada y picada
1 diente de ajo triturado
2 cucharadas de aceite de oliva
3 tazas de agua
1 taza de arroz

½ taza de leche de coco (sin dulce)
1 taza de fríjoles rojos o negros
  cocinados
Sal al gusto

PREPARACIÓN:

1. En una cacerola a fuego medio cocine la cebolla y el ajo con el aceite de oliva hasta que esté todo dorado.

2. Agregue el agua. Siga cocinando y, cuando comience a hervir, agregue el arroz.

3. Retire del fuego y déjele cocinarse con su calor por unos 25 minutos. A mitad de cocción, agregue la leche de coco para que se vayan integrando los sabores y las texturas.

4. Antes de servir incorpore los fríjoles.

SALSAS

SARTÉN DE CUAJADA

RINDE: 4 PORCIONES • TIEMPO DE PREPARACIÓN: 20 MINUTOS

INGREDIENTES:

1 cucharada de mantequilla
½ taza de maíz blanco molido
1 taza de crema o nata
1 taza de leche cuajada

Sal al gusto
1 ají verde sin semillas y picado
½ taza de leche

PREPARACIÓN:

1. Derrita la mantequilla en una cacerola a fuego lento agregándole el maíz molido. Revuelva.

2. Añada la crema, la cuajada y la leche poco a poco, revolviendo constantemente.

3. Cocine a fuego lento hasta que espese.

SUGERENCIA: Coma este plato con tortillas tostadas. La cuajada, por otra parte, es un alimento muy popular, como el yogur. Se obtiene de la coagulación natural o provocada por una enzima. Se utiliza para hacer quesos.

PESCADOS Y MARISCOS

TAPADO DE PESCADO SECO

RINDE: 4 PORCIONES • TIEMPO DE PREPARACIÓN: 15 MINUTOS (REFRIGERAR POR UN DÍA)

INGREDIENTES:

2 libras de filete de bacalao sin espinas
1 taza de agua fresca
2 libras de carne de res de cañada o falda, salada y cortada en pedazos

1 libra de yuca pelada y cortada
8 plátanos verdes, pelados y cortados en pedazos
4 tazas de leche de coco (o leche de 2 cocos rallados)

PREPARACIÓN:

1. Remoje el bacalao desde la noche anterior en un tazón tapado con agua y déjelo en el refrigerador.

2. A la mañana siguiente, bote el agua del remojo y añádale 1 taza de agua fresca. Cocínelo en una cacerola por unos 15 o 20 minutos, hasta que empiece a ablandarse. Elimine el agua y desmenúcelo en pedacitos o tiritas. Reserve.

3. Ponga a cocinar en una cacerola llena de agua la carne salada o ahumada. Cuando empiece a hervir eche la yuca y siga cocinando aproximadamente 10 minutos. Al ablandarse la carne con la yuca, agregue los plátanos y la leche de coco.

4. Por último, agregue el bacalao reservado y cocínelo todo a fuego lento por aproximadamente 30 minutos. Asegúrese de que esté tapado.

SUGERENCIA: Se sirve caliente con tortillas y queso.

PESCADO CON AJO

RINDE: 4 PORCIONES • TIEMPO DE PREPARACIÓN: 15 MINUTOS

INGREDIENTES:

2 libras de filetes de pescado de
masa blanca (cherna o pargo)
1 huevo batido
½ taza de harina
4 dientes de ajo triturados

4 cucharadas de aceite de oliva
Sal y pimienta al gusto
Pimentón en polvo al gusto
Ramas de perejil y rodajas de
limón para adornar

PREPARACIÓN

1. Escurra bien los filetes de pescado; páselos por el huevo batido y la harina dos veces.

2. Unte en cada filete el ajo triturado. Fríalos en aceite caliente hasta que estén dorados (esto tarda aproximadamente 7 minutos).

3. Espolvoree la sal, la pimienta y el pimentón, y adorne con limón y perejil.

SUGERENCIA: Sirva caliente con arroz.

CARNES

CANDINGA

RINDE: 4 PORCIONES • TIEMPO DE PREPARACIÓN: 1 ½ HORA

INGREDIENTES:

1 hígado de cerdo
3 litros de agua
2 cucharadas de aceite oliva
1 cebolla pelada y picada

1 ají verde sin semillas picado
½ cucharadita de achiote
2 tomates picados
Sal y pimienta negra al gusto

PREPARACIÓN:

1. En una cacerola grande con agua, cocine el hígado por aproximadamente 1 hora. Retire del fuego antes de que empiece a hervir. Deje enfriar y corte en cuadros.

2. En una sartén con aceite, dore ligeramente la cebolla, el ají y el achiote. Añada sal y pimienta al gusto.

3. Agregue después de unos minutos el tomate con el hígado y siga cocinando a fuego lento por 20 minutos. Acompañe con tortillas.

ENVOLTURAS O RELLENOS

BALEADAS

Tarde o temprano, las personas que visitan Honduras o que tienen amigos hondureños preguntan sobre la leyenda y origen de las baleadas. Según cuentan, doña Tere tenía un pequeño puesto de comidas cerca de las compañías bananeras en la ciudad Pedro de Sula. Un hondureño acostumbraba a comer una tortilla de harina de trigo doblada por la mitad, rellena de frijoles en «bala» (grano entero de frijol rojo cocido) y queso seco, salado y pulverizado. Al morder la tortilla por uno de sus extremos, surge una baleada de frijoles. De ahí su nombre. Pueden rellenarse también con huevos picados (revueltos), aguacate y algunos tipos de carne. Se come en el desayuno o en la cena.

RINDE: 4 PORCIONES • TIEMPO DE PREPARACIÓN: 20 MINUTOS

INGREDIENTES:

8 tortillas de harina hechas *(ver receta p. 188)*
2 cucharadas de aceite

2 tazas de frijoles refritos
½ taza de queso gratinado
¼ taza de crema agria

PREPARACIÓN:

1. Caliente cada tortilla en una sartén con el aceite para que se ablande con el vapor.

2. Coloque los fríjoles refritos en una de las mitades de cada tortilla, cubriéndolos con una capa de queso y otra de crema agria.

3. Doble y cierre la tortilla en forma de media luna. Se sirven calientes.

GUACAMOLE CON TOTOPOS

RINDE: 6 PORCIONES • TIEMPO DE PREPARACIÓN: 40 MINUTOS

INGREDIENTES:

Para el aguacate

2 aguacates pelados sin semillas   finamente
1 cebolla pelada y picada   1 rama de cilantro picado
1 ají verde sin semilla, picado   Sal y pimienta al gusto

Para los totopos

8 tortillas de maíz ya preparadas   1 cucharada de aceite de maíz

PREPARACIÓN:

Para el guacamole

1. Pele los aguacates y páselos por el colador (o póngalos en la procesadora para convertirlos en puré).

2. Agregue los demás ingredientes. Sazone con la sal y la pimienta.

3. Tape y ponga en el refrigerador aproximadamente 2 horas.

Para los totopos

1. Ponga las tortillas en dos pilas y corte cada pila en pedazos triangulares a gusto.

2. Dore ligeramente en una sartén con una cucharada de aceite. Escurra los triángulos y sazone con sal y pimienta.

El guacamole se unta en los triángulos de tortilla frita.

DULCES

CAPIROTADA

RINDE: 6 PORCIONES • TIEMPO DE PREPARACIÓN: 35 MINUTOS

INGREDIENTES:

1 litro de agua
1 rama de canela
5 clavos de olor
1 tomate pelado y picado
½ taza de mantequilla
8 tortillas de harina *(ver receta p. 188)*
8 rebanadas de pan francés
⅔ taza de nueces molidas
1 taza de pasas

1 taza de coco rallado
1 taza de nueces picadas
1 taza de maní
1 ½ taza de queso panela en cuadritos
½ pina pelada y picada en trozos
1 taza de membrillo en cuadritos
2 tazas de leche condensada
1 taza de leche evaporada

PREPARACIÓN:

1. En una cacerola a fuego medio, ponga a hervir el agua con la canela hasta que quede espesa como un almíbar simple.

2. Agregue los clavos de olor y el tomate, y cocine aproximadamente 5 minutos más.

3. En una sartén aparte ponga la mantequilla; fría las tortillas y las rebanadas de pan. Escúrralas y reserve.

4. En un molde ponga una capa de tortillas, una capa de pan, una capa de pasas, coco rallado, otra capa de nueces, maní, una capa de queso panela, la piña, el membrillo, el almíbar de miel con la leche condensada y la leche evaporada previamente mezcladas.

5. Repita el proceso en igual orden y, al final, vierta el resto del almíbar y las leches. Hornee a 375°F grados por aproximadamente 15 minutos.

6. Decore a su gusto.

LA COCINA DE

MÉXICO

La cocina mexicana es como una cesta de varios estilos, ingredientes y colores. La evolución y mezcla de las características de cada región ofrece una variedad singular, aunque cada región se destaque por tener platos específicos. Sus ingredientes más usados son los frijoles, el aguacate y el chocolate. Entre sus platos favoritos están los tacos, que son tortillas de maíz que envuelven un preparado de carne o pollo, y que comparten cualquier comida mexicana. Se destacan también las enchiladas (similares a los tacos, pero más picantes y con abundante queso), el pozole (con sus variantes regionales) y el mole (salsa principalmente elaborada con cacao y chiles). La variedad de dulces (palanquetas, mazapanes y membrillos) y panes (pan de muerto, rosca de reyes y polvorones) es muy rica.

Las recetas aquí presentadas son auténticas, como a mí me gustan. Todas mexicanas. Aquí no encontrarán *tex-mex* porque pienso que eso es cocina americana.

BEBIDAS

MARGARITA

RINDE: 1 PORCIÓN • TIEMPO DE PREPARACIÓN: 5 MINUTOS

INGREDIENTES:

Cáscara de 1 limón
Sal al gusto
1 medida de tequila blanca

1 medida de Triple Sec
Jugo de 1 limón
Hielo picado al gusto

PREPARACIÓN:

1. Frote el borde de un vaso de coctel con la cáscara del limón.

2. Vierta sal en un recipiente y ponga en el borde del vaso.

3. Combine todos los ingredientes en una jarra y ponga en el refrigerador por 20 minutos.

4. Eche la mezcla en el vaso previamente preparado con sal.

VAMPIRO PUNCH

RINDE: 4 PORCIONES • TIEMPO DE PREPARACIÓN: 20 MINUTOS Y 4 HORAS DE REFRIGERACIÓN

INGREDIENTES:

1 ½ taza de jugo de tomate
1 ½ taza de jugo de naranja
2 cucharadas de cebolla picada

½ cucharada de salsa Worcestershire
Sal y pimienta al gusto
6 medidas de tequila blanca

PREPARACIÓN:

1. Combine todos los ingredientes, con excepción del tequila, en una batidora o procesadora. Hágalos puré.

2. Vierta la mezcla en una jarra de ponche y ponga en el refrigerador durante 4 horas o más.

3. En el momento de servir, agregue 1 medida de tequila en cada vaso y añada el puré.

4. Agítelo para que se mezcle bien y sirva con hielo.

ENTREMESES

GARBANZOS MEXICANOS

RINDE: 4 PORCIONES • TIEMPO DE PREPARACIÓN: 20 MINUTOS

INGREDIENTES:

2 taza de garbanzos de lata
Sal al gusto
½ taza de aceite de oliva

1 diente de ajo triturado
½ cucharada de guindilla roja
   (polvo de chile rojo)

PREPARACIÓN:

1. Escurra los garbanzos y póngalos en una cacerola con agua a fuego medio por aproximadamente 15 minutos.

2. Añada la sal y siga cocinando hasta que estén tiernos, aproximadamente 5 minutos más. En otra sartén, caliente el aceite de oliva y saltee los garbanzos con el ajo hasta que estén dorados.

3. Escurra en papel toalla y espolvoree sobre ellos el polvo de chile rojo.

SUGERENCIA: Puede usar garbanzos secos que hayan estado en remojo toda la noche.

SOPAS Y CALDOS

SOPA DE AGUACATE

La sopa de aguacate, con su bello color verde y su sabor tan suave y cremoso, es sumamente fácil de preparar.

RINDE: 4 PORCIONES • TIEMPO DE PREPARACIÓN: 20 MINUTOS

INGREDIENTES:

2 aguacates grandes, pelados y sin semilla
2 tazas de caldo de pollo

½ taza de crema de leche
Sal y pimienta al gusto
1 ramita de cilantro picado

PREPARACIÓN:

1. Aplaste la masa del aguacate, páselo por un colador y colóquelo en una sopera previamente calentada.

2. En una cacerola a fuego lento, caliente el caldo de pollo y la crema.

3. Vierta el caldo sobre el aguacate, mezclándolo bien y batiéndolo a mano. Sazone con sal y pimienta, y espolvoree el cilantro.

SUGERENCIA: Sirva con tortillas calientes y recuerde que, en el verano, esta sopa se puede servir helada.

SOPA DE FRÍJOLES NEGROS CON CAMARONES

RINDE: 4 PORCIONES • TIEMPO DE PREPARACIÓN: 1 HORA Y 12 HORAS DE REMOJO

INGREDIENTES:

1 libra de fríjoles negros
10 tazas de agua
1 ají verde picado y sin semillas
2 dientes de ajo triturado
1 cebolla pelada y picada

1 tomate mediano, pelado y picado
4 cucharadas de jerez seco
2 tazas de caldo de pollo
½ libra de camarones, limpios y picados

PREPARACIÓN:

1. Lave los fríjoles con agua fría y póngalos a remojar con el ají cortado. Asegúrese de cubrirlos con el agua y déjelos remojar toda la noche.

2. Cocine los fríjoles a fuego medio, aproximadamente 45 minutos, o hasta que estén tiernos pero firmes.

3. Aparte, fría el ajo, las cebollas y el ají en una cacerola con aceite. Agregue el orégano y el laurel. Cocine por 5 minutos sin dejar de revolverlos.

4. Agregue los fríjoles y mezcle todo bien. Agregue la sal y el jerez.

5. En una sartén, caliente el aceite y saltee el tomate. Agréguelo a los fríjoles.

6. Pase todo por la licuadora o procesadora.

7. Cocine la mezcla en una cacerola por 5 minutos más, agregándole el caldo de pollo y los camarones hasta que empiece a hervir.

8. Sirva de inmediato.

CALABACITAS

Las calabazas son una cosecha favorita de México debido a su larga historia. Se pueden comprar todo el año y hay una variedad infinita. Las calabacitas pueden acompañar cualquier carne, ave o pescado, pero tradicionalmente se sirve como un plato aparte antes del plato fuerte.

RINDE: 4 PORCIONES • TIEMPO DE PREPARACIÓN: 30 MINUTOS

INGREDIENTES:

3 cucharadas de aceite vegetal
1 cebolla pelada y picada
1 diente de ajo triturado
3 tomates, pelados y cortados en trozos
1 rama de cilantro picado

2 pimientos picantes sin semillas, picado
Sal y pimiento al gusto
1 libra de calabacines o calabazas pequeñas, tiernas, cortadas en trozos

PREPARACIÓN:

1. Caliente el aceite en una cacerola a fuego medio y sofría la cebolla y el ajo hasta que estén tiernos.

2. Añada los tomates, el cilantro, los pimientos y la calabaza. Agregue sal y pimienta al gusto.

3. Tape y deje hervir a fuego muy lento por 30 minutos, dejando que todo se ponga tierno.

4. Sírvalo enseguida.

ARROZ MEXICANO

RINDE: 4 PORCIONES • TIEMPO DE PREPARACIÓN: 70 MINUTOS

INGREDIENTES:

1 ½ taza de arroz
1 tomate picado, sin semillas
1 cebolla pelada y picada
1 diente de ajo triturado
3 cucharadas de aceite de vegetal

2 tazas de caldo de pollo
1 zanahoria picada
½ taza de guisantes
1 chile verde, sin semillas picado
1 rama de cilantro picado

PREPARACIÓN:

1. Lave bien el arroz cambiando el agua unas cuantas veces. Déjelo en remojo aproximadamente 30 minutos.

2. Páselo por un colador y caliente el aceite en una cacerola. Sofría el arroz revolviendo constantemente.

3. Eche el tomate, la cebolla y el ajo en una batidora, y redúzcalo a puré. Agregue esta salsa al arroz y déjelo todo a fuego lento, revolviendo por aproximadamente 15 minutos.

4. Añada el caldo de pollo con la zanahoria, los guisantes y el chile, y siga cocinando a fuego lento hasta que el arroz esté tierno, aproximadamente 20 minutos más.

5. Decore con cilantro.

ENSALADA DE NOPALITOS

Esta ensalada está hecha de trozos de cactus. Es muy refrescante.

RINDE: 4 PORCIONES • TIEMPO DE PREPARACIÓN: 40 MINUTOS (INCLUYENDO REFRIGERACIÓN)

INGREDIENTES:

1 lata de nopalitos (trozos de cactus)
2 tomates medianos picados
1 cebolla mediana, pelada y picada
1 ramita de cilantro picado
½ taza de vinagre
Sal al gusto

PREPARACIÓN:

1. Lave los trozos de cactus en agua fría y escúrralos.

2. Mezcle todos los ingredientes en un bol y ponga en el refrigerador durante aproximadamente 30 minutos. Esta ensalada se sirve fría.

GUACAMOLE

En México inventaron el guacamole. Se come con básicamente todas las carnes, aves y mariscos, y se unta sobre tortillas.

RINDE: 4 PORCIONES • TIEMPO DE PREPARACIÓN: 20 MINUTOS

INGREDIENTES:

2 aguacates
2 tomates medianos picados
1 cebolla pelada y picada

3 chiles de lata picados
1 rama de cilantro picado
Sal y pimienta al gusto

PREPARACIÓN:

1. Pele los aguacates y páselos por el colador.

2. Mezcle los demás ingredientes e incorpore a la mezcla en la procesadora.

SALSA DE CHILE Y ALMENDRA

La cocina de México se destaca por sus salsas. Esta salsa es delicada y deliciosa, y siempre acompaña al bacalao y otros platos fuertes.

RINDE: 4 PORCIONES • TIEMPO DE PREPARACIÓN: 30 MINUTOS Y 1 HORA DE REMOJO

INGREDIENTES:

4 chiles anchos verdes
1 taza de agua caliente
1 cebolla pelada y picada
1 taza de almendras tostadas y
  molidas

½ cucharada de canela molida
¼ cucharada de orégano
¼ cucharada de azúcar
4 tazas de aceite vegetal
2 tazas de caldo

PREPARACIÓN:

1. Quítele los tallos y las semillas a los chiles, córtelos en pedazos y échelos en una taza de agua caliente, dejándolos en remojo por aproximadamente 1 hora.

2. Eche los chiles, el agua de remojo y la cebolla en la procesadora. Reduzca a puré.

3. Agregue las almendras con la canela, el orégano y el azúcar. Reserve.

4. En una sartén bajo fuego medio, caliente el aceite y sofría la mezcla de los chiles, revolviendo constantemente para que no se pegue, por aproximadamente 5 minutos.

5. Agregue el caldo, revuelva y siga cocinando durante 5 minutos.

SUGERENCIA: Sirva con platos de pescado, especialmente bacalao.

BACALAO
EN SALSA DE CHILE Y ALMENDRA

RINDE: 4 PORCIONES • TIEMPO DE PREPARACIÓN: 1 HORA Y 12 HORAS DE REMOJO

INGREDIENTES:

3 tazas de agua
1 libra de bacalao sin espina
1 diente de ajo entero

1 taza de salsa de chile y almendra
(ver receta p. 204)
1 cucharada de vino rojo

PREPARACIÓN:

1. Remoje el bacalao desde la noche anterior en un tazón tapado con agua y déjelo en el refrigerador.

2. A la mañana siguiente, tire el agua del remojo, agregue 1 taza de agua fresca y cocine el bacalao en una cacerola por unos 15 minutos, hasta que se ablande.

3. Elimine el agua y desmenuce el bacalao en pequeños trozos. Resérvelo.

4. Prepare la salsa de chile y almendra. Agréguele un poco del caldo de bacalao con el vino. Mezcle bien y deje hervir durante aproximadamente 5 minutos en una cacerola grande.

5. Añada el bacalao y siga cocinando por 5 minutos más. Sirva con arroz.

POLLO CRIOLLO MEXICANO

Esta receta es del estado de Puebla.

RINDE: 4 PORCIONES • **TIEMPO DE PREPARACIÓN: 50 MINUTOS**

INGREDIENTES:

4 pechugas de pollo sin hueso
3 cucharadas de aceite vegetal
1 cebolla pelada y picada
2 ajíes verdes sin semillas, picados
½ lata de salsa de tomate

½ libra de papas peladas y cortadas
2 dientes de ajo triturado
Sal y pimienta al gusto
1 taza de aceitunas

PREPARACIÓN:

1. En una sartén limpia, sin aceite, dore las pechugas de pollo. Resérvelas.

2. En otra cacerola con aceite ponga a freír la cebolla junto al ají. Cuando estén dorados, agrégueles la salsa de tomate y las papas cortadas en pedazos pequeños.

3. Añada el pollo y el ajo triturado, y sazone con la sal y la pimienta.

4. Cocine a fuego bajo aproximadamente 40 minutos y agregue las aceitunas al momento de servir.

TERNERA EN PIPIÁN VERDE

El caldo de pipián puede ser rojo o verde. Es un estofado de carne cuyo caldo se espesa con frutas y semillas. Tiene un sabor suave y un color intenso.

RINDE: 4 PORCIONES • **TIEMPO DE PREPARACIÓN: 90 MINUTOS**

INGREDIENTES:

1 libra de carne de falda de ternera
   cortada en trozos
1 taza de caldo de carne
½ taza de semillas de calabaza
1 cebolla pelada y picada
1 diente de ajo triturado
3 guindillas (chiles verdes) sin

semillas y en trozos
1 rama de cilantro picado
1 lata de tomates verdes mexicanos, escurridos
4 hojas de lechuga en trocitos
2 cucharadas de aceite de vegetal
Sal y pimienta al gusto

PREPARACIÓN:

1. Eche la carne en una cacerola y añada el caldo para que cubra la carne. Cocine a fuego lento y déjelo hervir hasta que la carne esté blanda, aproximadamente 1 hora. Escurra la carne y reserve.

2. En una sartén sin grasa, tueste las semillas de calabaza durante unos segundos. Déjelas enfriar y póngalas en la procesadora con la cebolla, el ajo, las guindillas, el cilantro, los tomates verdes y la lechuga. Redúzcalo todo a puré echándole un poco de caldo.

3. En otra sartén, caliente el aceite y eche la mezcla. Cocine a fuego medio aproximadamente 3 minutos, agregándole caldo para obtener una consistencia de crema.

4. Sazone con sal y pimienta, y eche la carne en la cacerola. Vierta el caldo sobre la carne y siga cocinando 10 minutos más.

DULCES

COCADA MEXICANA

RINDE: 4 PORCIONES • TIEMPO DE PREPARACIÓN: 20 MINUTOS

INGREDIENTES:

1 taza de azúcar
1 rama de canela
½ taza de agua de coco (fresca o en lata)
1 ½ taza de coco rallado

2 tazas de leche
3 huevos batidos
2 cucharadas de mantequilla
¼ taza de almendras picadas y tostadas

PREPARACIÓN:

1. En una cacerola a fuego lento, cocine el azúcar, la canela y el agua de coco durante aproximadamente 5 minutos (o hasta que el azúcar se disuelva).

2. Añada el coco rallado y siga cocinando y revolviendo aproximadamente 5 minutos más (o hasta que el coco se transparente). Saque la canela.

3. Añada la leche y siga mezclando. Deje que se cocine a fuego lento, revolviendo constantemente para que no se pegue.

4. Vierta la mezcla sobre los huevos, agregue la mantequilla, batiendo constantemente, y vuélvala a poner en la cacerola. Déjela calentarse a fuego lento hasta que se espese.

5. Eche la mezcla en el molde deseado y ponga en el refrigerador por 3 o 4 horas.

6. Adórnelos con las almendras y sirva frío.

LA COCINA DE

NICARAGUA

En Nicaragua, la fritanga es un puesto ambulante en el que se vende comida. La denominación *fritanga* se debe a la manera en que se elaboran los platos que se venden, los cuales son en su mayoría fritos. Se pueden encontrar en casi cualquier esquina de Managua, la capital. Pasear por esas callecitas saboreando un plato típico de las fritangas es un paisaje común en las tardes de verano.

Las fritangas en Miami están en todos los barrios y los nicas son leales a ellas, como lo son con sus equipos deportivos. Toda mi familia gusta de ir a comer a las fritangas, gracias a un amigo de mi hijo Kyle. Su lugar preferido es Pinolandia, en la Pequeña Habana. Este lugar es una joyita de la comida nicaragüense. Está abierto las 24 horas del día, pero lo que lo distingue son las colas de nicaragüenses residentes en Miami y de turistas esperando probar sus deliciosos platos.

BEBIDAS

El ron Flor de Caña es producido en Nicaragua y distribuido en toda Latinoamérica. La primera botella que se elaboró data del año 1937. Allá producen rones tanto blancos como oscuros, de acuerdo con el tiempo en que ha sido añejada la bebida. El famoso ron Centenario tiene hasta 18 años de añejo. En la cocina nicaragüense el ron se utiliza tanto en platos calientes como en postres.

MACUÁ

Esta es la bebida nacional nicaragüense. Se prepara a base de ron y jugo de guayaba. Toma su nombre del macuá, un ave de la familia de las golondrinas, de plumaje muy vistoso, y de cuyo nido se dice que tiene virtudes afrodisíacas.

RINDE: 1 TRAGO • TIEMPO DE PREPARACIÓN: 5 MINUTOS

INGREDIENTES:

2 medidas de ron blanco (Flor de Caña Extra)
2 medidas de jugo de guayaba
1 medida de jugo de naranja
1 medida de jugo de limón
Hielo al gusto
1 rodaja de naranja para decorar
Azúcar al gusto

PREPARACIÓN:

Mezcle los ingredientes en la coctelera. Sirva en un vaso de trago largo y decórelo con la rodaja de naranja.

JUGOS Y BATIDOS

CEBADA

Desde antaño, la cebada ya era utilizada en Europa por los granjeros para la elaboración de la cerveza y el vino. Aunque esta receta no tiene alcohol, es refrescante y energizante.

RINDE: 1 PORCIÓN • TIEMPO DE PREPARACIÓN: 20 MINUTOS

INGREDIENTES:

1 ½ tazas de agua
3 cucharadas de azúcar

1 clavo de olor
2 cucharadas de cebada molida

PREPARACIÓN:

1. Ponga una cacerola a fuego medio e incorpore el agua con el azúcar y el clavo de olor. Deje cocinando hasta que empiece a hervir.

2. En un recipiente aparte, diluya la cebada en un vaso de agua. Cuando el agua con azúcar empiece a hervir, agregue la cebada y déjela unos 8 minutos, moviendo constantemente.

3. Retire del fuego y déjela enfriar a temperatura ambiente. Déjela en el refrigerador unas dos horas antes de servir.

SUGERENCIA: También puede hacerla con leche si la quiere más nutritiva. Agréguele esencia de frambuesa para que tome un color rosado.

ENTREMESES

QUESO FRITO CON TAJADAS

Este plato es un clásico de la cocina nicaragüense. Es muy fácil de preparar y la combinación de sabores y texturas es perfecta para disfrutar durante las noches de verano.

RINDE: 4 PORCIONES • TIEMPO DE PREPARACIÓN: 30 MINUTOS

INGREDIENTES:

½ repollo o col rallado
2 tomates cortados trozos
1 cebolla pelada y cortada en aros
Sal y pimienta al gusto
Jugo de 1 limón

1 libra de queso fresco cortado en
   tajadas de ½ pulgada
2 plátanos verdes pelados y cortados en trozos de ½ pulgada
1 cucharada de vinagre
1 taza de aceite

PREPARACIÓN:

1. En un recipiente mezcle el repollo, los tomates y la cebolla para preparar la ensalada. Condiméntela con sal, pimienta, vinagre, y limón, y llévela al refrigerador hasta el momento de servir.

2. En una cacerola profunda, fría a fuego alto los plátanos y el queso hasta que estén doraditos. Una vez fritos, manténgalos en papel absorbente para eliminar el exceso de aceite.

3. Para la presentación, coloque en una fuente la base de plátanos y el queso frito. Termine poniendo la ensalada encima.

SOPAS Y CALDOS

SOPA DE QUESO

RINDE: 4 PERSONAS • TIEMPO DE PREPARACIÓN: 1 HORA (INCLUYE TIEMPO DE COCCIÓN DEL CALDO)

INGREDIENTES:

1 cebolla pelada y picada
4 cucharadas de mantequilla
½ taza de harina
4 tazas de leche
4 tazas de caldo de pollo

1 zanahoria pelada y rallada
1 rama de apio picada
Sal y paprika al gusto
½ taza queso gouda rallado

PREPARACIÓN:

1. En una cacerola, fría la cebolla en la mantequilla a fuego moderado, hasta que esté traslucida.

2. En una taza aparte diluya la harina con la leche, mezclándola bien.

3. Incorpore a la cacerola el caldo, las zanahorias, el apio, la mezcla de leche y harina, y deje cocinar hasta que las verduras estén tiernas (para ello necesitará unos 15 minutos). Sazone con la sal y la paprika.

4. Baje el fuego al mínimo y agregue el queso, removiendo continuamente, hasta que se derrita. Sirva caliente.

SOPA DE GALLINA

La gallina es muy apreciada en Centroamérica —y especialmente en Nicaragua— por su sabor. Esta sopa la puede degustar durante todo el año. Si no puede encontrar gallina donde vive, puede reemplazarla perfectamente por pollo.

RINDE: 4 PORCIONES • TIEMPO DE PREPARACIÓN: 35 MINUTOS

INGREDIENTES:

8 tazas de agua
2 dientes de ajo triturados
1 ají picado
1 cebolla pelada y cortada en trozos
½ calabaza cortada en trozos
2 papas peladas y cortadas en trozos

1 zanahoria pelada y cortada en trozos
Sal y pimienta al gusto
2 pechugas de gallina cortadas en pedazos
1 rama de hierbabuena o cilantro picado
Jugo de 1 limón

PREPARACIÓN:

1. En una cacerola, ponga a hervir el agua a fuego medio. Agregue los vegetales, la sal y la pimienta, y deje cocinar por aproximadamente 15 minutos.

2. Agregue la gallina y la hierbabuena o el cilantro, y siga cocinando 15 minutos más, hasta que la gallina y los vegetales estén tiernos.

3. Sirva la sopa bien caliente, con una cucharada de jugo de limón por porción para realzar el sabor.

VEGETALES

MOUSSE DE GUACAMOLE

Esta es una manera distinta de comer guacamole, ya que puede servirlo como plato principal, acompañando el plato de carne que usted elija. Es muy importante la preparación de la gelatina porque es lo que le da cuerpo y textura al mousse.

RINDE: 4 PORCIONES • TIEMPO DE PREPARACIÓN: 25 MINUTOS

INGREDIENTES:

1 sobre de gelatina sin sabor
1 taza de agua fría
1 taza de agua caliente
4 aguacates medianos pelados y
   cortados en trozos
2 tomates pelados y picados
½ ají rojo picado

1 cebolla pelada y picada
8 onzas de crema sin batir
1 taza de mayonesa
Jugo de 2 limones
Sal y pimienta al gusto
Tomates *cherry* para decorar

PREPARACIÓN:

1. En una taza diluya la gelatina en el agua fría. Luego agréguele el agua caliente, mezclándola bien para que no queden grumos. Reserve.

2. En la procesadora, mezcle los aguacates, los tomates. el ají, la cebolla, la crema, la mayonesa y el jugo de limón. Agregue sal y pimienta al gusto. Procese muy bien hasta obtener una crema. Agregue entonces la gelatina y mezcle bien.

3. Vuelque la preparación en un molde redondo de 10 pulgadas y lleve al refrigerador. Deje enfriar como mínimo 4 horas.

4. Para servirlo, pase un cuchillo alrededor del *mousse* y decórelo con tomates *cherry*.

ARROCES

GALLO PINTO

El gallo pinto —arroz y fríjoles revueltos, sofritos juntos en la cazuela— es el plato estrella de la cocina nicaragüense. Se come a cualquier hora del día.

RINDE: 4 PORCIONES • TIEMPO DE PREPARACIÓN: 20 MINUTOS

INGREDIENTES:

2 dientes de ajo
1 cebolla pelada y bien picada
Aceite de oliva

Fríjoles cocidos
Arroz blanco cocido al gusto

PREPARACIÓN:

En una sartén grande, fría a fuego medio los ajos picados junto a la cebolla hasta que se doren. Cuando estén dorados agregue los fríjoles y cocínelos por 10 minutos revolviendo con una cuchara de madera. Agregue por último el arroz y cocine todo por 5 minutos.

PESCADOS Y MARISCOS

CEVICHE NICA

Este plato es típico de la costa atlántica nicaragüense. Es muy importante que el pescado que utilice esté muy fresco.

RINDE: 4 PORCIONES • TIEMPO DE PREPARACIÓN: 15 MINUTOS Y 4 HORAS DE MACERACIÓN

INGREDIENTES:

8 filetes de pargo muy fresco
2 tazas de jugo de lima
2 cebollas peladas y picadas
1 ají picado
Sal y pimienta al gusto

3 cucharadas de aceite de oliva
1 cucharada de cilantro picado
Hojas de lechuga para decorar
½ cucharada de jengibre rallado

PREPARACIÓN:

1. Corte el pescado en trozos y colóquelo en un recipiente que no sea de metal. Agregue el jugo de limón, la cebolla, el ají, la sal y la pimienta. Déjelo macerar en el refrigerador durante 4 horas. Para ello, tápelo.

2. Para servirlo, coloque en una fuente un colchón de hojas de lechuga, acomode el pescado junto con los vegetales y condiméntelo con el aceite, el cilantro molido y el jengibre.

CARNES

INDIO VIEJO

Este plato tan tradicional de la cocina nicaragüense se remonta a los tiempos de la colonia. En esos tiempos, las mujeres utilizaban el mortero para moler la carne y los vegetales. Hoy, con el uso de la procesadora, todo es mucho más sencillo. Es un plato muy sustancioso, alimento perfecto para que los niños crezcan fuertes.

RINDE: 4 PORCIONES • TIEMPO DE PREPARACIÓN: 40 MINUTOS

INGREDIENTES:

2 libras de falda sin grasa
4 tazas de agua
4 tortillas de maíz
2 cebollas peladas y cortadas en trozos
4 tortillas molidas
1 ají verde cortado en trozos

2 dientes de ajo
1 cucharadita de paprika para dar color
2 cucharadas de aceite
Jugo de 1 naranja agria
Sal al gusto

PREPARACIÓN:

1. En una cacerola ponga a hervir la carne en el agua. Agregue una de las cebollas. Una vez cocinada, retire la carne y procésela hasta obtener carne molida. Resérvela.

2. En el caldo donde cocinó la carne, ponga en remojo las tortillas para que se suavicen. Una vez que estén suaves, escúrralas y póngalas en la procesadora junto con el resto de la cebolla, el ají, los ajos y la paprika. Procese hasta obtener una mezcla espesa. Resérvela.

3. En una sartén a fuego bajo, fría la carne molida junto con la mezcla de tortillas molidas. Para que tome color, agréguele el jugo de la naranja agria. Deje cocinar durante 20 minutos a fuego bajo y vaya añadiendo el caldo de la cocción de la carne hasta obtener una consistencia similar a la del puré de papas. Se puede acompañar con fríjoles y plátanos maduros.

PIÑA RELLENA CON CARNE

RINDE: 4 PORCIONES • TIEMPO DE PREPARACIÓN: 45 MINUTOS

INGREDIENTES:

1 piña mediana
1 cebolla pelada y picada
2 cucharadas de mantequilla
½ libra de carne de cerdo molida
½ taza de chicharos
1 tomate picado

½ taza de zanahoria pelada y
  cortada en cubos
1 taza de agua
Sal y pimienta al gusto
2 cucharadas de azúcar moreno
1 cucharadita de canela

PREPARACIÓN:

1. Quítele el penacho a la pina y córtela por la mitad. Retire la pulpa, cuidando de que no se rompa el exterior de la piña. Resérvela.

2. Precaliente el horno a 180°F. Mientras, en una sartén a fuego moderado, fría la cebolla en la manteca hasta que esté traslucida. Agregue entonces la carne junto con los vegetales restantes y la taza de agua, y deje que se cocine a fuego lento durante 15 minutos. Sazone con la sal y la pimienta.

3. Cuando ya esté cocinado, rellene las mitades de la piña y espolvoree con el azúcar moreno y la canela.

4. Ponga las piñas en una asadera al horno y deje que se doren durante 10 a 15 minutos.

VAHO

Esta receta, una de las estrellas de la cocina nicaragüense, es de origen náhuatl, que era la tribu de indios que habitaban lo que hoy es Nicaragua. La receta tiene dos etapas para su preparación y de eso depende el resultado.

RINDE: 4 PORCIONES • TIEMPO DE PREPARACIÓN: 4 HORAS

INGREDIENTES:

Hojas de plátano
¼ libra de falda cortada en tiras
2 cucharadas de sal
½ libra de tomates cortados en rodajas
½ libra de cebollas peladas y cortadas en aros
1 ají cortado en trozos

Jugo de 1 naranja agria
Agua
2 plátanos vedes pelados y cortados a la mitad
2 plátanos maduros sin pelar y cortados a la mitad
2 yucas peladas y cortadas en trozos

PREPARACIÓN:

1. La noche anterior, coloque en una fuente amplia unas hojas de plátano y encima acomode la carne. Sobre la carne espolvoree 2 cucharadas de sal y agregue los tomates, las cebollas y el ají. Cubra con más hojas de plátano y deje reposar en la heladera toda la noche.

2. Para hacer el vaho necesita una cacerola profunda. Debe poder cocinar al vapor.

3. Cuando coloque el agua con la naranja, haga una cama de hojas de plátano en la vaporera para garantizar mayor vapor (o vaho, que es lo que le da nombre a la receta).

4. Una vez forre la vaporera, vaya colocando en capas: primero los plátanos verdes, luego los plátanos maduros. Siga con la carne adobada y, por último, ponga la yuca. Tape la cacerola y deje cocinando a fuego bajo durante 3 horas, sin remover. Controle siempre que haya agua en la cacerola y, si tiene que agregarle, tenga cuidado de que no entre agua a la vaporera.

5. Para servir, acomode la carne y los vegetales en una fuente. Si lo desea puede usar las hojas de la cocción como base para la fuente.

VIGORÓN

RINDE: 4 PORCIONES • TIEMPO DE PREPARACIÓN: 45 MINUTOS

INGREDIENTES:

3 yucas peladas y cortadas en
  trozos grandes
6 tazas de agua
½ repollo cortado en tiras
2 tomates pequeños picados
1 ají picado

1 cebolla pelada y picada
Sal y pimienta al gusto
Vinagre al gusto
½ libra de chicharrón de cerdo
  cortado en trozos

PREPARACIÓN:

1. En una cacerola a fuego bajo, ponga a hervir la yuca en el agua. Cocine hasta que quede bien tierna, aproximadamente unos 25 minutos. Retire y corte la yuca en tiras; acomódelas en una fuente para servir.

2. En un recipiente aparte, prepare la ensalada con los demás ingredientes (con excepción de los chicharrones). Condiméntela con la sal, la pimienta y el vinagre.

3. Para presentar, acomode los chicharrones encima de la yuca y sirva encima la ensalada.

SALSAS

MIEL BLANCA

Esta es una salsa dulce que puede utilizar para bañar tortas, roscas y hojuelas de maíz. La puede guardar en el refrigerador, tapada, de 4 a 5 días.

RINDE: 2 TAZAS • TIEMPO DE PREPARACIÓN: 15 MINUTOS

INGREDIENTES:

1 taza de agua
2 tazas de azúcar

Cáscara de 1 limón
Jugo de 1 limón

PREPARACIÓN:

1. En una cacerola a fuego medio, ponga a hervir el agua junto con el azúcar y la cáscara de limón. Cocine durante 10 minutos hasta que tome consistencia espesa y se vuelva blanca.

2. Retire del fuego y quite la cáscara de limón. Cuando empiece a entibiar, agregue a la salsa el jugo de limón. La puede usar inmediatamente, o refrigerarla y utilizarla luego

SALSA A LA CERVEZA

Esta salsa es ideal para carnes y papas asadas.

RINDE: 4 PORCIONES • TIEMPO DE PREPARACIÓN: 20 MINUTOS

INGREDIENTES:

1 cucharada sopera de aceite de oliva
2 cebollas peladas y picadas
2 cucharadas de harina
2 cucharaditas de azúcar

Sal y pimienta al gusto
1 lata de cerveza
1 cucharada sopera de vinagre de manzana

PREPARACIÓN:

1. En una sartén a fuego medio, fría la cebolla en el aceite hasta que este traslúcida. Agréguele entonces la harina, el azúcar, la sal y la pimienta, y mezcle todo suavemente.

2. Agregue gradualmente la cerveza y el vinagre, y siga cocinando a fuego bajo durante 10 minutos, hasta que la salsa espese y adquiera un delicado color dorado.

3. Para servir, colóquela en una salsera para que cada comensal se sirva a su gusto.

SALSA AL RON

Esta salsa, de sabor dulce y delicado, es perfecta para acompañar la carne de cerdo.

RINDE: 4 PORCIONES • TIEMPO DE PREPARACIÓN: 20 MINUTOS

INGREDIENTES:

1 libra de azúcar	6 rodajas de limón
4 tazas de agua	1 medida de ron
6 rodajas de naranja	

PREPARACIÓN:

1. En una cacerola a fuego medio, disuelva el azúcar en el agua. Agregue las rodajas de naranja y limón, y deje cocinar durante 10 minutos.

2. Agregue el ron y siga cocinando durante 5 minutos más para que se evapore el alcohol.

3. Para servir, retire las naranjas y los limones, y coloque la salsa en una salsera para que cada comensal se sirva a su gusto.

DULCES

TRES LECHES

RINDE: 6 PORCIONES • TIEMPO DE PREPARACIÓN: 35 MINUTOS

INGREDIENTES:

Para el pastel

4 yemas
4 claras
1 taza de azúcar
2 tazas de harina leudante o harina
con polvo de hornear

½ taza de leche
1 cucharadita de esencia de vainilla

Para el baño de leches

1 taza de leche condensada
1 taza de leche evaporada o crema
de leche

1 taza de leche
Crema batida para decorar

PREPARACIÓN:

Para el pastel

1. En un recipiente bata las claras a punto de nieve, agregando ½ taza de azúcar. Las claras se vuelven de color blanco y espesan. Resérvelas.

2. En otro recipiente bata las yemas con el azúcar restante hasta que espesen. Incorpore la harina de a poco, alternando con la leche, y por último agregue las claras mezclando de manera envolvente para que no se baje el batido. Perfume con la esencia de vainilla.

3. Vierta la mezcla en un molde de 8x11 pulgadas previamente enmantecado y enharinado. Cocínela en un horno a 450°F durante 20 minutos aproximadamente. Para saber si está lista, introduzca un pincho: si sale limpio, ya está.

Para el baño de leches

1. Mientras se cocina el pastel, mezcle en la licuadora los tres tipos de leches durante 2 minutos.

2. Cuando saque el pastel del horno, pínchelo completamente en la superficie y, en caliente, agregue el baño de leches. Debe quedar bien húmedo. Una vez que este frío, llévelo al refrigerador durante 2 horas. No lo retire del molde hasta el momento de servir.

3. Para servirlo, corte el pastel en porciones cuadradas y decórelo con la crema batida.

CAFÉS

CAFÉ DIABLO

Nicaragua, como país caribeño y de tradición cafetera, dispone de este producto que, por cierto, es de muy buena calidad. Aquí propongo una deliciosa versión de esta bebida universal.

RINDE: 6 PORCIONES • TIEMPO DE PREPARACIÓN: 10 MINUTOS

INGREDIENTES:

2 rajas de canela
1 pizca de nuez moscada
cáscara de 1 naranja
1 limón en rodajas finas

3 clavos de olor
10 cucharadas de azúcar morena
6 tazas de café fuerte
1 taza de ron envejecido

PREPARACIÓN:

Ponga todos los ingredientes secos, junto con el ron, en una olla. La olla debe estar sobre un infernillo y en la mesa del comedor, ya esta bebida se prepara justo antes de tomarla. Cuando la mezcla está bien caliente, flaméela y apáguela, agregándole el café bien caliente. Sírvalo de inmediato.

LA COCINA DE

PANAMÁ

La comida panameña tiene muchos platos comunes a otros países latinoamericanos, pero mucho menos condimentados. Fundamentalmente es una mezcla de cocina criolla, afrocaribeña y española pero, como siempre, influenciada por otras culturas importadas con sus emigrantes. El maíz es muy utilizado y sus viandas más populares son la yuca, el camote, el ñame y la malanga. Los platos más espectaculares de Panamá son de pescados y mariscos. Lo curioso de la cocina panameña es que sus picadillos de carne igual pueden ser de res, puerco, iguana o gatosolo, un animal indígena de la familia de los mapaches. Los desayunos panameños incluyen tortillas de maíz, huevos y carne frita, además de frutas, como el mango y el coco, y no puede faltar el café panameño. Los almuerzos y comidas incluyen arroz con coco, fríjoles y carnes acompañadas de yuca, calabaza y plátanos.

La zona del canal de Panamá es muy singular en su mundo culinario, donde se reúnen la cocina americana, española y caribeña, además de la criolla.

Tengo que admitir que mi amor por la comida panameña data de cuando tenía un amigo (o mejor: un noviecito) durante mis estudios de gastronomía en la universidad. Su mamá estaba siempre en la cocina preparando tortillas, bollos y torrejitas. ¡Qué buenos tiempos aquellos aprendiendo en cocinas de prueba y esculpiendo hielo! Esto era en los setenta, cuando los chefs empezaban a afamarse como estrellas. Me he mantenido en contacto con todos mis amigos del curso (excepto con el noviecito). Ellos sienten delirio por la salsa verde panameña que hacen en el Kelso

Dining, en el vecindario Crown Heights de Brooklyn, en Nueva York. Pero yo siempre pienso que la mejor comida panameña es la que se hace en casa.

BEBIDAS

CHICHA DE ARROZ CON PIÑA

RINDE: 4 PORCIONES • TIEMPO DE PREPARACIÓN: 25 MINUTOS

INGREDIENTES:

1 piña entera
½ taza de arroz crudo
4 tazas de agua

1 taza de leche evaporada
Azúcar al gusto

PREPARACIÓN:

1. Lave y pele la piña, quítele la cáscara y córtela en rodajas y cuadrados pequeños. Reserve.

2. En una cacerola con agua a fuego alto, hierva la cáscara con el arroz por aproximadamente 15 minutos.

3. Cuando el arroz esté blando, cuele la mezcla y descarte todos los sólidos. Eche la mezcla en una jarra; agréguele la leche y azúcar al gusto.

4. Métala al refrigerador y déjela reposar por lo menos 24 horas.

5. Sirva fría. Puede guardarse por 5 días en el refrigerador. Para servir, decore la jarra con rodajas de piña y los vasos, con los cuadrados.

SUGERENCIA: Trate de seleccionar las piñas más pequeñas, que son más dulces.

DAIQUIRÍ DE MANGO

El daiquirí clásico lleva jugo de limón solamente. Sin embargo, también puede combinarse con mango. Sírvalo en una copa de champán (tipo flauta).

RINDE: 1 PORCIÓN • TIEMPO DE PREPARACIÓN: 10 MINUTOS

INGREDIENTES:

½ mango pelado y cortado en pedazos

Jugo de 1 limón

3 cucharadas de azúcar

2 medidas de ron blanco

Hielo picado al gusto

PREPARACIÓN:

Coloque todos los ingredientes en la licuadora y bátalos por 3 minutos. Sirva enseguida.

REFRESCO DE ARROZ CON PIÑA

RINDE: 1 PORCIÓN • TIEMPO DE PREPARACIÓN: 15 MINUTOS

INGREDIENTES:

½ taza de jugo de piña

¼ taza de arroz

¼ taza de leche

2 cucharadas de azúcar

Hielo picado al gusto

2 medidas de ron blanco (opcional)

PREPARACIÓN:

1. Ponga a hervir el jugo de piña con el arroz en una cacerola a fuego medio por aproximadamente 10 minutos (o hasta que el arroz se ablande). Espere que se enfríe a temperatura ambiente. La mezcla debe quedar un poco mojada y suave.

2. Coloque esta mezcla con todos los otros ingredientes en la licuadora y bátalos por 3 minutos. Se sirve enseguida.

SOPAS Y CALDOS

SOPA CON BOLAS DE PLÁTANO

RINDE: 4 PORCIONES • TIEMPO DE PREPARACIÓN: 30 MINUTOS

INGREDIENTES:

2 plátanos verdes, pelados
  (1 rallado)
2 cucharadas de aceite
1 cucharada de cebolla cortada
¼ taza de maní molido
¼ taza de picadillo

(carne molida) ya cocinado
Sal y pimienta al gusto
4 papas hervidas
1 hoja grande de col cortada
½ cucharada de perejil

PREPARACIÓN:

1. En una cacerola, hierva un plátano entero por aproximadamente 15 minutos. Reserve el caldo.

2. En un sartén aparte, fría la cebolla, el maní y el picadillo en aceite hasta dorar la carne, habiendo agregado sal y pimienta al gusto. Retire del fuego y agregue los dos plátanos, el rallado y el hervido, con un poco más de aceite.

3. Mezcle bien y déles forma de bolas, poniendo un poco del picadillo adentro de cada una.

4. Corte las papas en cuadros y agregue la col al caldo reservado. Cocine por unos 5 minutos a fuego lento.

5. Agregue las bolas al caldo y sirva inmediatamente, adornando con perejil.

SOPA DE ALMEJAS

RINDE: 4 PORCIONES • TIEMPO DE PREPARACIÓN: 30 MINUTOS

INGREDIENTES:

3 tajadas de tocino

1 cebolla pequeña pelada y picada

1 libra de almejas cocidas

2 dientes de ajo triturados

4 tazas de agua

2 plátanos pelados y cortados en rodajas

Sal y pimienta al gusto

PREPARACIÓN:

1. Fría el tocino en una cacerola grande. Retire el tocino y, en la misma grasa, cocine la cebolla.

2. Agregue las almejas, el ajo y el agua, con los platanos cortados. Cocine todo a fuego lento por 25 minutos.

3. Agregue la sal y la pimienta al gusto. Sirva en tazas grandes.

GUACHO

RINDE: 8 PORCIONES • TIEMPO DE PREPARACIÓN: 2 HORAS

INGREDIENTES:

1 libra de fríjoles colorados

1 libra de arroz

1 libra de carne de puerco salada, cortada en pedazos

1 libra de yuca, pelada y cortada

1 libra de ñame, pelado y cortado

1 cebolla grande, pelada y cortada

1 tallo de apio

4 dientes de ajo triturados

½ taza de pasta de tomate

Sal y pimienta

PREPARACIÓN:

1. Ponga a remojar los fríjoles desde la noche anterior. Enjuáguelos al día siguiente y cocínelos en una cacerola llena de agua. Cuando comience a hervir, agregue ½ taza de agua fría. Repita esta operación tres veces.

2. Agregue el arroz y cocínelo aproximadamente 30 minutos a fuego lento. Añada la carne, la yuca y después el ñame, hasta que se ablanden (para ello necesitará de 10 a 15 minutos más de tiempo).

3. En una sartén aparte, haga un sofrito con la cebolla, el apio, el ajo y la pasta de tomate. Sazónelo con sal y pimienta al gusto, y manténgalo caliente hasta servir.

4. Eche un cada plato una cucharada grande de sofrito.

VEGETALES Y VIANDAS

MAÍZ CON CHAYOTE

La carne del chayote se asemeja mucho a la de la calabaza. tengo que admitir que no es una de mis verduras favoritas, pero esta combinación es deliciosa.

RINDE: 4 PORCIONES • TIEMPO DE PREPARACIÓN: 30 MINUTOS

INGREDIENTES:

5 chayotes pelados y picados	½ galón de leche
5 tazas de granos de maíz frescos	1 cucharada de sal
½ libra de mantequilla	1 cucharada de azúcar

PREPARACIÓN:

1. En una cacerola ponga a cocinar los chayotes, el maíz y la mantequilla a fuego lento por aproximadamente 15 minutos, revolviendo constantemente.

2. Agregue la leche, la sal y el azúcar, y cocine a fuego lento por 15 minutos (o hasta que se ablanden los vegetales).

SUGERENCIA: Esta receta funciona como acompañante. La leche intensifica el sabor del chayote.

PLÁTANOS CON LECHE

RINDE: 4 PORCIONES • TIEMPO DE PREPARACIÓN: 45 MINUTOS

INGREDIENTES:

2 plátanos maduros, pelados y
    cortados a lo largo
3 cucharadas de mantequilla
¼ libra de queso blanco, cortado
    en pedazos

¼ taza de azúcar
1 taza de leche
1 palo de canela

PREPARACIÓN:

1. En una cacerola, fría los plátanos en la mantequilla por aproximadamente 5 minutos. Ponga el queso encima de los plátanos y rocíe con azúcar.

2. Eche encima la leche con la canela y cocine a fuego lento por aproximadamente 20 minutos. Sirva inmediatamente.

PLÁTANOS BORRACHOS

RINDE: 4 PORCIONES • TIEMPO DE PREPARACIÓN: 45 MINUTOS

INGREDIENTES:

2 plátanos maduros, grandes,
    pelados y cortados a lo largo
3 cucharadas de mantequilla
1 cucharada de harina
2 cucharadas de azúcar
1 naranja cortada en rolletes con
    cáscara

¼ taza de ron
¼ taza de almíbar simple o sirope
1 cucharada de jugo de limón
½ limón rallado

PREPARACIÓN:

1. En una cacerola, fría los plátanos en la mantequilla a fuego lento hasta que estén dorados.

2. Mezcle la harina y el azúcar, y eche esta mezcla a los plátanos ya fritos. Vierta

todo en un recipiente grande previamente engrasado. Cubra con los rolletes de naranjas.

3. Mezcle el ron, el sirope, el jugo de limón y el limón rallado, y eche todo encima de los plátanos. Coloque en el horno a 350° F por 35 minutos. Sirva caliente.

PLÁTANOS MADUROS CON PIÑA

RINDE: 4 PORCIONES • TIEMPO DE PREPARACIÓN: 45 MINUTOS

INGREDIENTES:

4 plátanos maduros hervidos	1/4 taza de coñac
4 cucharadas de azúcar moreno	1 taza de queso blanco, cortado en
½ taza de leche	cubos
4 cucharadas de mantequilla	Merengue
½ taza de piña, cortada en cubos	

PREPARACIÓN:

1. Aplaste los plátanos maduros con el azúcar moreno.

2. Agregue la leche y la mantequilla hasta que la mezcla quede cremosa. Eche la piña, el coñac, y el queso blanco.

3. Coloque la mezcla en un molde de 12 pulgadas de diámetro previamente untado con mantequilla. Hornee a 325°F por 30 minutos.

4. Al final, cubra con merengue al gusto y deje hornear hasta que éste se derrita.

SUGERENCIA: Para hacer merengue, coloque las claras de huevos en un bol y bátalas con una pizca de sal hasta que formen picos. Añada el azúcar en forma de lluvia mientras revuelve y luego incorpore esencia de vainilla.

TAMALES CRIOLLOS PANAMEÑOS

RINDE: 12 PORCIONES • TIEMPO DE PREPARACIÓN: 3 HORAS

INGREDIENTES:

3 cucharadas de aceite de oliva

5 libras de pollo cortado en cuartos

1 taza de cebolla cortada

½ taza de ajíes verdes cortados

½ taza de apio cortado

½ taza de tomates cortados

7 tazas de caldo de pollo

2 ½ cucharaditas de sal

1 cucharadita de orégano

½ cucharadita de cilantro molido

½ cucharadita de pimienta negra molida

½ taza de pasas

¼ taza de alcaparras

½ taza de aceitunas

3 tazas de harina

2 tazas de manteca

2 libras de hojas de plátano

1 bobina de cordel

PREPARACIÓN:

1. En una sartén grande con aceite, fría el pollo. Agregue la cebolla, los ajíes y el apio, y revuelva por aproximadamente 4 minutos hasta que queden blandos.

2. Agregue el tomate, las 4 tazas de caldo de pollo, la sal, el orégano, el cilantro, la pimienta negra, las pasas, las alcaparras y las aceitunas, y siga cocinando a fuego lento hasta que la salsa se reduzca. Para esto serán necesarias unas 2 horas.

3. Saque el pollo, deshuéselo y agréguelo a la mezcla otra vez. Cuando la salsa se reduzca del todo, reserve y deje que se enfríe.

4. En un bol aparte, mezcle la harina, la manteca y la sal, e incorpore lentamente las 3 tazas que quedaron del caldo de pollo hasta que quede como una masa pastosa.

5. Tenga las hojas de plátano cortadas en pedazos grandes para que les eche las porciones del relleno. Amárrelas de tal forma que queden en forma rectangular.

6. En una cacerola con agua hirviendo, vaya echando los tamales. Estos deben cocinarse por alrededor de 1 hora.

SUGERENCIA: Los tamales se pueden acompañar con tiras de plátano frita.

PANES Y EMPANADAS

OJALDA

Simplemente pan frito.

RINDE: 4 PORCIONES • TIEMPO DE PREPARACIÓN: 30 MINUTOS

INGREDIENTES:

¾ taza de harina
1 cucharadita de polvo de hornear
1 cucharada de sal
2 cucharadas de manteca

½ taza de agua
Aceite al gusto
Miel al gusto

PREPARACIÓN:

1. Mezcle la harina con el polvo de hornear, el agua, y la sal. Agregue la manteca y siga amasando hasta que se forme una masa uniforme y firme.

2. Tome la masa de a cucharadas para formar las bolitas y vaya friéndolas (varias a la vez) en aceite bien caliente. Asegúrese de que queden doradas.

3. Sirva caliente con la miel a su gusto.

SUGERENCIA: Para que las frituras calientes queden menos grasosas, sírvalas en un tazón de madera cubierto con papel absorbente.

TORTILLAS DE PLÁTANO

RINDE: 4 PORCIONES • TIEMPO DE PREPARACIÓN: 30 MINUTOS

INGREDIENTES:

3 plátanos maduros pelados
1 cucharada de azúcar

½ cucharadita de polvo de hornear
Aceite para freír

PREPARACIÓN:

1. Aplaste los plátanos con un tenedor. Agregue el azúcar y el polvo de hornear. Amase bien.

2. Tome la masa de a cucharadas para formar pequeñas tortas y fríalas en manteca o aceite caliente por 5 minutos. Se sirven calientes.

ARROCES

ARROZ CON COCO «COLOMBIA»

¿Sabían ustedes que, antes de 1903, Panamá se había intentado de separar de Colombia 4 veces?

RINDE: 4 PORCIONES • TIEMPO DE PREPARACIÓN: 30 MINUTOS

INGREDIENTES:

4 tazas de agua
2 tazas de arroz
1 taza de masa de coco rallada (o

pasada por la procesadora)
1 cucharada de azúcar
Sal al gusto

PREPARACIÓN:

1. En una cacerola grande, hierva a fuego alto el agua por aproximadamente 5 minutos.

2. Cuando empiece a hervir, agregue el arroz, el coco rallado y el azúcar. Sazone con sal y siga cocinando a fuego medio por 20 minutos, hasta que el arroz esté cocinado y cremoso.

SUGERENCIA: Para lograr un gran sabor, use el arroz jazmín.

ARROZ DE COCO CON FRÍJOLES

RINDE: 4 PORCIONES • TIEMPO DE PREPARACIÓN: 30 MINUTOS

INGREDIENTES:

4 tazas de agua
1 taza de masa de coco rallado
⅓ taza de aceite
1 ají verde picado y sin semilla
½ onza de ají chombo
1 cebolla pelada y picada

2 tazas de arroz
¼ taza de pasta de tomate
1 taza de fríjoles colorados cocinados
Sal al gusto
1 cucharada de azúcar

PREPARACIÓN:

1. En una cacerola, hierva el agua con el coco rallado por 5 minutos. Retire del fuego y deje refrescar.

2. Cuando se enfríe, cuele la leche y reserve.

3. En otra cacerola, caliente el aceite y sofría los ajíes, la cebolla y la pasta de tomate. Agregue los fríjoles y la leche de coco colada, con la azucar.

4. Permita que comience a hervir y, en ese preciso instante, agregue el arroz; baje la llama, de modo que termine de cocinarse a fuego muy lento, y manténgalo tapado durante unos 25 minutos hasta que el arroz esté cocinado y cremoso.

PASTAS

CACEROLA A LO JOHNNY MARZETTI

Originalmente este plato fue creado en el restaurante Marzetti de Columbus, Ohio, en 1920. Durante la Segunda Guerra Mundial fue introducido en la zona del Canal con la adición del apio en sus ingredientes. Lo verdaderamente curioso es que esta cacerola se haya vuelto tan popular y distintiva de la zona del Canal, y que hoy esté presente en todas las fiestas y eventos panameños.

RINDE: 4 PORCIONES • TIEMPO DE PREPARACIÓN: 2 HORAS

INGREDIENTES:

1 taza de pasta *rotini*
Sal y pimiento al gusto
1 cucharada de mantequilla
Aceite al gusto
1 cebolla pelada y picada
1 tallo de apio picado
2 dientes de ajo triturados

1 ají verde sin semillas, picado
1 libra de carne molida
1 tomate picado
1 taza de salsa de tomate
1 taza de queso parmesano rallado
½ taza de queso cheddar rallado

PREPARACIÓN:

1. Precaliente el horno a 250°F.

2. Hierva la pasta *rotini* en una cacerola llena de agua hirviendo; agregue la sal y 1 cucharada de mantequilla. Cuando esté blanda, quítela del fuego y pásela por agua fría en un colador.

3. Aparte, en una sartén con aceite, dore la cebolla, el apio, el ajo y el ají. Agregue la carne molida y cocine por aproximadamente 10 minutos. Baje el fuego y agregue los tomates picados y la salsa de tomate.

4. Mezcle la pasta *rotini* (ya cocinada) con la carne. Viértalo todo en un molde y espolvoree con los quesos rallados.

5. Hornee a 350°F hasta que el plato esté completamente dorado. Para ello necesitará aproximadamente 30 minutos.

SALSAS

SALSA TABOGANA

Esta salsa sirve para acompañar pescados y mariscos.

RINDE: 4 PORCIONES • TIEMPO DE PREPARACIÓN: 20 MINUTOS

INGREDIENTES:

2 cucharadas de mantequilla
1 cebolla pequeña pelada y picada
2 tazas de caldo de pescado
1 taza de jugo de mango
½ taza de ciruelas pasas
½ taza de piña pelada y cortada
¼ taza de pasas
4 cucharadas de maicena diluida
   en 4 cucharadas de agua fría
Sal y pimienta al gusto

PREPARACIÓN:

1. Derrita la mantequilla y agregue la cebolla, el caldo y el jugo. Cocine aproximadamente entre 10 y 15 minutos. Retire del fuego, cuele la salsa y descarte la cebolla.

2. Ponga la salsa colada a fuego lento y agregue las ciruelas, la piña, las pasas y la maicena diluida. Revuelva constantemente hasta que se espese y se vuelva una crema.

3. Sazone al gusto y cocine por aproximadamente 5 minutos más.

SUGERENCIA: Para que la salsa le quede espectacular, mezcle bien todos los ingredientes.

PESCADOS Y MARISCOS

CEVICHE DE PESCADO TRADICIONAL

RINDE: 4 PORCIONES • TIEMPO DE PREPARACIÓN: 15 MINUTOS Y 24 HORAS DE REFRIGERACIÓN

INGREDIENTES:

2 libras de filetes de corvina cruda
2 cebollas pequeñas, peladas y
   cortadas
1 taza de jugo de limón
1 cucharadita de sal

1 ají verde (o picante), sin semillas
   y picado
1 cucharada de ginebra
2 cucharadas de aceite de oliva
Sal y pimienta al gusto

PREPARACIÓN:

1. Corte los filetes en dados y colóquelos en una cazoleta de porcelana.

2. Agregue y revuelva los demás ingredientes. Sazone con sal y pimienta al gusto.

3. Tape todo bien y deje reposar en el refrigerador por lo menos 24 horas para que se cure antes de servirlo.

SUGERENCIA: Lo más simple es lo más rico: este ceviche se acompaña con galletas de soda.

CEVICHE DE CAMARONES TROPICAL

RINDE: 4 PORCIONES • TIEMPO DE PREPARACIÓN: 60 MINUTOS

INGREDIENTES:

1 libra de camarones
1 taza de agua
Jugo de limón al gusto
1 cebolla pelada y picada
1 ají verde picado y sin semillas
½ taza de perejil picado

1 tomate grande pelado y cortado
   en dados
1 cucharada de vinagre
Sal y pimienta al gusto

PREPARACIÓN:

1. Pele los camarones, elimine la vena negra y hiérvalos en una cacerola entre 5 y 7 minutos.

2. Escúrralos y colóquelos en una cazoleta de porcelana con el jugo de limón por 1 hora, revolviéndolos 2 y 3 veces.

3. Escúrralos del jugo de limón (el cual se bota) y luego agregue los demás ingredientes, revolviéndolos. Sazone con sal y pimienta al gusto.

4. Tape todo bien y deje reposar en el refrigerador entre 2 y 3 horas para que se curen antes de servirlos.

SUGERENCIA: Si prefiere un ceviche más picante, puede añadirle un poco de ají picante

CARNES

BISTEC A LA PANAMEÑA

RINDE: 4 PORCIONES • TIEMPO DE PREPARACIÓN: 30 MINUTOS

INGREDIENTES:

4 libras de filetes de palomilla o
   riñonada
Vinagre para adobar
Aceite al gusto
Sal y pimienta al gusto

½ taza de pasta de tomate
1 cebolla grande, pelada y cortada
1 ají verde, grande, sin semilla y
   cortado en tiras
1 cucharada de salsa de soya

PREPARACIÓN:

1. Machaque los bistecs y adóbelos con el vinagre por lo menos 15 minutos antes de cocinarlos.

2. Caliente el aceite en una sartén a fuego medio y dore ligeramente los bistecs. Añada luego la cebolla y el ají, y cuando estén un poquito cocinados, eche la pasta de tomate y un poco de agua para cubrir los bistecs.

3. Agregue la salsa de soya y tape bien la cacerola. Cocine a fuego medio por aproximadamente 10 minutos, hasta que los bistecs estén blandos y la salsa alcance una buena consistencia.

CARNE EN PALITOS

La carne en palito es el plato perfecto para una fiesta con amigos o para una celebración especial al aire libre.

RINDE: 4 PORCIONES • TIEMPO DE PREPARACIÓN: 20 MINUTOS Y 12 HORAS DE REFRIGERACIÓN

INGREDIENTES:

4 libras de filetes de solomillo o bola

Salsa barbacoa al gusto
Pinchos de madera

PREPARACIÓN:

1. Congele los bistecs para que sea fácil cortarlos. Cuando estén duros, córtelos en tiras y móntelas en los pinchos.

2. Adobe los pinchos en la salsa barbacoa por 12 horas en el refrigerador, tapándolos.

3. Al día siguiente, ponga los pinchos a la parrilla. Cuando estén listos (según el término de su preferencia), sazone con sal y pimienta.

MONDONGO PANAMEÑO

En Panamá se dice que este plato tiene propiedades místicas y curativas, razón por la cual se suele servir en el desayuno con el fin de aliviar las borracheras.

RINDE: 4 PORCIONES • TIEMPO DE PREPARACIÓN: 2 ½ HORAS

INGREDIENTES:

4 tazas de agua
3 libras de mondongo (tripas de vaca) lavado en agua caliente y cortado en tiras de dos pulgadas
1 cebolla grande, pelada y picada
1 diente de ajo triturado

4 chiles secos molidos
1 cucharada de hojas de cilantro picadas
2 tazas de maíz amarillo, cocido y colado
Rodajas de naranja para decorar

PREPARACIÓN:

1. En una cacerola grande con agua, cocine a fuego lento el mondongo con todos los ingredientes (menos el maíz) por aproximadamente 1 hora. Agregue el maíz hacia el final y deje que todo se cocine por aproximadamente 15 minutos más.

2. Decore con las rodajas de naranja y sirva inmediatamente.

ENVOLTURAS O RELLENOS

CARIMAÑOLAS

RINDE: 12 PORCIONES • TIEMPO DE PREPARACIÓN: 45 MINUTOS

INGREDIENTES:

3 libras de yuca, peladas y picadas	1 diente de ajo triturado
Sal al gusto	Sal al gusto
1 libra de carne molida	$\frac{1}{8}$ cucharada de azúcar
1 cucharadita de perejil	1 cucharada de vinagre
1 cebolla grande, pelada y picada	4 alcaparras
1 cucharada de pasta de tomate	

PREPARACIÓN:

1. Hierva la yuca con sal, pero evitando que quede muy blanda. Muela y amase la yuca con la sal. Reserve.

2. Aparte, mezcle los demás ingredientes y cocínelos hasta que queden casi secos.

3. Con la masa de la yuca, forme bolas que quepan en la palma de la mano. Aplaste cada una y póngale el relleno. Ciérralas en forma ovalada.

4. Fría las bolas rellenas en aceite bien caliente hasta que estén doradas.

TORTILLA DE MAÍZ CON QUESO

RINDE: 4 PORCIONES • TIEMPO DE PREPARACIÓN: 30 MINUTOS

INGREDIENTES:

2 tazas de harina de maíz
½ taza de queso blanco rallado

1 cucharada de aceite
¼ cucharadita de sal

PREPARACIÓN:

Mezcle los ingredientes, revolviéndolos despacio. Tome la masa a cucharadas para formar pequeños círculos o bolitas (que tengan cerca de ¼ pulgada de espesor) y fríalas en el aceite hasta que queden doradas uniformemente. Se sirve como acompañante en cremas y ensaladas.

PATACONES

RINDE: 4 PORCIONES • TIEMPO DE PREPARACIÓN: 30 MINUTOS

INGREDIENTES:

2 tazas de aceite vegetal
4 plátanos verdes, pelados y
    cortados en rodajas

2 tazas de caldo de pollo
3 dientes de ajo triturados
Sal al gusto

PREPARACIÓN:

1. En una sartén con el aceite, fría los trozos de plátano hasta que empiecen a dorarse. Escúrralos sobre papel absorbente.

2. Aplástelos y fríalos de nuevo hasta que se doren completamente. Escúrralos sobre papel absorbente.

3. En otra cacerola caliente el caldo y añada el ajo. Vierta sobre los las ruedas de plátanos. Agregue sal al gusto.

DULCES

FLAN DE CARAMELO

RINDE: 4 PORCIONES • TIEMPO DE PREPARACIÓN: 1 HORA Y 20 MINUTOS

INGREDIENTES:

1 taza de leche
1 rama de canela
Cáscara de 1 limón
¼ cucharadita de sal
6 yemas

1 clara
¾ taza de azúcar
1 cucharada de vainilla
½ taza de almíbar a punto de caramelo

PREPARACIÓN:

1. En una cacerola ponga a hervir la leche con la canela, la cáscara de limón y la sal. Después que hierva, deje que se enfríe.

2. En un tazón aparte, bata ligeramente las yemas con la clara, el azúcar y la vainilla.

3. Añada la leche y quite la rama de canela. Cuélelo todo y viértalo en un molde redondo de 7 x 2 pulgadas (previamente bañado con el almíbar a punto de caramelo). Cocínelo a baño de María en el horno, a 350°F, por aproximadamente 1 hora. Se pone a refrigerar y se sirve frio.

SUGERENCIA: Para hacer el almíbar, ponga el azúcar con el agua y cocine a fuego lento. Mueva la cacerola pero no utilice una espátula. Para lograr el punto de caramelo tiene que llegar a 350°F. Mantenga el almíbar a fuego lento hasta que comience a tener un tono más oscuro. Retire del fuego tan pronto obtenga el tono deseado.

DULCE «CANAL DE PANAMÁ»

RINDE: 12 PORCIONES • TIEMPO DE PREPARACIÓN: 40 MINUTOS

INGREDIENTES:

Para la primera capa

1 ½ tazas de harina
¾ taza de mantequilla derretida

½ taza de nueces

Para la segunda capa

8 onzas de queso crema
1 taza de azúcar

4 onzas de crema batida

Para la tercera capa

4 onzas de pudín de chocolate
   instantáneo en polvo

4 ½ tazas de leche

Para la cuarta capa

8 onzas de crema batida

PREPARACIÓN:

Para la primera capa

Coloque la harina, la mantequilla y las nueces en una cazuela de 9x13 pulgadas. Hornee a 250°F durante aproximadamente 10 minutos. Deje que enfríe.

Para la segunda capa

Bata el queso crema, el azúcar y la crema batida hasta conseguir una consistencia suave. Unte encima de la mezcla ya horneada.

Para la tercera capa

Prepare el pudin de chocolate con la leche. Unte esta mezcla encima de la capa anterior.

Para la cuarta capa

Cubra las anteriores capas con crema batida y ponga en el refrigerador. Sirva bien frío.

PUDIN DE MANGO

RINDE: 4 PORCIONES • TIEMPO DE PREPARACIÓN: 1 HORA

INGREDIENTES:

2 mangos pelados, sin semilla,
cortados en trozos
1 ½ taza de azúcar
½ cucharada de canela
¼ cucharadita de pimienta de
Jamaica (tabasca)

1 taza de harina
1 cucharadita de polvo de hornear
½ taza de leche
½ taza de mantequilla derretida
Sal al gusto
Helado de vainilla para acompañar

PREPARACIÓN:

1. Mezcle los mangos con el azúcar, la canela y el pimiento de Jamaica en un molde cuadrado de 10x2 pulgadas de alto para hornear.

2. En un recipiente aparte, mezcle la taza remanente de azúcar con la harina, el polvo de hornear, la leche, la mantequilla y la sal, y vierta la mezcla sobre los mangos. Hornee a 350°F por 35 minutos (o, si prefiere, cocine en horno a baño de María por 35 minutos con el horno a 300°F).

3. Se sirve con el helado de vainilla.

LA COCINA DE

PARAGUAY

La mesa paraguaya contiene una combinación especial de comida típica guaraní y de platos al estilo europeo. No obstante, no deja de compartir sus costumbres culinarias con los países que bordean su geografía. El maíz, la yuca, el mate, la chipa y las carnes combinadas con vegetales y frutas son los pilares de la dieta paraguaya.

El plato más popular es la sopa paraguaya, aunque el término «sopa» no significa lo mismo que en otros países. Se dice que, en el argot culinario paraguayo, la palabra «sopa» probablemente se originó de un error que cometió la *machú* (cocinera) ante el gobernador de entonces, cuando después de poner mucha harina de maíz en una sopa tradicionalmente preparada, decidió poner la mezcla en una cazuela de hierro y hornearla. El gobernador consideró que tenía un excelente sabor y así surgió la «sopa» paraguaya, que está presente en todas las festividades y en las reuniones familiares.

La parrillada, plato muy común en el cono sur latinoamericano, también está presente en las tradiciones de la mesa paraguaya.

En la cocina paraguaya abundan los nombres guaraníes. El mate es una bebida nacional, que tomado frío se llama tereré. El mosto es el jugo de la caña de azúcar y su versión alcohólica es «la caña». Mazamorra, Mbaipy-Kure, Bori-Bori, Sookui, Sooyosopy, Chipa So'o, Kivevé y la chipá son ejemplos de nombres guaraníes en el menú paraguayo.

BEBIDAS

TERERÉ

¿Sabía usted que el tereré fue declarado la bebida oficial del Paraguay y Patrimonio Cultural de la Nación? A diferencia del mate, el tereré se bebe frío.

RINDE: 4 PORCIONES • TIEMPO DE PREPARACIÓN: 20 MINUTOS

INGREDIENTES:

2 limones
1 jarra de agua con hielo
4 bombillas para mate

Yerba mate
Almibar al gusto

PREPARACIÓN:

Exprima los limones en el agua con hielo. Llene las bombillas hasta ¾ de su volumen con yerba mate. Eche el agua con el cítrico. Cubra con el almibar. La bebida puede tomarse caliente o fría, pero el tereré es ideal para refrescar en el verano.

SUGERENCIA: En el capítulo «La cocina de Argentina» hay una explicación más detallada sobre la preparación de la yerba mate.

VEGETALES Y VIANDAS

BOLITAS DE MANDIOCA

RINDE: 4 PORCIONES • TIEMPO DE PREPARACIÓN: 30 MINUTOS

INGREDIENTES:

2 ½ libras de yuca
Sal al gusto
¾ libras de queso gratinado
1 cucharadita de harina

2 huevos
1 cucharada de manteca de cerdo
Manteca para freír

PREPARACIÓN:

1. Ponga a hervir la yuca hasta que quede blanda. Mientras hierve eche la sal. Aplaste la yuca con un tenedor.

2. En un recipiente aparte, mezcle el queso, la harina, la yuca aplastada, los huevos y la manteca. Haga bolas de dos pulgadas. Fría las bolas hasta que queden bien doradas; para ello, la manteca debe estar bien caliente.

3. Sirva caliente.

SUGERENCIA: Estas bolitas son acompañantes perfectos de platos que contienen carnes.

PANES Y EMPANADAS

PAN DE MAÍZ PARAGUAYO

RINDE: 6 PORCIONES • TIEMPO DE PREPARACIÓN: 1 HORA

INGREDIENTES:

1 cucharada de harina
2 cebollas medianas, cortadas finamente
8 cucharadas de margarina
½ libra de requesón
½ libra de queso Muenster cortado en pedazos

2 tazas de maíz molido
1 cucharadita de sal
1 taza de leche
2 tazas de harina de maíz
6 huevos
Anís estrellado, molido al gusto

PREPARACIÓN:

1. Engrase un molde para hornear de 13 x 9 x 2 pulgadas y espolvoree la cucharada de harina. Sacuda para que caigan los excesos.

2. Aparte, saltee en una sartén las cebollas en la margarina. Agregue el requesón y mézclelo todo.

3. En una cazuela ponga esta mezcla y agregue el queso Muenster, la leche, la sal, y la harina de maíz. Mezcle todo completamente.

4. Aparte, bata las claras de los huevos y agregue lentamente las yemas. Combínelo todo con el anís molido y viértala mezcla en el molde ya preparado.

5. Precaliente el horno a 400°F. Hornee durante 45 minutos o hasta que, al enterrar un palillo, éste salga seco. Sirva el pan caliente, cortándolo en cuadrados. Agregue miel al gusto.

CHIPÁ

RINDE: 6 PORCIONES • TIEMPO DE PREPARACIÓN: 25 MINUTOS

INGREDIENTES:

2 ½ tazas de queso rallado
4 tazas de harina de yuca
Sal al gusto

1 taza de manteca de cerdo
4 huevos
½ taza de leche

PREPARACIÓN:

1. Sobre la meseta mezcle el queso, la harina y la sal. En el centro de la masa eche la manteca y los huevos. Amase, mezclando la leche hasta que quede una masa homogénea y suave.

2. Corte la masa en rollos. Con un cuchillo haga un pequeño corte en la parte superior de cada uno. Coloque los rollos en un molde (aceitado previamente) y hornee durante 20 minutos. Sirva caliente.

CHIPÁ GUASÚ

RINDE: 6 PORCIONES • TIEMPO DE PREPARACIÓN: 2 HORAS

INGREDIENTES:

3 cebollas cortadas finamente
½ taza de aceite de maíz
1 ½ taza de leche
1 ½ libra de granos de maíz

molidos
1 libra de queso crema
6 huevos batidos
Sal y pimienta al gusto

PREPARACIÓN:

1. Fría la cebolla hasta que quede dorada. Agregue la leche y caliente por 10 minutos.

2. Pase la mezcla a una cacerola y agregue el maíz molido, el queso crema, los huevos, la sal y la pimienta al gusto. Quedará una mezcla acuosa.

3. Ponga la mezcla en una cazoleta de 10 pulgadas de diámetro, previamente aceitada, y hornee por 45 minutos, o hasta se vea bien dorada. Deje reposar por cinco minutos. Corte en rebanadas y sirva caliente.

ARROCES

ARROZ QUESÚ

RINDE: 4 PORCIONES • TIEMPO DE PREPARACIÓN: 40 MINUTOS

INGREDIENTES:

- 1 ½ taza de arroz
- 1 taza de tomates picados
- 1 taza de fríjoles cocidos
- 3 dientes de ajo machacados

- 2 cucharadas de aceite
- 1 taza de requesón
- 1 taza de ajíes verdes picados
- 2 tazas de queso gratinado

PREPARACIÓN:

Mezcle el arroz, los tomates, los fríjoles, el ajo, el aceite, el requesón y los ajíes, y ponga todo a cocinar a fuego lento por ½ hora. Una vez esté listo el arroz, échele encima el queso. Sirva caliente. Puede usarse para acompañar asados.

PASTAS

MBAIPY (POLENTA)

RINDE: 4 PORCIONES • TIEMPO DE PREPARACIÓN: 20 MINUTOS

INGREDIENTES:

- 1 cebolla cortada finamente
- 3 cucharadas de aceite
- 2 tazas de agua
- 1 cucharada de sal gruesa
- 2 tazas de leche

- 2 tazas de harina de maíz
- 1 rebanada de queso

PREPARACIÓN:

Fría la cebolla en el aceite, asegurándose de no dorarla. Agregue el agua, la sal y la leche. Deje hervir. Eche la harina de maíz. Revuelva constantemente y deje hervir la mezcla unos minutos. Retire del fuego y agregue el queso.

Sirva caliente para acompañar asados. También puede cubrirla con salsa de tomate.

MBAIPY-KURE

RINDE: 4 PORCIONES • TIEMPO DE PREPARACIÓN: 35 MINUTOS

INGREDIENTES:

3 cucharadas de aceite
2 cebollas cortadas finamente
2 tazas de agua
1 cucharada de sal gruesa
2 tazas de leche

2 tazas de harina de maíz
2 libras de costillas de cerdo
2 tazas de agua hirviendo
1 rebanada de queso

PREPARACIÓN:

1. Fría en el aceite la mitad de la cebolla sin dorarla. Agregue el agua, la sal y la leche. Deje hervir y eche la harina de maíz, revolviendo continuamente por unos minutos. Retire del fuego y agregue el queso desmenuzado.

2. Aparte, fría las costillas de cerdo en su misma grasa hasta que doren. Agregue la otra mitad de la cebolla y un poco de agua hirviendo. hasta que se ablanden. Incorpore las costillas a la polenta y deje hirviendo durante 5 minutos, revolviendo constantemente.

3. Retire del fuego y deje reposar. Sirva caliente.

SALSAS

SALSA DE CEBOLLAS Y UVAS PASAS

RINDE: 4 PORCIONES • TIEMPO DE PREPARACIÓN: 25 MINUTOS

INGREDIENTES:

Aceite de oliva al gusto
1 cebolla grande cortada finamente
2 dientes de ajo machacados
½ taza de vino blanco
½ taza de agua
2 hojas de laurel

3 cucharaditas de maicena diluida
 en agua
Nuez moscada al gusto
1 cucharada de azúcar
Sal al gusto
¼ taza de pasas

PREPARACIÓN:

1. Fría en una cacerola con un poco de aceite de oliva la cebolla hasta que esté dorada.

2. Agregue el ajo, el vino blanco, el agua, el laurel, la maicena, la nuez moscada el azúcar y la sal, y cocine por 15 minutos.

3. Saque las hojas de laurel y triture la mezcla en una batidora. Agregue las uvas pasas y deje reposar la salsa. Sirva caliente.

SUGERENCIA: Esta salsa acompaña los platos de pollo, cerdo y res.

SALSA DE DULCE DE TOMATE

RINDE: 4 PORCIONES • TIEMPO DE PREPARACIÓN: 25 MINUTOS

INGREDIENTES:

2 ½ libras de tomates
1 cebolla pequeña
½ ají rojo

2 cucharadas de azúcar
2 cucharadas de aceite

PREPARACIÓN:

1. Ponga los tomates, la cebolla y el ají en una licuadora, y licúe por 3 minutos. Pase la mezcla a una sartén y fría hasta que la cebolla quede transparente.

2. Agregue el azúcar y el aceite, y cocínelo todo a fuego lento por 30 minutos, moviendo constantemente con una espátula.

Sirva caliente.

SUGERENCIA: Esta salsa es ideal para acompañar platos con pescado.

PESCADOS Y MARISCOS

PESCADO RELLENO

RINDE: 6 PORCIONES • TIEMPO DE PREPARACIÓN: 45 MINUTOS

INGREDIENTES:

½ taza de cebolla picada
3 dientes de ajo picados
2 tomates picados
Aceite para freír
1 taza de huevas de carpa (o

caviar)
Sal y pimienta al gusto
2 aguacates picados
6 mojarras (o pescados pequeños)
Jugo de limón al gusto

PREPARACIÓN:

1. Fría la cebolla, el ajo y los tomates. Agregue las huevas, la sal y la pimienta, y luego los aguacates. Mézclelo todo bien.

2. Limpie y abra las mojarras. Rellénelas con la mezcla. Sazónelas con sal y pimienta, y báñelas en limón. Fría el conjunto. Se sirven calientes.

CARNES

SOOKUI

RINDE: 4 PORCIONES • TIEMPO DE PREPARACIÓN: 30 MINUTOS

INGREDIENTES:

3 cucharadas de aceite
1 diente de ajo
1 cebolla
¾ taza de agua
1 cucharadita de sal

1 ½ taza de arroz
2 tazas de picadillo cocinado
1 pizca de comino
4 tarteras listas para hornear

PREPARACIÓN:

1. Eche las 3 cucharadas de aceite en una cacerola de hierro. Fría el ajo y la cebolla hasta dorar y ablandar. Agregue el agua y la sala, y ponga a hervir.

2. Cuando rompa el hervor, añada el arroz y déjelo cocinar por 15 minutos. Luego mézclelo con el picadillo y el comino, y déjelo al fuego por tres minutos más.

3. Hornee las tarteras por 8 minutos. Agregue la mezcla. Puede adornar con huevos duros picados.

BORI-BORI

RINDE: 7 PORCIONES • TIEMPO DE PREPARACIÓN: 4 HORAS

INGREDIENTES:

2 libras de lomo cortado en pedazos

1 cucharadita de pimienta molida

2 cucharadas de aceite de oliva

4 onzas de tocino cortado

1 cebolla grande, sin pelar, cortada en cuartos

1 cabeza de ajo, sin pelar, cortado horizontalmente por el medio

3 tallos de apio, lavados y cortados en mitades

1 zanahoria mediana cortada por la mitad

1 hoja de laurel

7 clavos

1 cucharadita de sal gruesa

14 tazas de agua

Azafrán al gusto

Para los gnocchi

1 taza de harina de maíz

1 taza de queso parmesano gratinado

2 cucharadas de sal gruesa

½ taza de cebollas cortadás

¼ taza de mantequilla

1 huevo

1 yema de huevo

12 tazas de agua

2 cucharaditas de perejil cortado

Queso parmesano gratinado

PREPARACIÓN:

1. Sazone los pedazos de lomo con la pimienta. En una cacerola aparte, ponga a fuego lento el aceite y el tocino por 5 minutos.

2. Agregue los pedazos de carne y dore por cada lado por 8 minutos. Agregue la cebolla, el ajo, el apio, la zanahoria, la hoja de laurel, los clavos y la sal, y cúbralo todo con el agua. Ponga a hervir.

3. Al romper el hervor, llévelo a fuego lento y manténgalo por hora y media hasta que se ablanden los componentes. Luego retire la cacerola del fuego, saque y ponga la carne aparte. Cuele el caldo con un colador y guárdelo.

4. Agregue agua al caldo hasta lograr 10 tazas. Descarte los vegetales. Mientras tanto, combine la harina de maíz, el parmesano, la sal, la cebolla y la mantequilla, y mezcle con un tenedor.

5. Haga como un pozo en el centro de la masa y eche el huevo y la yema. Mézclelo todo hasta que el huevo haya sido bien absorbido. Amase la masa, cúbrala con un paño húmedo y déjela reposar por media hora.

6. Divida la pasta en 30 porciones y, con la palma de las manos, forme los gnocchi.

Ponga a hervir las 12 tazas de agua por 15 minutos y eche los gnocchi. En 15 minutos estarán blandos; entonces retírelos del agua.

7. Recupere las 10 tazas de caldo. Agregue el azafrán al gusto y ponga a calentar. Agregue los gnocchi y espolvoréeles el queso gratinado. Sirva enseguida.

SOOYOSOPY

RINDE: 6 PORCIONES • TIEMPO DE PREPARACIÓN: 30 MINUTOS

INGREDIENTES:

2 cucharadas de aceite vegetal
2 cebollas medianas, cortadas en tiras
1 ají verde cortado en tiras
4 tomates medianos cortados en pedazos pequeños

2 libras de picadillo
8 tazas de agua
½ taza de arroz o fideos
Sal al gusto
Queso parmesano al gusto (gratinado)

PREPARACIÓN:

1. Fría en aceite las cebollas y el ají hasta que se ablanden. Agregue los tomates y cocine hasta que quede espeso y bien mezclado.

2. Combine la mezcla en una cacerola ya aceitada con el picadillo y 8 tazas de agua fría. Ponga la mezcla a hervir, revolviendo constantemente con una cuchara de madera. Agregue el arroz o los fideos y, a fuego lento, revuelva hasta que ablande, aproximadamente15 minutos. En ese momento échele la sal.

SUGERENCIA: Acompañe con boniato o yuca, o ambos, y eche encima el queso gratinado.

MILANESA PARAGUAYA

RINDE: 6 PORCIONES • TIEMPO DE PREPARACIÓN: 30 MINUTOS

INGREDIENTES:

2 libras de filetes, cortados en
    forma redonda
Sal y pimienta al gusto
Ajo al gusto
¼ cucharadita de perejil

½ taza de leche
Harina
2 huevos
Pan rallado
Aceite para freír

PREPARACIÓN:

1. Sazone la carne con sal y pimienta. Bata los huevos; añada el perejil y la leche.

2. Unte la carne primero con la harina, luego con el huevo y después con el pan rallado. Fría hasta dorar cada lado de la carne.

3. Sirva caliente y acompañe con vegetales.

PAYAGUA MASCADA

RINDE: 6 PORCIONES • TIEMPO DE PREPARACIÓN: 1 HORA

INGREDIENTES:

2 ½ libra de yuca
1 cucharadita de sal
¾ libra de picadillo
1 cabeza de ajo
1 cebolla picada

1 pizca de comino
1 ají verde picado
2 cucharadas de harina de maíz
4 cucharadas de aceite

PREPARACIÓN:

1. Hierva la yuca con la sal hasta ablandarla. Hágala puré.

2. Agregue el picadillo, el ajo, la cebolla, el comino, el ají, y mezcle bien. Amase con las manos húmedas, formando tortas planas y espolvoreando la harina de maíz.

3. Fría en aceite hirviendo.

ENVOLTURAS O RELLENOS

CHIPA SO'O

RINDE: 12 PORCIONES • TIEMPO DE PREPARACIÓN: 45 MINUTOS

INGREDIENTES:

6 ½ libras de harina de maíz
1 libra manteca de cerdo
6 huevos

Agua o leche al gusto
Hojas de plátano
1 libra de queso gratinado

Para el relleno

1 libra de picadillo
1 cucharadita de perejil
1 cebolla grande picada
1 cucharada de pasta de tomate
1 diente de ajo machacado

1 cucharadita de sal
⅛ cucharada de azúcar
1 cucharada de vinagre
1 huevo duro cortado

PREPARACIÓN:

1. Bata la harina, la manteca y los huevos con un poco de leche o agua al gusto. Amase hasta conseguir una consistencia cremosa. Coloque partes de la masa en hojas de plátano sobre una asadera para hornear.

2. Mezcle todos los ingredientes del relleno. Eche el relleno y cubra con otra capa de la masa.

3. Hornee por 45 minutos en la asadera. Espolvoree el queso al final.

DULCES

KAGUYJY (O KAGUYJY RAGUAYA)

RINDE: 4 PORCIONES • TIEMPO DE PREPARACIÓN: 5 HORAS Y 12 HORAS DE REMOJO

INGREDIENTES:

½ libra de maíz blanco (o locro) desgranado
2 litros de agua
1 litro de leche

1 cucharadita de bicarbonato de sodio
Canela en rama
Vainilla al gusto

PREPARACIÓN:

1. Ponga el maíz en remojo desde la noche anterior.

2. Póngalo a hervir en el agua por dos horas hasta que esté blando.

3. Agregue la leche, el bicarbonato de sodio, la canela y la vainilla.

Cocine por tres horas más. Sirva bien frío.

GLASEADO DE PIÑA

RINDE: 4 PORCIONES • TIEMPO DE PREPARACIÓN: 40 MINUTOS

INGREDIENTES:

1 taza de azúcar
1 ½ taza de mantequilla
4 huevos

4 tazas de harina
⅛ cucharadita de polvo de hornee
1 cucharada de jugo de piña

Para el glaseado:

4 cucharadas de jugo de piña
¼ taza de azúcar en polvo

PREPARACIÓN:

1. Mezcle en orden el azúcar, la mantequilla, los huevos, la harina, el polvo de hornear y el jugo de piña hasta que logre una textura suave.

2. Coloque esta masa suave sobre una plancha ya aceitada. Déle a ésta la forma que usted desee.

3. Mezcle los ingredientes para el glaseado y únteselo por encima a la masa.

4. Precaliente el horno a 180°F. Hornee la masa por 25 minutos hasta que quede seca.

KIVEVÉ

RINDE: 4 PORCIONES • TIEMPO DE PREPARACIÓN: 30 MINUTOS

INGREDIENTES:

2 ½ libra de calabaza
3 tazas de agua
2 cucharadas de aceite
1 cebolla cortada
1 taza de leche

1 cucharadita de sal gruesa
1 cucharada de azúcar
2 tazas de harina de maíz
¾ libra de queso gratinado

PREPARACIÓN:

1. Ponga a hervir la calabaza en una cacerola. Ya blanda, hágala puré.

2. Aparte caliente el aceite con la cebolla. Agregue la leche, la sal, la calabaza y el azúcar, y encima de todo espolvoree la harina. Cocine por diez minutos y agregue el queso. Retire la mezcla inmediatamente del fuego.

SUGERENCIA: Servido frío es un dulce delicioso. Servido caliente puede acompañar asados.

LA COCINA DE

PERÚ

En Perú hay gastronomía y no solamente cocina. Hay más de 500 platos típicos y más de 200 sopas con más de 200 postres tradicionales. La cocina peruana es tan *gourmet* y tan estudiada como la comida francesa y la china. Es una fusión tan exótica como la de cualquier país asiático y tan orgánica como la comida italiana del campo.

Pero el plato que más me reconforta el espíritu y que más disfruto en cualquier barrio de Miami es el pollo a la brasa. Este plato se puede comer en la cadena de restaurantes La Granja por solo 2.99 dólares; queda uno con la barriga llena y el corazón contento. No importa cuán *chic* se haya vuelto la cocina peruana, su alma está en la simplicidad de sus platos básicos.

BEBIDAS

PISCO SOUR

¡Qué historia la del pisco sour! Fue en un bar del centro de Lima donde lo comenzó a preparar un personaje llamado Víctor V. Harris. En ese bar se inventó y después se perfeccionó en el Hotel Maury, donde se internacionalizó y fue bebido por Orson Welles, Ava Gardner y John Wayne. ¡De allí la fama! El pisco sour se puede servir en fiestas y reuniones, y es lo que llamamos un punch. A simple vista parece sutil pero no se engañe porque alcanza un punto culminante.

El pisco es un coñac o un brandy de uva, fuerte y sin color, fermentado por primera vez por unos españoles que vivían en Perú durante la colonización. Para ellos, el pisco era la alternativa del coñac de España, que resultaba tan caro transportar. Después, el pisco se volvió el trago nacional de los peruanos en forma de pisco sour. Los chilenos, por su parte, suelen preferir «la piscola», que es pisco con Coca-Cola.

RINDE: 4 PORCIONES • TIEMPO DE PREPARACIÓN: 10 MINUTOS

INGREDIENTES:

1 taza de pisco
½ taza azúcar
½ taza de jugo de limón
Hielo picado al gusto

1 clara de huevo
Gotas de Amargo de Angostura al
  gusto

PREPARACIÓN:

1. En una coctelera o licuadora, bata el pisco con el azúcar y el jugo de limón.

2. Incorpore el hielo picado y, por último, la clara de huevo. Bata hasta que la clara esté espumosa.

3. Sirva en vasos pequeños, agregándole unas gotas de Amargo de Angostura.

SUGERENCIA: Para una combinación deliciosa, sustituya la ½ taza de jugo de limón por ½ taza de jugo o néctar de maracuyá.

MACHU PICCHU

Un muy colorido coctel que lleva el nombre de la maravilla del planeta que es Machu Picchu, un lugar mágico y espiritual. La bebida es muy parecida al tequila sunrise y siempre apetece.

RINDE: 1 PORCIÓN • **TIEMPO DE PREPARACIÓN: 10 MINUTOS**

INGREDIENTES:

Hielo picado al gusto
2 medidas de pisco
1 taza de jugo de naranja

1 cucharadita de granadina
1 cucharadita de *crème de menthe*

PREPARACIÓN:

En un vaso largo con el hielo, agregue la mitad del pisco con todo el jugo de naranja y la granadina. Mezcle en una coctelera la otra mitad del pisco y agregue otro poco de hielo. Vierta la crema encima de la mezcla en un vaso alto y decore con una pajita para no mezclar los colores en el trago.

COCTEL DE MARACUYÁ

La maracuyá, también conocida como la fruta de la pasión, es tan seductora como su nombre lo indica. También tiene otras bondades medicinales y es una fuente de minerales y vitaminas. Siempre, la fruta fresca es ideal para cualquier receta de coctel, pero de todas maneras puede sustituirla con el néctar de la fruta en lata.

RINDE: 1 PORCIÓN • TIEMPO DE PREPARACIÓN: 5 MINUTOS

INGREDIENTES:

Hielo al gusto
1 ½ medida de
   pisco

3 medidas de jugo o néctar de
   maracuyá
1 rodaja de limón para decorar

PREPARACIÓN:

Bata todos los ingredientes en la coctelera. Cuele en un vaso de Martini y decore con la rodaja de limón.

   Sírvalo bien frio

JUGOS Y BATIDOS

CHICHA MORADA

¿Quién, en Perú, no ha celebrado alguna vez con chicha? Sabemos que los Incas ofrecían a sus dioses una bebida fermentada llamada chicha pero que también disfrutaban de lo que hoy conocemos como chicha morada, una receta refrescante y ligera para preparar el maíz morado sin fermentar. Este tipo de maíz es original de Perú pero hoy se encuentra en supermercados orgánicos y bodegas mundialmente. También puede comprarlo vía Internet.

RINDE: 15 PORCIONES (1 GALÓN) • TIEMPO DE PREPARACIÓN: 2 HORAS

INGREDIENTES:

4 litros de agua
4 mazorcas de maíz morado, desgranado y cortado en trozos (sin cocinar)
Cáscaras de 4 manzanas
Cáscaras de 1 piña grande
4 manzanas peladas

2 ramas de canela
4 clavos de olor
1 o 2 tazas de azúcar al gusto
Jugo de 4 limones
1 taza de piña y manzana sin cocinar, picadas en cuadritos pequeños

PREPARACIÓN:

1. En una cacerola con 3 litros de agua, ponga a hervir el maíz morado, las cáscaras de las manzanas y la piña, las manzanas peladas y enteras, la canela y el clavo de olor. Cuando comience a hervir, tape y cocine a fuego lento por aproximadamente 45 minutos. Cuele y reserve el líquido.

2. Ponga las frutas y el maíz morado otra vez a hervir en la misma cacerola con el agua fresca restante y siga cocinando a fuego lento por aproximadamente otros 45 minutos.

3. Pase la mezcla por un colador y junte con el líquido ya reservado.

4. Agregue el azúcar. Deje enfriar el líquido. Meta en el refrigerador y deje reposar por lo menos 8 horas.

5. Agregue el limón solamente a la cantidad de refresco que se va a consumir de inmediato. También puede agregar las frutas picadas al refresco al estilo sangría.

SUGERENCIA: Siempre sirva la chicha morada fría y recuerde que se puede guardarla varios días en el refrigerador. Se puede servir con cualquier comida a cualquier hora del día.

ENTREMESES

ANTICUCHOS

En este plato se ensartan pedazos del corazón de res en palitos de caña y luego se asan en la parrilla.

RINDE: 4 PORCIONES • TIEMPO DE PREPARACIÓN: 2 ½ HORAS (INCLUYE TIEMPO DE ADOBO)

INGREDIENTES:

1 libra de corazón de res cortado en pedazos
1 cucharadita de pimienta negra
1 cucharadita de comino
2 cucharadas de ají panca molido
½ cucharada de orégano

Sal al gusto
2 dientes de ajo machacados
½ taza de vinagre
4 palitos de caña o palos de pinchos
Aceite al gusto

PREPARACIÓN:

1. Corte el corazón en trozos, sacándole la grasa. En un recipiente mezcle la pimienta, el comino, el ají panca, el orégano, la sal, el ajo y el vinagre.

2. Adobe los trozos de corazón con la mezcla por 2 o 3 horas. Tápelos con papel de aluminio y métalos en el refrigerador por una hora.

3. Saque del refrigerador y reserve el jugo del adobo.

4. Ensarte 3 trozos de carne en cada palito de caña.

5. Mezcle el jugo del adobo con el aceite y, con la ayuda de una brocha, vaya untando esa mezcla en los anticuchos mientras se asan en la parrilla.

6. Sirva y acompañe con papas cocinadas y maíz choclo (un maíz oriundo del Perú y de granos grandes).

SUGERENCIA: También puede acompañar los anticuchos con una cerveza peruana bien heladita. Los menores, por su parte, pueden tomar en lugar de la cerveza una chicha morada, también bien heladita.

CAUSA RELLENA

RINDE: 6 PORCIONES • TIEMPO DE PREPARACIÓN: 2 HORAS

INGREDIENTES:

10 papas amarillas grandes, peladas y cocidas
1 taza de aceite
Sal y pimienta al gusto
1 cucharadita de ají amarillo molido
Jugo de 2 o 3 limones
1 lata de atún en agua

1 taza de mayonesa
5 aceitunas picadas
½ taza de cebolla pelada y bien picada
1 cucharadita de perejil picado
1 aguacate pelado y cortado en rodajas
2 huevos duros picados

PREPARACIÓN:

1. Prense las papas cocinadas. Amáselas bien con aceite, sal, pimienta, ají y jugo de limón. Aparte, mezcle el atún con la mitad de la mayonesa y las aceitunas.

2. Mezcle la mayonesa restante con la cebolla, el perejil, los huevos y el aguacate.

3. En un molde engrasado, coloque una capa de masa de papa, encima una capa de la mezcla de atún, otra capa de papa, luego la preparación de huevo y aguacate, y finalice con otra capa de masa de papa. Deje que repose por una hora y desmolde.

SUGERENCIA: Se puede sustituir el atún por pollo cocinado y deshilachado. Acompañe con salsa criolla.

PAPA A LA HUANCAÍNA

*Una de las formas más deliciosas de comer papas es con salsa a la huancaína.
Esta salsa es suave, deliciosa y muy fácil de hacer, El estilo de preparación es
atribuido a los habitantes de la ciudad de Huancayo. Con los más de 400 tipos
de papa que hay en el Perú, ¡esta receta merece ser probada!*

RINDE: 4 PORCIONES • TIEMPO DE PREPARACIÓN: 30 MINUTOS

INGREDIENTES:

1 libra de queso fresco
¼ taza de aceite
Ají amarillo molido al gusto
1 taza de leche evaporada
Sal y pimienta al gusto
12–15 galletas de soda

2 dientes de ajo machacados
10 papas amarillas cocidas
Hojas de lechuga para decorar
Aceituna para decorar
Huevo hervido para decorar

PREPARACIÓN:

1. Licuar el queso, el aceite, el ají, la leche evaporada, la sal, la pimienta, el ajo y las galletas.

2. Agregue más ají, dependiendo de lo picante que desee la salsa.

3. Acomode en una fuente las papas y vierte la salsa sobre ellas.

4. Decore con lechuga, aceitunas y huevo cocinado.

SUGERENCIA: La papa a la huancaína suele prepararse para reuniones familiares y fiestas, y va muy bien con un buen arroz con pollo o arroz con pato.

SÁNDWICHS

BUTIFARRAS

La butifarra es facilísima de preparar y es muy deliciosa.

RINDE: 4 PORCIONES • TIEMPO DE PREPARACIÓN: 10 MINUTOS

INGREDIENTES:

4 piezas de pan para sándwich
(con la consistencia del *Chicago
roll*; no utilice el de rebanadas)
Mayonesa (opcional)
4 tajadas de jamón del país o salado

4 hojas de lechuga según el
tamaño del pan
Salsa criolla *(ver receta p. 278)*
Sal al gusto

PREPARACIÓN:

1. Corte los panes por la mitad, horizontalmente, sin separar las partes.

2. Esparza mayonesa en el interior (opcional).

3. Coloque una tajada de jamón, una lechuga y salsa criolla. Agregue sal al gusto.

SUGERENCIA: Una butifarra con chicha morada son la perfecta combinación para un almuerzo ligero.

VEGETALES

LOCRO DE CALABAZA

RINDE: 4 PORCIONES • TIEMPO DE PREPARACIÓN: 20 MINUTOS

INGREDIENTES:

⅓ taza de aceite
1 cebolla mediana, pelada y bien picada
2 dientes de ajo molido
2 cucharaditas de ají amarillo fresco molido
1 cucharadita de orégano
3 libras de calabaza, pelada y cortada en trozos
¾ taza de alverjas

3 papas blancas, peladas y cortadas en trozos
2 mazorcas de maíz, tiernas y cortadas en rodajas
½ taza de leche evaporada
¾ taza de queso fresco en cuadritos
3 aceitunas, sin semilla, partidas por la mitad para decorar
Sal y pimienta al gusto

PREPARACIÓN:

1. En una cacerola con aceite, sofría la cebolla, los ajos, el ají molido y el orégano. Cocine unos minutos y agregue la calabaza, las arvejas, las papas y las mazorcas de maíz.

2. Tape la cacerola y cocine a fuego lento por 20 minutos (o hasta que los ingredientes estén cocidos).

3. Añada la leche y el queso fresco. Mezcle y sazone con sal y pimienta al gusto.

SUGERENCIA: Sirva con trozos de queso fresco y aceitunas. Acompañe con arroz blanco.

ARROCES

ARROZ CON POLLO

Cada país tiene su forma particular de hacer arroz con pollo. En el Perú, la gran diferencia es el delicioso sabor y aroma que le da el cilantro y el punto picante que le da el ají amarillo.

RINDE: 4 PORCIONES • TIEMPO DE PREPARACIÓN: 45 MINUTOS

INGREDIENTES:

Aceite al gusto
1 pollo en trozos
1 cebolla picada
1 cucharadita de ajo
1 cucharada de ají amarillo molido
½ taza de cilantro picado

Sal, pimienta y comino al gusto
3 ½ tazas de agua
3 tazas de arroz
1 ½ tazas de alverjitas cocidas
1 pimiento rojo, cortado en pequeños cuadritos

PREPARACIÓN:

1. En una olla, sofría las presas de pollo en aceite bien caliente por 5 minutos. Saque las presas; reserve.

2. En la misma grasa, sofría la cebolla picada, los ajos, el ají y el cilantro. Agregue sal, pimienta y comino al gusto.

3. Cuando esté cocido, añada las presas.

4. Agregue ½ taza de agua, tape la olla y deje cocinar durante 25 minutos a fuego bajo.

5. Saque las presas de pollo y agregue tres tazas de agua; cuando hierva, incorpore el arroz crudo.

6. Cuando el arroz esté cocido, agregue las presas de pollo que cocinó previamente. Adorne con las alverjitas cocidas y el pimiento rojo.

SUGERENCIA: Se puede sustituir el pollo por pato. Como el pato tiene la carne más dura, el tiempo de cocción es de 45 minutos a una hora. Acompañe el arroz con papas a la huancaína como entrada.

SALSAS

SALSA CRIOLLA

La salsa criolla es esencial en la cocina peruana. Muchísimas recetas cuentan con ella. Es tradicional prepararla con ají amarillo —tal vez el más «peruano» de los ajíes— pero también puede hacerse con ají rojo y ají verde o habanero. Los peruanos utilizan la cebolla roja para todo.

RINDE: 4 PORCIONES • TIEMPO DE PREPARACIÓN: 10 MINUTOS

INGREDIENTES:

2 cebollas medianas
Sal y pimienta al gusto
Jugo de 3 limones
2 ajíes amarillos, frescos, sin semillas ni venas, cortados en julianas (también puede utilizar el ají habanero fresco si no encuentra ají amarillo)
Aceite vegetal al gusto
Cilantro o perejil picado finamente al gusto para decorar

PREPARACIÓN:

1. Corte las cebollas en tajadas bien finas. Ponga las cebollas tajadas a remojar en un bol con agua, mezclando bien. Escurra y deje que sequen.

2. Coloque las cebollas en un bol, sazone con sal y pimienta al gusto.

3. Rocíe con el jugo de limón. Incorpore el ají y el aceite al gusto. Mezcle bien.

SUGERENCIA: Esta salsa puede servirse para acompañar tamales, chicharrón de puerco, butifarras y papas a la huancaína.

PESCADOS Y MARISCOS

CHOROS A LA CHALACA

Si le gustan los mariscos, probar los choros a la chalaca será como tocar el paraíso. El Callao es el puerto más importante del Perú y le da nombre a este estilo de preparar los choros, que son los mejillones negros. A los habitantes de El Callao se les llama «chalacos». Mi amiga Edith Velásquez es ciento por ciento chalaca y éste es su plato preferido.

RINDE: 4 PORCIONES • TIEMPO DE PREPARACIÓN: 30 MINUTOS

INGREDIENTES:

12 choros bien cerrados
2 cebollas rojas, medianas, peladas y bien picadas
Jugo de 3 o 4 limones
1 cucharada de ají amarillo molido
½ rocoto (ají peruano) limpio, sin venas ni semillas, bien lavado y picado muy fino

1 ½ cucharada de perejil picado muy fino
¾ taza de maíz sancochado y desgranado
½ taza de tomate pelado, sin semilla, cortado en cuadritos
1 cucharada de aceite
Sal y pimienta al gusto
1 limón partido para servir

PREPARACIÓN:

1. Limpie bien los choros, eliminando las barbas y algas. Lávelos y límpielos con un cepillo. Elimine cualquier choro que no esté firmemente cerrado.

2. Cocine los choros en agua hirviendo y váyalos retirando conforme se vayan abriendo para evitar que se cocinen demasiado. Elimine los que no se abren. Deje enfriar.

3. Abra los choros y coloque la mitad en una fuente de servir.

4. En una vasija aparte, mezcle el resto de ingredientes (con excepción del limón partido, que se usa para servir). Deje reposar de 5 a 10 minutos.

5. Coloque aproximadamente 1 cucharada de esta mezcla encima de cada choro. Sirva con el limón cortado por mitad. Coma de inmediato.

SUGERENCIA: Acompañe con un buen ceviche y una cerveza bien heladita.

CEVICHE PERUANO

El ceviche es el plato de la gastronomía peruana más conocido mundialmente; quizás también el más delicioso. Lo interesante de este plato es que el pescado se cocina solamente a base de jugo de limón y ají, adobándose en menos tiempo.

RINDE: 4 PORCIONES • TIEMPO DE PREPARACIÓN: 1 HORA

INGREDIENTES:

8 rodajas de maíz de 1 pulgada
Granos de anís al gusto
3 camotes (papa dulce) amarillos
1 ½ libra de filete de corvina
  (pescado blanco)
1 cebolla cortada en tiras
  gruesas
Sal y pimienta al gusto

Dientes de ajo macerados al gusto
  (recomiendo de 3 a 5)
5 ajíes rojos, picados finamente
1 ½ cucharada de cilantro picado
Jugo de 8 o 10 limones
1 ají rojo cortado en rodajas finas
  para decorar
6 hojas de lechuga

PREPARACIÓN:

1. Cocine el maíz en rodajas de 1 pulgada, agregando unos granos de anís.

2. Cocine los camotes; pélelos y córtelos en rodajas de 2 centímetros.

3. Lave el pescado con agua y sal. Córtelo en cubos de ½ pulgada.

4. Corte la cebolla en tiras gruesas y póngale sal.

5. Ponga el pescado en una fuente y sazone con ajo machacado y sal. Añada el ají picado chiquito y el limón recién exprimido, la pimienta y el cilantro. Déjelo reposar 20 minutos y coloque la cebolla encima del pescado.

6. Adorne la fuente con el maíz, el ají en pequeñas rodajas, el camote y las hojas de lechuga.

SUGERENCIA: Muchos amigos sugieren combinar el jugo de limón con naranja agria. Acompañe este plato con cancha (maíz tostado).

CEVICHE DE CAMARONES

Una variación muy deliciosa del clásico ceviche de pescado.

RINDE: 4 PORCIONES • TIEMPO DE PREPARACIÓN: 20 MINUTOS

INGREDIENTES:

De 3 a 5 onzas de camarones
Jugo de 10 limones recién
  exprimidos
Sal y pimienta al gusto
2 cebollas cortadas en julianas
2 ajíes amarillos frescos, sin
  semillas ni venas, cortados en
  julianas

Lechuga para decorar
Perejil
1 rocoto (o cualquier ají rojo)
  cortado en rodajas para la
  presentación
2 camotes cocidos

PREPARACIÓN:

1. Pele los camarones y límpielos. Descarte las cáscaras o guárdelas para otro uso. Cocine los camarones en agua hirviendo hasta que cambien de color a rosado pálido. Si lo desea, agregue sal al gusto.

2. Retire los camarones inmediatamente, escúrralos y colóquelos bajo un chorro de agua fría para interrumpir la cocción. Colóquelos en una fuente y rocíe el jugo de limón, la sal y la pimienta.

3. Mezcle todos los ingredientes. Coloque la cebolla encima junto con los ajíes en julianas. Sazone con sal y pimienta. Deje reposar 10 minutos. Decore con la lechuga, el perejil y as rodajas de rocoto y camote.

SUGERENCIA: Hay que tener cuidado de no cocinar los camarones demasiado porque se ponen duros.

CARNES

SECO DE CORDERO

Un guiso típicamente peruano es el seco. El seco puede ser de cabrito, de cordero, de res, de gallina o de pescado, y por su aderezo de cilantro constituye un manjar divino.

RINDE: 4 PORCIONES • TIEMPO DE PREPARACIÓN: 3 HORAS (INCLUYE TIEMPO DE MACERADO)

INGREDIENTES:

4 libras y 8 onzas de carne de cordero, cortada en trozos medianos

½ taza de cilantro y ajos licuados (para el adobo)

½ taza de aceite

2 cebollas grandes, finamente picadas

2 cucharadas de ajos molidos

Ají amarillo fresco al gusto

½ cucharadita de comino

Sal y pimienta al gusto

1 botella de cerveza

1 taza de vino blanco

1 ½ taza de cilantro licuado con poco aceite y gotas de limón

1 taza de alverjas frescas, cocidas

2 libras y 4 onzas de papa amarilla, sancochada y pelada

PREPARACIÓN:

1. Adobe los trozos de cordero con ½ taza de cilantro y ajos licuados.

2. Caliente el aceite en una olla grande, agregue los trozos de cordero y dórelos por 5 minutos. Retírelos de la olla apenas estén bien dorados.

3. En la misma grasa sofría la cebolla con los ajos hasta que ablanden. Agregue el ají, el comino y luego la carne dorada. Sazone con sal y pimienta al gusto.

4. Agregue la cerveza, el vino blanco y el cilantro licuado. Tape la olla y deje cocinar a fuego moderado hasta que la carne esté tierna.

5. Agregue las alverjas y luego las papas. Siga cocinando hasta que se consuma el líquido y espese.

SUGERENCIA: Este plato también se puede preparar con carne de vaca o pollo; el tiempo de cocción varía dependiendo de la carne que vaya a utilizar. Acompañe con arroz y fríjoles blancos.

POLLOS

AJÍ DE GALLINA

El ají de gallina es uno de los platos más tradicionales y deliciosos del Perú. Se cuenta que es una de las recetas que aparecieron en la Lima colonial, luego de que cocineros franceses que llegaron al Perú tras el estallido de la Revolución Francesa introdujeran novedosas técnicas en el modo de preparar los alimentos. La técnica de deshilachar la carne —algo tan común en nuestros días— es un aporte de la cocina francesa a la cocina criolla peruana.

RINDE: 4 PORCIONES • TIEMPO DE PREPARACIÓN: 1 HORA

INGREDIENTES:

1 gallina o pollo grande
1 rama de apio
1 hoja de laurel
1 zanahoria cortada en 4 pedazos
8 dientes de ajo machacados
2 cebollas picadas
6 cucharadas de ají amarillo molido
Pimienta al gusto
6 rebanadas de pan de molde remojados en leche (aproximadamente ¾ de taza de leche)

Sal al gusto
2 cucharadas de pecanas (nueces peruanas) molidas
2 libras de papa blanca, cocidas
10 aceitunas negras
2 cucharadas de queso parmesano
3 huevos cocidos para decorar
¼ taza de aceite
Perejil para decorar

PREPARACIÓN:

1. Cocine la gallina en agua caliente con apio, laurel, zanahoria y sal. Asegúrese de que el agua cubra la totalidad de la gallina y deje en el fuego hasta que esté tierna. Reserve el caldo (½ taza).

2. Saque y deshilache la gallina.

3. En una cacerola aparte, sofría en aceite los ajos picados, la cebolla picada, los ajíes y la pimienta. Cocine hasta que la cebolla se ponga transparente. Agregue el pan remojado en leche y revuelva. Aligere con el caldo de la gallina. Agregue un poco más de leche si fuera necesario.

4. Agregue a esto la gallina deshilachada. Remueva bien. Eche la sal y las pecanas molidas.

5. Coloque el ají de gallina en el centro de una fuente y alrededor ponga las papas cocidas, cortadas en mitades. Espolvoree con queso parmesano.

6. Decore con aceitunas, huevo cocido y perejil. Acompañe con arroz blanco.

SUGERENCIA: El tiempo de cocción es de 35 minutos si prepara la receta con pollo. La gallina toma más tiempo, alrededor de 45 minutos.

DULCES

MAZAMORRA MORADA

Es el postre típico del Perú y está hecho a base de maíz morado.

RINDE: 4 PORCIONES • TIEMPO DE PREPARACIÓN: 1 HORA Y 25 MINUTOS

INGREDIENTES:

2 libra de maíz morado
4 litros de agua
1 rama de canela
6 clavos de olor
Cáscara de una piña
2 membrillos picados (opcional)
2 manzanas picadas
1½ taza de azúcar

1 taza de guindas o cerezas
1 taza de guindones o pasas
1 taza de huesillos
2 tazas de piña en cubos
7 cucharadas de harina de camote
Jugo de 3 limones
Canela molida

PREPARACIÓN:

1. Cocine en agua el maíz morado desgranado con sus tusas, agregando la canela, los clavos de olor, la cáscara de piña, el membrillo y la manzana. Deje en el fuego hasta que los granos de maíz estén abiertos (para esto necesitará aproximadamente 30 minutos).

2. Cuele y agregue después el azúcar, la fruta seca y la piña. Vuelva a poner a fuego lento 30 minutos más. Añada la harina de camote disuelta en agua fría y remueva por 15 minutos.

3. Al final, agregue el jugo de los limones y cocine 5 minutos más, removiendo constantemente. Sirva caliente y espolvoree con canela molida.

SUGERENCIA: La mazamorra morada se puede servir en recipientes individuales y se puede guardar en el refrigerador por 5 días. Puede acompañarla con arroz con leche. A esa combinación se le llama «el clásico».

CAFÉS

CREMOLADA DE CAFÉ

RINDE: 4 PORCIONES • TIEMPO DE PREPARACIÓN: 10 MINUTOS

INGREDIENTES:

2 tazas de leche tibia
3 tazas de café pasado
1 taza de azúcar
½ cucharada de canela en polvo
½ cucharadita de nuez moscada
  molida, fresca

Hielo al gusto
Crema de leche batida
Cacao en polvo

PREPARACIÓN:

1. Combine la leche, el café, el azúcar, la canela y la nuez moscada molida.

2. Revuelva hasta que se disuelva el azúcar. Coloque el hielo en la licuadora y vierta la mezcla del café sobre el hielo. Mezcle hasta que alcance la textura deseada.

SUGERENCIA: Para servirlo es preferible usar un vaso de vidrio claro. Cubra con crema de leche batida y rocíe encima cacao en polvo.

SUSPIRO LIMEÑO

Un dulce que se llama literalmente «suspiro limeño» tiene que ser muy especial. Esta es una receta clásica y absolutamente deliciosa.

RINDE: 4 PORCIONES • TIEMPO DE PREPARACIÓN: 30 MINUTOS

INGREDIENTES:

1 taza de leche evaporada
1 taza de leche condensada
Esencia de almendras
5 yemas
Esencia de vainilla al gusto

1 taza de azúcar
1 copita de Oporto
3 claras
Canela molida

PREPARACIÓN:

1. Vierta en una olla las tazas de leche y coloque a fuego lento hasta formar un manjar blanco espeso. Agregue la esencia de almendras.

2. Retire del fuego; añada las yemas y esencia de vainilla al gusto.

3. Vierta en un recipiente y deje enfriar.

4. Forme un almíbar con el azúcar y el Oporto; lleve a fuego lento por 5 minutos hasta que tome punto.

5. Bata las claras a punto de nieve y agregue el almíbar (batir hasta que enfríe).

6. Por último, decore el manjar blanco con este merengue y espolvoree con canela molida.

SUGERENCIA: Después de una buena comida, este dulce es como probar el cielo. Los peruanos están orgullosos de esta delicia.

LA COCINA DE

PUERTO RICO

¿Qué podemos decir de la Isla del Encanto? Simplemente que es un paraíso tropical. Al pensar en Puerto Rico nos deleitamos con su gente, sus paisajes, su música y, en especial, con su comida. ¿Quién no sueña con estar al frente del mar puertorriqueño disfrutando del sol y un delicioso coctel? En Puerto Rico, se vive, se goza y se come riquísimo.

¡Transportémonos a la Isla del Encanto!

BEBIDAS

BELLO AMANECER

RINDE: 1 PORCIÓN • TIEMPO DE PREPARACIÓN: 5 MINUTOS

INGREDIENTES:

2 medidas de vodka

1 ½ onza de licor de melón

PREPARACIÓN:

Bata todos los ingredientes en una coctelera y sirva en un vaso alto.

ENTREMESES

BARRIGUITAS DE VIEJA

RINDE: 8–12 PORCIONES • TIEMPO DE PREPARACIÓN: 20 MINUTOS

INGREDIENTES:

1 calabaza mediana, lavada, pelada y cortada en trozos
1 huevo batido levemente
½ cucharadita de canela molida

½ cucharadita de vainilla
1 cucharada harina de trigo
Sal y azúcar al gusto
Aceite para freír

PREPARACIÓN:

1. En una cacerola con agua, ponga a cocinar la calabaza hasta que se ablande, aproximadamente 10 minutos.

2. Retírela del fuego y escurra el agua; con un tenedor maje la calabaza. Agregue los ingredientes restantes

3. En una sartén ponga a calentar el aceite. Utilizando una cuchara eche la mezcla en la sartén, separándola en aproximadamente 8 o 12piezas. Fríalas hasta que las barriguitas estén doraditas.

4. Escurra las frituras en papel absorbente y sírvalas calientitas.

SOPAS Y CALDOS

SOPA PUERTO DE SAN JUAN

RINDE: 4 PORCIONES • TIEMPO DE PREPARACIÓN: 40 MINUTOS

INGREDIENTES:

6 plátanos verdes grandes
4 tazas de agua
5 pechugas de pollo sin pellejo
¼ taza de sofrito *(ver receta p. 296)*
2 cucharaditas de ajo molido
1 cucharadita de orégano molido

½ cucharadita de comino
1 cucharadita de pimienta negra
  molida
1 ½ tazas aceite de maíz
1 taza de cilantro picado

PREPARACIÓN:

1. Pele los plátanos y corte en pedazos de ½ pulgada. En una sartén con aceite caliente, fríalos como si fueran tostones y hasta que estén doraditos. Sáquelos y escurra la grasa en papel absorbente.

2. En una olla grande, hierva las pechugas y el resto de los ingredientes hasta que el pollo esté tierno.

3. Cuando el pollo esté cocinado, retírelo de la olla, espere que se enfríe y desmenúcelo; no descarte el caldo.

4. Añada nuevamente el pollo desmenuzado al caldero. Machaque los tostones con un tenedor y añádalos al caldo.

5. Mezcle y caliente hasta que espese. Sirva con cilantro picado sobre la sopa, que tiene que estar bien caliente.

VEGETALES

MOFONGO CLÁSICO

El plato más conocido de la gastronomía puertorriqueña.

RINDE: 4 PORCIONES • TIEMPO DE PREPARACIÓN: 45 MINUTOS

INGREDIENTES:

3 plátanos verdes
4 tazas de agua
1 cucharada de sal
Aceite vegetal (o de manteca)
    abundante

3 dientes de ajos grandes
1 cucharada de aceite de oliva
½ libra de chicharrón bien escurrido

PREPARACIÓN:

1. Pele los plátanos y córtelos diagonalmente en tajadas de 1 pulgada de ancho.

2. Remójelos en 4 tazas de agua con 1 cucharada de sal durante 15 minutos. Escúrralos muy bien.

3. Caliente abundante aceite vegetal o manteca. Añada las tajadas de plátano y fríalas lentamente, aproximadamente 15 minutos, hasta que se cocinen sin tostarse. Saque y escurra las tajadas sobre papel absorbente.

4. En un mortero muela bien los ajos y mézclelos con el aceite de oliva. Saque la mezcla y muela en el mortero 3 tajadas de plátano frito. Añada un poco de chicharrón y muélalos juntos. Agregue parte del ajo con aceite y mezcle.

5. Tome la masa por cucharadas y, con las manos, déle forma de bolas.

6. Sirva caliente.

ARROCES

ARROZ CON GANDULES

Una delicia típica puertorriqueña, muy fácil de hacer.

RINDE: 4 PORCIONES • TIEMPO DE PREPARACIÓN: 1 HORA

INGREDIENTES:

¾ libras de gandules
3 tazas de agua (para cocinar los gandules)
2 cucharadas de aceite de oliva o de maíz
⅔ taza de jamón ahumado, cortado en cubitos

½ taza de sofrito *(ver receta p. 296)*
¼ taza de salsa de tomate
2 tazas de arroz blanco
1 cucharada de sal

Para remojar los gandules

4 tazas de agua

2 cucharaditas de sal

PREPARACIÓN:

1. Enjuague el arroz y reserve.

2. Remoje los gandules en agua y sal durante 15 minutos. Luego enjuague otra vez y cocínelos a fuego medio-alto en 4 tazas de agua hasta que ablanden. No los cocine al punto en el que se rompen solos.

3. Una vez listo, reserve tres tazas de agua de la cocción, escurra los gandules y reserve.

4. En una cacerola, ponga el aceite y el jamón, y cocine a fuego medio durante 3 minutos. Luego agregue el sofrito y la salsa de tomate; cocine 3 minutos más y mezcle bien.

5. Suba el fuego a medio-alto; agregue 2 cucharadas del agua reservada y los gandules. Cocine 3 minutos mezclando todo.

6. Suba el fuego y agregue el resto de agua reservada. Cuando hierva, incorpore el arroz y la sal, mezclando bien.

7. Cuando el agua hierva nuevamente, baje el fuego a medio y cocine sin tapar hasta que la mayor parte del agua se evapore.

8. Reduzca el fuego, remueva y tape, dejando cocinar por 15 minutos. Mezcle el arroz una vez más y siga cocinando hasta que esté en el punto deseado. Sirva caliente.

SUGERENCIA: Acompañe con chuletas de cerdo y ensalada.

PASTAS

MACARRONES AL ESTILO SAN JUAN

RINDE: 4 PORCIONES • TIEMPO DE PREPARACIÓN: 40 MINUTOS

INGREDIENTES:

1 ½ carne molida	Pimienta molida
Pimiento pequeño bien picadito	Orégano molido
2 hojas de laurel	1 sobre de sazón con achiote
½ tomate bien picadito	2 tazas de salsa de tomate
½ cebolla pequeña bien picada	Sal al gusto
2 ajíes dulces bien picaditos	Aceite vegetal
2 dientes de ajo bien machacados	1 libra de macarrones
1 ramito pequeño de cilantro bien trozado	1 paquete de queso rallado

PREPARACIÓN:

1. En una cacerola pequeña, ponga la carne molida en agua a cocinar, agregue el pimiento, el laurel, el tomate picado, la cebolla, los ajíes dulces, el ajo machacado, el ramito machacado de cilantro, la pimienta molida y el orégano. Cocine hasta que gaste el agua y añada el sobre de sazón con achiote. Al secar, añada una taza de salsa de tomate, moviendo para que quede bien unida.

2. En una cacerola grande, eche bastante agua; añada sal y aceite de cocinar. Deje hervir y agregue los macarrones sin tapar, removiéndolos constantemente para

que no se peguen. Cuando ya estén, escurra el agua e incorpórelos en la olla junto con la carne molida. Revuelva para que todo quede mezclado.

3. En un molde de vidrio grande, añada medio paquete del queso rallado, la otra taza de salsa de tomate y el restante del paquete de quesos en capas. Ponga la mezcla en el microondas por 4 minutos, hasta que el queso se derrita. Corte en forma de pizza y sirva caliente.

SUGERENCIA: Acompañe con pan tostado o patacones.

ENSALADAS

ENSALADA PUERTORRIQUEÑA TRADICIONAL

Es riquísima y puede acompañar cualquier plato fuerte.

RINDE: 4 PORCIONES • TIEMPO DE PREPARACIÓN: 10 MINUTOS

INGREDIENTES:

5 hojas de lechuga
2 tomates cortados en rodajas
1 cebolla pelada y picada finamente
1 taza de gandules frescos o en lata

1 taza de granos de maíz fresco o en lata
Vinagre de vino tinto al gusto
Sal y pimienta al gusto
Cilantro picado al gusto

PREPARACIÓN:

Combine todos los ingredientes y sazone al gusto.

SUGERENCIA: Puede usar también jugo de limón y cilantro fresco picado si lo desea. Esta ensalada sirve para acompañar cualquier plato fuerte y también sopas.

SALSAS

RECAÍTO

Al igual que el sofrito, el recaíto es la base de muchos platos puertorriqueños.

RINDE: 1 PORCIÓN • TIEMPO DE PREPARACIÓN: 10 MINUTOS

INGREDIENTES:

- ½ pimiento verde, lavado, sin semillas y cortado en trozos
- ½ cebolla amarilla, lavada, pelada y cortada en trozos
- 2 dientes de ajo
- ¼ cucharada de pimienta negra
- 1 cucharada de perejil picado

PREPARACIÓN:

Coloque los ingredientes en una licuadora y bátalos por 3 minutos. Si la mezcla es muy espesa, puede agregar un poco de agua o aceite.

SUGERENCIA: Guarde en el refrigerador hasta el momento de usar. También puede sustituir el perejil por cilantro.

SOFRITO

El sofrito es la base de muchos platos puertorriqueños y aporta un sabor delicioso a las comidas típicas de la isla.

RINDE: 1 TAZA • TIEMPO DE PREPARACIÓN: 10 MINUTOS

INGREDIENTES:

8 ramitas gruesas de cilantro
1 pimiento verde, picado y sin
   semillas
1 diente de ajo machacado

1 cebolla picada
6 hojas de recao o perejil
Aceite de maíz

PREPARACIÓN:

Combine todos los ingredientes en una licuadora y bata hasta que la mezcla quede suave. Agregue 1 taza de aceite mientras licúa. Puede guardarse en el refrigerador hasta por una semana.

SUGERENCIA: También puede añadir 2 tomates picados a la mezcla, pero solamente antes de cocinar.

PESCADOS Y MARISCOS

CAMARONES CRIOLLOS

RINDE: 4 PORCIONES • TIEMPO DE PREPARACIÓN: 40 MINUTOS

INGREDIENTES:

2 cucharadas de aceite
1 cebolla picada
1 pimiento verde, picado y sin semillas
1 tomate picado
1 cucharada de sofrito
6 aceitunas rellenas

2 dientes de ajo machacados
3 hojas de cilantro picadas
1 paquete de sazón con achiote
1 libra de camarones limpios
¼ taza de agua
Sal y pimienta negra al gusto

PREPARACIÓN:

1. Caliente en una sartén el aceite a fuego medio. Luego añada la cebolla, el pimiento verde y el tomate. Espere 10 minutos y agregue el sofrito, las aceitunas, los ajos, el cilantro, la sazón, los camarones ya limpios y el agua. Ponga sal y pimienta el gusto.

2. Mezcle todos los ingredientes. Tape y deje cocinar aproximadamente 25 minutos a una temperatura mediana, hasta que espese la salsa.

3. Retire y sirva caliente. Acompañe con ensalada de aguacate.

SUGERENCIA: Recuerde de eliminar la vena negra cuando limpie los camarones.

CARNES

CARNE GUISADA

RINDE: 4 PORCIONES • TIEMPO DE PREPARACIÓN: 1 HORA 15 MINUTOS

INGREDIENTES:

3 tazas de agua
1 libra de carne de res, cortada en cubos de 1 pulgada
2 cebollas rojas, picadas finamente
1 papa grande, lavada, pelada y cortada en cubos
2 cucharadas de recaíto *(ver receta p. 295)*

½ taza de salsa de tomate
1 cucharada de alcaparras picadas
1 cucharada de aceitunas con morrones picados
½ cucharadita de sal
1 paquete de sazón con achiote y azafrán

PREPARACIÓN:

1. En una cacerola a fuego alto, haga hervir el agua. Agregue la carne y siga hirviendo hasta que esté tierna, aproximadamente 45 minutos.

2. Incorpore los demás ingredientes y deje cocinar hasta que espese, aproximadamente unos 20 minutos.

3. Retire del fuego y sirva caliente.

SUGERENCIA: Acompañe con arroz blanco y ensalada.

CHULETAS DE CERDO BORICUAS

RINDE: 4 PORCIONES • TIEMPO DE PREPARACIÓN: 30 MINUTOS

INGREDIENTES:

4 chuletas de cerdo
1 cucharada de sal
3 dientes de ajo machacados
¼ cucharada de pimienta negra

1 cucharada de orégano fresco,
  picado
1 taza de agua

PREPARACIÓN:

1. Sazone las chuletas con sal, ajo, pimienta y orégano. Póngalas en una cacerola y agregue una taza de agua.

2. Cocine a fuego bajo sin tapar, hasta que el agua se evapore.

3. Retire de la cacerola, pase a una sartén y fría hasta dorar.

4. Sirva caliente. Acompañe con arroz blanco y tostones.

CHICKEN GUMBO PUERTORRIQUEÑO

Un plato ideal para días lluviosos o fríos

RINDE: 4 PORCIONES • TIEMPO DE PREPARACIÓN: 1 HORA

INGREDIENTES:

1 pollo sin pellejo, cortado en presas
1 cucharada de aceite de oliva
4 cucharadas de sofrito
Sal al gusto
Orégano seco al gusto

1 lata de salsa de tomate
1 cubo de caldo de pollo
1 lata de pimientos
4 tazas de agua
1 taza de arroz

PREPARACIÓN:

1. En una cacerola saltee el pollo con el aceite de oliva a fuego medio o alto. No use tapa. Añada el sofrito, la sal, el orégano, la salsa de tomate, el cubo de caldo y los pimientos.

2. Saltee 5 minutos más. Agregue las tazas de agua y deje hervir durante 45 minutos.

Incorpore el arroz y deje espesar. Acompañe con pan tostado.

DULCES

FLANCOCHO

RINDE: 4 PORCIONES • TIEMPO DE PREPARACIÓN: 1 HORA Y 15 MINUTOS

INGREDIENTES:

1 lata de leche evaporada
1 lata de leche condensada
4 huevos
8 onzas de queso crema

1 bizcocho de chocolate o vainilla (tipo Sara Lee) cortado en trozos
Azúcar para caramelo

PREPARACIÓN:

1. Precaliente el horno a 350°F.

2. Mezcle todos los ingredientes con excepción del bizcocho y el azúcar.

3. Ponga el azúcar en un molde redondo de 10x2 pulgadas de alto y lleve a fuego medio hasta que se dore y derrita. Luego de caramelizar el molde, agregue la mezcla y luego los trozos de bizcocho. Espere 30 minutos hasta que éste absorba la mezcla.

4. Hornee por 1 hora.

5. Retire del fuego y deje enfriar.

SUGERENCIA: Guarde en el refrigerador hasta el momento de servir. Puede adornar con chocolate rallado. Acompañe con un buen café puertorriqueño.

CAFÉS

CAFÉ BOMBÓN

Creado en Valencia, España, e importado a principios del siglo XX, esta bebida se arraigó en la mesa puertorriqueña. Es un café ideal para el desayuno.

RINDE: 1 PORCIÓN • TIEMPO DE PREPARACIÓN: 10 MINUTOS

INGREDIENTES:

2 onzas de café negro   Crema batida al gusto
2 onzas de leche condensada

PREPARACIÓN:

Mezcle los ingredientes en una taza. Sirva de inmediato.

LA COCINA DE

REPÚBLICA DOMINICANA

La tierra dominicana es variada y colorida. Así mismo es su cultura: todo un legado de razas que convierten al país en una gran fiesta. La alegría es contagiosa y, donde quiera que se encuentren, los dominicanos se conocen por su risa, su humor y su cocina. Aunque de origen español, su cocina se desarrolló con fuertes influencias africanas.

Los almuerzos se consumen al mediodía y casi siempre se sirve arroz blanco, habichuelas con carne, ensalada verde y plátano verde o maduro fritos. Son muy populares el sancocho y el asopao.

El plátano se come de muchas maneras: hervido, frito en rodajas, como mangú (puré de plátano) o cocinado en almíbar (pasados por paila o al caldero). Su presencia es obligatoria en la mesa dominicana.

BEBIDAS

ADELITA

La Adelita es una de las bebidas clásicas dominicanas. La original lleva jugo de limón, pero también puede hacerse con jugo de piña.

RINDE: 1 PORCIÓN • TIEMPO DE PREPARACIÓN: 5 MINUTOS

INGREDIENTES:

Hielo picado al gusto
1 medida de tequila
1 medida de jugo de limón

3 cucharadas de azúcar
1 taza de agua mineral con gas
1 rodaja de limón (para decorar)

PREPARACIÓN:

En un vaso largo con hielo, agregue el tequila, el jugo de limón y el azúcar. Mezcle rápidamente y complete con agua mineral. Decore con una rodaja de limón.

JUGOS Y BATIDOS

MORIR SOÑANDO

Es un batido de naranja. Disfrute de este sabor exquisito por la mañana, en un día soleado. Es delicioso, fácil de hacer y diferente.

RINDE: 4 PORCIONES • TIEMPO DE PREPARACIÓN: 10 MINUTOS

INGREDIENTES:

Hielo picado al gusto
Jugo de 4 naranjas

½ taza de azúcar
1 taza de leche

PREPARACIÓN:

En la licuadora incorpore el hielo, el jugo de naranja y el azúcar. Bata durante 2 minutos. Agregue la leche y mezcle 2 minutos más. Sirva bien frío.

SOPAS Y CALDOS

ASOPAO DE MARISCOS

El asopao típico de la República Dominicana es una energética y reparadora sopa de arroz, mariscos, tomate con cilantro y otras hierbas. Hay muchas variedades de asopaos y éste se destaca por la riqueza de los frutos de mar. Siempre use mariscos que pueda conseguir frescos.

RINDE: 4 PORCIONES • TIEMPO DE PREPARACIÓN: 90 MINUTOS

INGREDIENTES:

3 cucharadas de aceite
1 ají verde picado y sin semillas
1 cebolla pelada y picada
2 dientes de ajo machacados
1 taza de salsa de tomate
2 libras de mariscos (camarones, cangrejo o langosta) picados y precocinados

6 tazas de agua
2 ½ tazas de arroz
½ cucharadita de orégano molido
Sal y pimienta al gusto
1 cucharada de cilantro picado

PREPARACIÓN:

1. En una cacerola, caliente a fuego medio el aceite. Sofría el ají, la cebolla y el ajo machacado, y cocine por 5 minutos.

2. Agregue la salsa de tomate, los mariscos y el agua. Deje cocinar durante 5 minutos.

3. Agregue el arroz, el orégano, la sal y la pimienta. Cocine a fuego alto hasta que comience a hervir. No tape. Después, baje el fuego, tape el recipiente y cocine a fuego lento hasta que el arroz se ablande (para ello necesitara unos 25 minutos).

4. Si quiere, sirva el arroz en una cacerola de barro. Decore con el cilantro picado.

SUGERENCIA: Siempre pele, lave y quite la vena negra de los camarones antes de cocinarlos. Si usa calamares, quítele la tinta que está en la cabeza y la piel que los cubre. Sin embargo, siempre puede emplear calamares enlatados en su tinta.

VEGETALES

MANGÚ DOMINICANO

El vegetal preferido de todos los países del Caribe es el plátano. El plátano pintón es el que usamos para casi todas las recetas saladas y el banano más pequeño, amarillo, es el que usamos para batidos y postres. El mangú dominicano compite con el fufú cubano por ser uno de los platos más saludables del Caribe. Esta es una receta muy sencilla y puede acompañarla con cualquier plato de carne, pollo o cerdo.

RINDE: 4 PORCIONES • TIEMPO DE PREPARACIÓN: 20 MINUTOS

INGREDIENTES:

4 tazas de agua	¼ barra mantequilla
Sal al gusto	1 cebolla pelada, bien picadita
4 plátanos verdes, sin pelar, enteros	2 cucharadas aceite

PREPARACIÓN:

1. En una cacerola con agua y sal hierva los plátanos con su cáscara por aproxima-damente 7 minutos, hasta que estén bien blanditos. Pélelos y aplástelos con un tenedor, agregando la mantequilla poco a poco para hacer un puré consistente.

2. En una sartén con el aceite, dore ligeramente la cebolla y sirva sobre el mangú en una bandeja.

ARROCES

MORO DE GANDULES CON COCO

Es muy típico encontrar en la mesa de todo dominicano esta combinación de frí-joles de chícharo con arroz. Este moro también lleva el inconfundible sabor de la leche de coco.

RINDE: 4 PORCIONES • TIEMPO DE PREPARACIÓN: 30 MINUTOS

INGREDIENTES:

5 cucharadas de aceite de canola
2 dientes de ajo machacados
1 cebolla pelada y picada
1 ají verde grande, picado y sin semillas
1 taza de salsa de tomate

Perejil picado al gusto
Sal y pimienta al gusto
3 tazas de arroz
2 tazas de gandules o chícharos
1 lata de leche de coco
4 tazas de agua

PREPARACIÓN:

1. En una cacerola con aceite, sofría el ajo machacado, la cebolla y el ají. Agregue la salsa de tomate y el perejil, y sazone con sal y pimienta al gusto.

2. Agregue el arroz, los gandules, la leche de coco y el agua al sofrito, y cocine por aproximadamente 20 minutos a fuego lento, revolviendo constantemente hasta que se espese y el arroz quede tierno.

SUGERENCIA: Los arroces de grano largo son los que usamos para hacer arroz desgranado como en esta receta. El arroz de grano redondo, como el Valencia, no desgrana; casi siempre queda pegadito a la chorrera, prácticamente asopado.

PASTAS

PASTA RUBIROSA

Una pasta con salsa cremosa de tomate.

Porfirio Rubirosa fue un galán mujeriego y diplomático dominicano, distinguido por su atractivo latino y su larga lista de relaciones con mujeres bellas y mundialmente conocidas. Su nombre también se relaciona con las moledoras manuales de pimienta. A él le gustaba este estilo de pasta, bautizada con su nombre por eso mismo. Espía, playboy, patriota, y dominicano siempre.

RINDE: 4 PORCIONES • TIEMPO DE PREPARACIÓN: 20 MINUTOS

INGREDIENTES:

1 cucharada de aceita de oliva
2 dientes de ajo triturados
1 cebolla pelada y picada
1 lata de salsa de tomate
1 chorizo italiano picado en trozos
1 cucharadita de azúcar
1 cucharada de orégano

½ taza de crema de leche
Sal y pimienta al gusto
6 tazas de agua
1 libra de pasta seca (macarrones, espaguetis, tallarines)
3 cucharadas de queso parmesano rallado

PREPARACIÓN:

1. Eche el aceite en un recipiente. Agregue el ajo y la cebolla, y fríalos hasta que esté todo dorado.

2. Incorpore la salsa de tomate, el chorizo, el azúcar y el orégano. Deje a fuego lento por aproximadamente 15 minutos. Cuando se termine de cocinar, añada la crema de leche, la sal y la pimienta, y mantenga caliente.

3. Eche las seis tazas de agua en una cacerola a fuego alto hasta que empiece a hervir. Añada la pasta y un poco de aceite, y deje que todo hierva a fuego medio hasta que la pasta esté blanda o al dente, como la prefiera. Escurra la pasta.

4. Coloque la pasta recién cocida y escurrida en la fuente en la que va a servir el plato. Agregue la salsa y mezcle bien. Sirva con el queso rallado aparte o simplemente espolvoréelo.

SUGERENCIA: Un plato de pasta con su salsa es una de las comidas más fáciles de hacer, más aún si la pasta ya está hecha. Recuerde que la pasta seca de mejor calidad está hecha con harina de trigo y agua, no al huevo. Si compra esta última, recomiendo fideos en nidos. En cuanto a la pasta fresca, es mejor comprarla en algún lugar de mucha demanda para garantizar que haya sido preparada ese mismo día. El tiempo de cocción de la pasta oscila entre 7 y 15 minutos.

PLATOS CON HUEVOS

HUEVOS ENDIABLADOS

Una receta para comer huevos con un toque picante, muy sabroso. Lo invito a acompañarlos con un «Morir soñando» (ver receta p. 304).

RINDE: 4 PORCIONES • TIEMPO DE PREPARACIÓN: 25 MINUTOS

INGREDIENTES:

Para los huevos

4 huevos duros
3 tazas de agua
1 cucharada de mostaza
1 cucharadita de vinagre de manzana

1 ají verde picado, sin semillas
1 cucharada de aceite de oliva
Sal y pimienta al gusto
3 cucharadas de queso parmesano rallado

Para la salsa

3 cucharadas de mayonesa
3 cucharadas de kétchup
1 cucharada de mostaza

1 cucharadita de aceite de oliva
1 cucharadita de salsa picante
Limón al gusto

PREPARACIÓN:

1. Ponga los huevos y el agua a fuego alto. Cocine hirviendo por 15 minutos. Antes de quitarles la cáscara, colóquelos en agua fría por 10 minutos.

2. Pele los huevos cuando que estén fríos y córtelos por la mitad a lo largo. Quíteles la yema y póngalas en un tazón. Aplástelas con un tenedor y agregue la mostaza, el vinagre, el ají y el aceite. Condimente con sal y pimienta al gusto. Mezcle todo muy bien.

3. Rellene las claras con esta preparación y espolvoree con el queso parmesano rallado. Póngalo todo en una tartera untada previamente con mantequilla. Cocine en el horno a 400°F, de 3 a 5 minutos.

4. Para la salsa, cocine todos los ingredientes a fuego lento por 20 minutos, revolviendo constantemente hasta que se espese.

5. Sirva los huevos calientes con la salsa aparte.

PESCADOS Y MARISCOS

BACALAO CABARETE

Cabarete es un pueblo pequeño, totalmente playero, en la parte norte de la isla. Es conocido por sus vientos alisios y sus grandes olas. Esta receta tiene una fuerte influencia española.

RINDE: 4 PORCIONES • TIEMPO DE PREPARACIÓN: 35 MINUTOS

INGREDIENTES:

1 libra de filete de bacalao
1 libra de papas peladas y cortadas
  en trozos
2 cucharadas de aceite
2 dientes de ajo triturados

1 cebolla pelada y picada
2 ajíes verdes picados
1 lata de salsa de tomate
¼ taza de aceitunas picadas
¼ taza de perejil cortado

PREPARACIÓN:

1. Remoje el bacalao desde la noche anterior en un tazón tapado con agua. Déjelo en el refrigerador.

2. A la mañana siguiente, bote el agua del remojo; añádale al bacalao 1 taza de agua fresca y cocínelo en una cacerola por unos 15 o 20 minutos, hasta que empiece a ablandarse. Elimine el agua y desmenúcelo en pedacitos. Resérvelo.

3. En una cacerola con agua, ponga las papas a hervir a fuego medio hasta que estén tiernas. Resérvelas.

4. Caliente el aceite en una sartén grande; sofría el ajo y la cebolla. Luego añada el ají y cocínelo todo junto unos 2 o 3 minutos. Revuelva constantemente para que no se pegue.

5. Reduzca el fuego a mínimo e incorpore el bacalao. Agregue la salsa de tomate y las aceitunas. Cocínelo todo a fuego lento por aproximadamente 20 minutos. Revuelva constantemente para que no se pegue.

6. Casi al momento de servirlo, añada las papas. Adorne con perejil y aceitunas.

POLLOS

LOCRIO DE POLLO

El locrio de pollo es un plato que se parece al arroz con pollo y la paella, por su sencillez y gran sabor. Es una receta para una fiesta inolvidable o cualquier tipo de ocasión.

RINDE: 4 PORCIONES • TIEMPO DE PREPARACIÓN: 35 MINUTOS

INGREDIENTES:

2 pechugas grandes de pollo con sus huesos
½ cucharadita de orégano
½ cucharada de pimienta
2 dientes de ajo machacados
1 cucharada de perejil picado
1 cucharada de cilantro picado
1cucharada de tomillo

5 cucharadas de aceite
1 cucharadita de azúcar
1 lata de salsa de tomate
2 tazas de agua
6 tazas de arroz
½ taza de aceitunas picadas

PREPARACIÓN:

1. Lave el pollo y adóbelo con el orégano, la pimienta, el ajo, el perejil, el cilantro y el tomillo, y déjelo por 1 hora para que los sabores se mezclen.

2. En una cacerola ponga a calentar el aceite a fuego medio. Agregue el azúcar y dore el pollo. Baje el fuego y permita que se caramelice, cuidando que no se queme. Añada la salsa de tomate y el agua, y permita que hierva.

3. Una vez que el pollo se haya ablandado, agregue el arroz. Cocine a fuego lento hasta que esté blando, aproximadamente 30 minutos. Revuelva regularmente para que el arroz no se pegue.

4. Sirva en una cacerola de barro y decore con las aceitunas.

DULCES

DULCE DE GUINEO MADURO

El dulce paladar caracteriza a los dominicanos adentro y afuera de la isla. La base de los postres siempre son las frutas que crecen en el clima caribeño. Hay dulce de piña, de guanábana, mermelada de toronjas y postres de guayaba. El guineo es el banano y no hay que confundirlo con el plátano pintón: recuerde que el guineo es más pequeño, amarillo y mucho más dulce que el plátano pintón. El dulce de guineo maduro nunca falta en las celebraciones familiares.

RINDE: 4 PORCIONES • TIEMPO DE PREPARACIÓN: 40 MINUTOS

INGREDIENTES:

4 guineos o bananos
1 taza de azúcar blanca
Clavos dulces y canela al gusto

Jugo de 1 limón
1 taza de agua
1 cucharada de vainilla

PREPARACIÓN:

1. Pele los guineos, córtelos en pedazos y hiérvalos por 10 minutos.

2. Cuando estén medio blandos, agrégueles el azúcar, los clavos, la canela y el jugo de limón.

3. Cocine a fuego lento con la vainilla hasta que tenga la consistencia de miel, aproximadamente 10 minutos. Muy importante: si el almíbar se espesa, agregue agua.

4. Mueva constantemente hasta que tome un color dorado. Sirva el dulce en una copa cuando aún esté tibio. También puede dejarlo enfriar para servirlo como compota.

CAFÉS

CAFÉ VALENTINO

Este café es muy suave al paladar.

RINDE: 4 PERSONAS • TIEMPO DE PREPARACIÓN: 15 MINUTOS

INGREDIENTES:

1 lata de leche condensada   1 taza de crema de leche
1 lata de leche evaporada   Ron al gusto
2 tazas de café expreso preparado   Crema de leche batida

PREPARACIÓN:

Ponga todos los ingredientes con excepción de la crema batida en una cacerola. Cocine a fuego lento por 10 minutos; cuando comience a hervir, retírelo del fuego y agregue el café y el ron. Sirva caliente en tazas pequeñas y decore con la crema de leche batida.

LA COCINA DE

URUGUAY

Uruguay es un país pequeño con su propia cultura y herencias coloniales. Al igual que Argentina, es un país altamente ganadero y la carne es su plato fuerte por excelencia. No obstante, el pescado también encabeza sus menús, sobre todo en el área costera.

El mundo culinario hispanoamericano tiene fuertes influencias europeas, principalmente española y portuguesa, pero en Uruguay también encontramos una fuerte influencia italiana. La pizza, el chorizo, las morcillas, las milanesas y todas las variedades de pastas son muy populares. Un ejemplo es el gnocchi, un tipo de pasta amasada de semolina y papas, considerado un plato tradicional, sabroso y además barato. Esta último explica, a modo de broma, por qué generalmente lo comen antes del día del cobro salarial; es costumbre poner una moneda debajo del plato donde se sirven los gnocchi.

Otro famoso plato típico es el asado (carne asada en el parrillero o parrilla uruguaya, con leña), cuyo estilo de preparación le da un sabor extraordinario. Otras variedades de comidas son el chivito, las empanadas, el puchero, la pascualina, el mondongo, el mate y el afamado dulce de leche.

Hay algunos elementos peculiares que hay que tener en cuenta cuando se habla de la cocina uruguaya: la bombilla (calabacín seco con sorbente de plata) es donde se bebe el mate; el café, por su parte, se toma en tazas pequeñas debido al sabor fuerte obtenido en su elaboración; y los tazones o cuencas son muy importantes por los caldos y salsas que componen la mesa uruguaya. Todos estos elementos han contribuido y exigido que la cerámica uruguaya sea tan variada, así como asimétrica, para la presentación de sus platos.

Cuando yo quiero comer buena comida uruguaya, literalmente corro cinco cuadras y llego a Doña Pailina; ahí puedo comerme un bistec asado, preparado con la perfecta combinación de sal de roca y leña. ¡Y a tremendo precio!

BEBIDAS

SOPA DE MELÓN

RINDE: 2 PORCIONES • TIEMPO DE PREPARACIÓN: 20 MINUTOS

INGREDIENTES:

1 melón mediano
½ limón
2 tazas de champán

2 cucharadas de miel
Hojas de menta para decorar

PREPARACIÓN:

1. Corte el melón transversalmente y quite las semillas. Saque la pulpa, cuidando de no romper la cáscara para que sirva luego de recipiente.

2. Coloque en la licuadora la pulpa, el limón, el champán y la miel. Bata por 3 minutos.

3. Sirva fría la sopa, adornándola con las hojas de menta.

CLERICÓ

RINDE: 10 PORCIONES • TIEMPO DE PREPARACIÓN: 2 ½ HORAS

INGREDIENTES:

3 bananos
1 manzana
1 naranja
6 fresas

½ libra de uvas
½ libra de azúcar
8 tazas de vino blanco

PREPARACIÓN:

1. Lave, pele y corte las frutas en pedacitos.

2. Ponga toda la fruta en una vasija grande y cúbrala con el azúcar.

3. Cubra la mezcla con el vino hasta que llegue al nivel de las frutas. Tape la vasija y refrigérela por dos horas.

4. Agregue lo que quedó del vino y sirva con los pedacitos de frutas en un vaso bien frío.

MATE COCIDO

RINDE: 4 PORCIONES • TIEMPO DE PREPARACIÓN: 20 MINUTOS

INGREDIENTES:

4 tazas de agua
4 cucharadas de yerba mate

¼ taza de agua fría

PREPARACIÓN:

1. Ponga a calentar el agua en una cacerola, hasta que rompa el hervor.

2. Agregue la yerba y revuelva por unos minutos, hasta que vuelva a romper el hervor.

3. Cuando comience a subir la yerba, saque el preparado del fuego y eche el agua fría.

4. Deje reposar para que baje la yerba. Sirva colado.

JUGOS Y BATIDOS

CANDIAL DEL DESAYUNO

RINDE: 1 PORCIÓN • TIEMPO DE PREPARACIÓN: 20 MINUTOS

INGREDIENTES:

2 yemas de huevo
2 cucharadas de azúcar

1 taza de leche hirviendo

PREPARACIÓN:

1. Bata las yemas con el azúcar hasta que la mezcla quede blanca. Agregue la leche, revolviendo bien.

2. Sirva enseguida.

SUGERENCIA: Este es un desayuno vigorizante ideal para los niños que salen temprano al colegio.

GRANIZADO DE PERAS

RINDE: 8 PORCIONES • TIEMPO DE PREPARACIÓN: 3 ½ HORAS

INGREDIENTES:

6–8 peras
4 tazas de agua

⅓ taza de azúcar
Cáscara de limón

PREPARACIÓN:

1. Lave, pele y corte las peras en pedacitos.

2. Coloque las peras cortadas en la licuadora, bátalas hasta hacerlas puré y ponga la mezcla en el congelador.

3. Ponga el agua al fuego con el azúcar y la cáscara de limón. Cuando esté a punto de hervir, baje a fuego lento y luego ponga a refrescar.

4. Cuando esté fría, mezcle con el puré y deje reposar todo por tres horas. Cuele y congele hasta que adquiera textura de granizado.

5. Sírvalo bien frío.

SOPAS Y CALDOS

PUCHERO

Los pucheros uruguayos pueden ser preparados con diferentes ingredientes, aunque todos tienen la misma base de carne y vegetales cocidos en agua. Los vegetales pueden variar y pueden usarse diferentes tipos de carne como chorizos, panceta o cerdo. Además, pueden usarse diferentes condimentos. El puchero es un alimento ideal para días fríos y para comer con familia o amigos.

RINDE: 10 PORCIONES • TIEMPO DE PREPARACIÓN: 1 HORA

INGREDIENTES:

4 libras de falda ya cocinada
3 chorizos
2 zanahorias
2 cebollas
3 mazorcas de maíz
3 puerros
6 apios

1 calabaza pequeña
4 papas
3 boniatos
Aceite de oliva
Sal al gusto
Perejil, tomillo y laurel al gusto

PREPARACIÓN:

1. En una olla grande llénela con $2/3$ de agua y póngala a hervir. Agregue la carne y los chorizos, y cocine por 15 minutos.

2. Agregue las zanahorias, las cebollas, el maíz y el puerro, y cocine por 10 minutos. Añada el apio y la calabaza. Cocine todo por 5 minutos.

3. Agregue las papas y los boniatos, y cocine por 10 minutos más, hasta que ablanden. Sazone con sal, perejil, tomillo y laurel al gusto.

4. Escurra los vegetales y colóquelos en una vasija. Ahí agrégueles aceite de oliva al gusto. La carne y los chorizos se escurren y se ponen en otro plato aparte. El agua remanente puede usarse para hacer una sopa.

SOPA DE CEBOLLAS

RINDE: 4 PORCIONES • TIEMPO DE PREPARACIÓN: 1 HORA

INGREDIENTES:

2 cucharadas de aceite de oliva
4 cebollas grandes, cortadas en rodajas
1 clavo de olor
1 hoja de laurel
1 pizca de pimienta negra molida
1 pizca de azafrán
1 pizca de sal
Agua
4 rodajas de pan frito
4 rodajas de queso de cabra
1 pizca de orégano

PREPARACIÓN:

1. En una olla honda ponga el aceite de oliva y lleve a fuego fuerte. Agregue la cebolla, el clavo, la hoja de laurel, la pimienta negra molida, el azafrán y la sal. Sofría hasta dorar la cebolla.

2. Cuando la cebolla alcance color dorado, añada el agua hasta que quede bien cubierta. Ponga a hervir por cinco minutos y luego baje el fuego al mínimo. De ahí otros 40 minutos.

3. Sazone con la sal. Agregue agua y deje cocinar por otros 15 minutos.

4. Separadamente prepare el pan frito con una rodaja de queso encima, todo espolvoreado con orégano y gratinado al horno.

SUGERENCIA: La sopa se sirve caliente con el pan frito ya preparado.

VEGETALES Y VIANDAS

FAINÁ

Una creativa combinación de hummus con queso.

RINDE: 4 PORCIONES • TIEMPO DE PREPARACIÓN: 40 MINUTOS

INGREDIENTES:

1 cucharada de aceite de oliva
½ taza de harina de garbanzo
   molido
1 ½ taza de agua

¼ libra de queso parmesano
   rallado
¼ libra de harina blanca

PREPARACIÓN:

1. Unte con aceite abundante una bandeja redonda.

2. Mezcle los demás ingredientes en una batidora, asegurándose de que no queden grumos. Deje reposar por 5 minutos.

3. Precaliente el horno a 180°F. Vierta la mezcla sobre la bandeja precalentada y deje en la parte superior del horno hasta que se dore.

4. Una vez dorada, pase para la parte inferior del horno por 10 minutos.

5. Espolvoree con pimienta y sirva caliente.

MAÍZ AL CHIMICHURRI

RINDE: 6 PORCIONES • TIEMPO DE PREPARACIÓN: 10 MINUTOS

INGREDIENTES:

2 cucharadas de vinagre de cerezas
1 cucharada de jugo de limón
¾ taza de perejil
3 cucharadas de hojas de orégano
   picadas
2 dientes de ajo macerados

Pizca de pimienta roja
1 taza de mantequilla no salada
Sal al gusto
6 mazorcas de maíz tierno
Queso Cotija, gratinado al gusto
Rodajas de limón al gusto

PREPARACIÓN:

1. Mezcle el vinagre, el jugo de limón, el perejil, el orégano, el ajo y la pimienta roja, y corte en pedazos pequeños. Ponga la mezcla dentro de un paño y escurra el líquido. Luego eche la mezcla escurrida en una cacerola con la mantequilla. Envuelva esta mantequilla chimichurri en un envase de plástico y ponga a refrigerar hasta que endurezca.

2. Mientras, ponga a hervir una cacerola de agua con sal y ponga las mazorcas a ablandar por 7 minutos. Una vez blandas, escúrralas y úntoles el chimichurri. Adorne al gusto con queso Cotija y rodajas de limón.

PANES Y EMPANADAS

PAN ANISADO

RINDE: 12 PORCIONES • TIEMPO DE PREPARACIÓN: 1 HORA

INGREDIENTES:

2 cucharadas de levadura	1 cucharadita de semillas de anís
½ taza de agua tibia	1 ½ taza de mantequilla
3 huevos	5 tazas de harina
½ taza de azúcar	1 yema de huevo
1 cucharadita de sal	2 cucharaditas de sirope de maíz

PREPARACIÓN:

1. Mezcle la levadura en el agua tibia hasta disolverla.

2. Bata los tres huevos en una vasija honda y adicione el azúcar, el agua con la levadura disuelta, la sal, las semillas de anís, la mantequilla y dos tazas de harina. Continúe batiendo hasta que la mezcla quede suave.

3. Agregue poco a poco partes de la harina hasta lograr una masa pastosa. Amase esta pasta en una superficie harineada hasta que tenga una buena elasticidad.

4. Traslade a una vasija aceitada y cubra con un paño tibio húmedo. Deje que la masa crezca el doble.

5. Una vez lista la masa, golpéela y forme una barra de pan. Coloque en una cacerola redonda profunda. Bata la yema de huevo con el sirope y unte todo el exterior del pan.

6 Hornee a 350°F durante 15 minutos, hasta que esté listo.

TORTAS FRITAS

RINDE: 10 PORCIONES • TIEMPO DE PREPARACIÓN: 30 MINUTOS

INGREDIENTES:

2 ¼ taza de harina
2 ½ cucharaditas de polvo de hornear
¾ cucharada de sal

2 cucharadas de mantequilla
1 taza de leche
Aceite vegetal o manteca de cerdo

PREPARACIÓN:

1. Mezcle la harina, el polvo de hornear y la sal en una cazuela.

2. Añada poco a poco mantequilla hasta que la harina quede bien mezclada. Agregue gradualmente la leche hasta que se vuelva una masa húmeda.

3. Forme las tortas amasando con el rodillo en porciones redondas de tres pulgadas de diámetro; hágales un hueco en el centro.

4. Fría hasta que quedan doradas. Escurra y espolvoree con azúcar.

SUGERENCIA: Las tortas fritas se sirven calientes. Tradicionalmente se acompañan con té de yerba mate y se les unta dulce de leche o jalea.

PASCUALINA

La receta, aunque complicada y trabajosa, vale la pena.

RINDE: 16 PORCIONES • TIEMPO DE PREPARACIÓN: 50 MINUTOS

INGREDIENTES:

3 cucharadas de mantequilla

2 cabezas de ajo molidas

1 cebolla mediana cortada en pedazos

1 cucharadita de sal

½ cucharadita de nuez moscada

1 taza de setas cortadas en pedazos

1 ¼ libra de espinaca cocida y escurrida

Sal y pimienta al gusto

1 taza de queso ricota

½ taza de queso mozzarella

½ taza de queso parmesano rallado

2 huevos batidos

8 hojas de hojaldre

4 huevos duros hervidos

1 huevo batido con una cucharada de agua

PREPARACIÓN:

1. Fría en una sartén el ajo, la cebolla, la sal y la nuez moscada hasta que la cebollas esté dorada. Añada las setas y sofría cinco minutos. Adicione la espinaca y cocine por un minuto; baje la mezcla de la candela para enfriar.

2. Mezcle en una cacerola el queso ricota, el mozzarella y el parmesano junto con los dos huevos batidos. Agregue la mezcla de la espinaca ya fría con los huevos duros; eche sal y pimienta al gusto.

3. Prepare el hojaldre en hojas y revista el molde. Rellene con la mezcla de la espinaca y cúbrela con más hojas de hojaldre, sellándolas con el tenedor. Unte el huevo batido en agua y finalmente pinche la superficie con el tenedor para permitir la ventilación durante el horneado. Hornee a 350°F por una hora. Deje enfriar durante treinta minutos y sirva a temperatura ambiente.

ARROCES

ARROZ URUGUAYO

RINDE: 6 PORCIONES • TIEMPO DE PREPARACIÓN: 1 ½ HORA

INGREDIENTES:

1 cebolla picada
1 diente de ajo picado
1 cucharada de aceite de oliva
1 libra de picadillo
1 taza de arroz
3 zanahorias picadas

2 tazas de caldo de res
1 cucharadita de pimienta
2 papas medianas picadas
½ cucharadita de perejil cortado
    para decorar

PREPARACIÓN:

1. Fría la cebolla y el ajo en aceite de oliva; agregue el picadillo hasta dorarlo.

2. Añada el arroz, las zanahorias, el caldo y la pimienta. Revuelva bien hasta que rompa a hervir. Continúe revolviendo, pero esta vez a fuego lento, por veinte minutos.

3. Agregue las papas y cocine por una hora, hasta que estén blandas. Acompañe este plato con ensaladas.

SALSAS

SALSA MANTEQUILLA
AL CHIMICHURRI

RINDE: 6 PORCIONES • **TIEMPO DE PREPARACIÓN: 10 MINUTOS**

INGREDIENTES:

2 cucharadas de vinagre de cerezas
1 cucharada de jugo de limón
¾ taza de perejil
3 cucharadas de hojas de orégano
    picadas

2 dientes de ajo macerados
1 pizca de pimienta roja
1 taza de mantequilla (que no sea
    salada)

PREPARACIÓN:

1. Mezcle el vinagre, el jugo de limón, el perejil, el orégano, el ajo y la pimienta roja, y corte en pedazos pequeños.

2. Ponga la mezcla dentro de un paño y escurra el líquido.

3. Eche la mezcla escurrida en una cacerola con la mantequilla. Envuelva esta mantequilla chimichurri en un plástico y ponga a refrigerar hasta que endurezca.

PESCADOS Y MARISCOS

CAMARONES AL AJILLO

RINDE: 6 PORCIONES • TIEMPO DE PREPARACIÓN: 20 MINUTOS

INGREDIENTES:

¾ libra de camarones
3 dientes de ajo cortados en tajadas

2 chiles
3 cucharadas de aceite de oliva
Sal y pimienta negra al gusto

PREPARACIÓN:

1. Pele los camarones y los ajos.

2. Fría los ajos y los chiles en una olla de barro hasta que doren.

3. Adicione los camarones y condimente al gusto.

4. Revuelva con una cuchara de madera y, cuando los camarones cambien de color, revuelva y retire del fuego. Se sirven calientes.

CARNES

FLAMBÉ URUGUAYO

RINDE: 6 PORCIONES • TIEMPO DE PREPARACIÓN: 2 ½ HORAS

INGREDIENTES:

5 huevos
⅓ taza de queso cheddar gratinado
2 cucharadas de mantequilla
3 libras de lomo en lonjas finas
½ cucharadita de sal
½ cucharadita de pimienta

1 ají cortado en pequeños dados
½ taza de guisantes verdes
  cocinados
6 tazas de caldo de res
Aderezo avinagrado al gusto

PREPARACIÓN:

1. Bata los huevos con el queso. Derrita la mantequilla en una sartén; agregue la mezcla y revuelva constantemente hasta que el huevo esté seco.

2. Eche la sal y la pimienta a las lonjas de lomo. Cúbralas con el huevo, el ají y los guisantes, y enrolle cada una rematando con un pedazo de cordel. Envuélvalas en estopillas y remate de nuevo.

3. Adicione el caldo y póngalo a punto de hervir. Luego póngalo a fuego lento por 2 horas hasta que la carne esté blanda.

4. Saque la carne del caldo y prénsela con un objeto pesado. Córtela en rodajas y sirva con vegetales.

SUGERENCIA: Use un aderezo avinagrado.

PLATAS CON HUEVOS

HUEVOS AL CURRY

RINDE: 6 PORCIONES • TIEMPO DE PREPARACIÓN: 20 MINUTOS

INGREDIENTES:

6 huevos cocidos
2 cucharadas de manteca
2 cebollas picadas
2 cucharadas de harina
1 cucharadita de curry en polvo

1 taza de leche
1 taza de caldo
1 manzana cortada en rodajas
Sal y pimienta al gusto

PREPARACIÓN:

1. Pele los huevos hervidos y manténgalos calientes.

2. Prepare una salsa poniendo en una sartén la manteca y las cebollas para dorarlas.

3. Añada la harina, el curry, la leche, el caldo y la manzana, y revuelva continuamente a fuego lento hasta que espese. Condimente con sal y pimienta al gusto.

4. Sirva los huevos cubiertos con la salsa.

SUGERENCIA: Acompañe con arroz.

HUEVOS RELLENOS AL GRATÍN

RINDE: 6 PORCIONES • TIEMPO DE PREPARACIÓN: 20 MINUTOS

INGREDIENTES:

6 huevos cocidos
1 lata de atún
Sal y pimienta al gusto
3 cucharadas de manteca
1 cebolla picada en tiras

3 cucharadas de harina
3 tazas de leche
2 yemas de huevo
1 taza de queso parmesano rallado

PREPARACIÓN:

1. Corte los 6 huevos cocidos por la mitad. Sáqueles las yemas y mézclelas con el atún. Condimente con sal y pimienta al gusto y rellene los huevos con esta mezcla.

2. Prepare la salsa friendo la cebolla con la manteca hasta que esté dorada. Añada la harina y la leche. Cocine a fuego lento hasta que espese.

3. Agregue las dos yemas y revuelva. En una fuente para hornear previamente aceitada, coloque la mitad de la salsa y los huevos rellenos. Rocíelos con la salsa remanente y espolvoree con queso rallado. Hornee por 15 minutos y sírvalos bien calientes.

DULCES

DULCE DE LECHE

Todo el mundo quiere dulce de leche y todos lo saben hacer de mil maneras. Esta receta me encanta porque no empalaga.

RINDE: 4 PORCIONES • TIEMPO DE PREPARACIÓN: 1 HORA

INGREDIENTES:

16 tazas (4 litros) de leche
2 libras de azúcar
¼ taza de agua

1 cucharadita de bicarbonato de
　sodio
Gotas de vainilla al gusto

PREPARACIÓN:

Hierva la leche. Pásela a otra cacerola más grande y agregue de golpe el azúcar, el agua, el bicarbonato y la vainilla. Revuelva constantemente con una cuchara de madera y hierva a fuego lento hasta que espese. Continúe revolviendo hasta que la cuchara no se pegue al fondo de la cacerola. Déjela enfriar.

BOMBONES HELADOS

RINDE: 12 PORCIONES • TIEMPO DE PREPARACIÓN: 20 MINUTOS

INGREDIENTES:

½ taza de chocolate de repostería
12 galletitas redondas de vainilla
1 ½ libra de helado de vainilla

¼ taza de dulce de leche
Nueces al gusto

PREPARACIÓN:

1. Ponga el chocolate a calentar en baño María hasta que esté líquido.

2. En una rejilla, acomode las doce galletitas y cúbralas con dulce de leche.

3. Ponga dos bolas de helado encima del dulce de leche y déle una forma redonda de bombón con una cuchara.

4. Cubra las bolas con el chocolate. Encima eche las nueces. Conserve en el refrigerador hasta que sirva.

POSTRE CHAJÁ

RINDE: 12 PORCIONES • TIEMPO DE PREPARACIÓN: 20 MINUTOS

INGREDIENTES:

4 tazas de crema doble
1 bizcochuelo grande
1 lata chica de dulce de leche

12 merengues picados
1 lata chica de melocotones en
   almíbar, cortados en pedacitos

PREPARACIÓN:

1. Bata la crema doble hasta que espese bien. Deje descansar en el refrigerador.

2. Corte el bizcochuelo en 3 capas de media pulgada de alto. Unte el dulce de leche sobre la primera capa. Ponga el merengue picado y coloque una capa de bizcochuelo mojado en almíbar.

3. Repita el procedimiento con la segunda capa. Unte encima de esta torta la crema doble y los melocotones. Ponga a refrigerar. Sírvalo bien frío.

CAFÉS

CAFÉ CON LECHE

Un café con leche batida, tiene un sabor especial.

RINDE: 1 PORCIÓN • TIEMPO DE PREPARACIÓN: 20 MINUTOS

INGREDIENTES:

1 taza de leche
2 cucharaditas de café preparado

2 cucharaditas de azúcar

PREPARACIÓN:

1. En una cacerola, hierva la leche.

2. En una taza aparte ponga el café y el azúcar. Bata la mezcla hasta que quede cremosa y como de color mostaza. Puede quedar más cremosa si le adiciona una cucharada más de azúcar (pero lógicamente le quedará más dulce también).

3. Agregue la leche hirviendo, colándola y revolviendo constantemente. Quedará una espuma densa en la superficie.

SUGERENCIA: Este café con leche se toma en el desayuno y se acompaña con bizcochos.

LA COCINA DE

VENEZUELA

La cocina venezolana comparte una diversidad común con los demás países latino-americanos. El plato fuerte por excelencia es la carne en sus diversas presentaciones, aunque el pescado es popular en las zonas costeras.

Lo más famoso son las arepas que acompañan cualquier plato, aunque también se comen solas o rellenas. Platos típicos son el asado negro, el pabellón criollo, los bollos pelones y los huevos pericos, además de elementos como la yuca frita, las tajadas de plátano, las cachapas y los pasapalos, que son muy populares. En el campo de la dulcería se funden el cacao, el coco, la piña, el arroz, el papelón de la caña de azúcar y la harina con muchísimas especies. La chicha, el papelón, el guayoyo (café criollo expreso) y el café con leche son bebidas predilectas en la vida diaria venezolana.

Aquí en Miami, lo que más me asombra es que las arepas venezolanas hoy compiten y comparten los puestos callejeros con el afamado *hot dog* americano.

BEBIDAS

PONCHE CREMA

El ponche crema se prepara generalmente para las fiestas navideñas venezolanas. Sus versiones varían según las regiones y el producto que se usa para aromatizarla. Esta bebida fue creada en 1900 por Eliodoro González, químico, perfumista e inventor venezolano. Desde entonces está presente en todas las mesas para celebrar las pascuas.

RINDE: 4 PORCIONES • TIEMPO DE PREPARACIÓN: 30 MINUTOS

INGREDIENTES:

3 ramas de canela
2 tazas de agua
1 taza de leche condensada
1 taza de leche evaporada
4 yemas de huevo batidas

1 taza de crema de coco
¾ taza de leche entera
2 tazas de ron
Canela molida para adornar

PREPARACIÓN:

1. En una cacerola a fuego medio, ponga a hervir la canela en el agua. Cuando rompa el hervor, siga cocinando a fuego lento aproximadamente 10 minutos más para fijar el sabor de la canela.

2. Saque las ramas y resérvelas. Deje refrescar.

3. En otra cacerola ponga a calentar la leche condensada, la leche evaporada, la leche entera, las yemas de huevo y la crema de coco, revolviendo constantemente. Cocine durante aproximadamente 20 minutos hasta que espese; agréguele el agua de canela.

4. Refresque y ponga en el refrigerador.

5. Antes de servirlo, eche el ron y la canela en polvo, y sirva muy frío.

JUGOS Y BATIDOS

PAPELÓN CON LIMÓN

El papelón, conocido también como panela o piloncillo, es una forma de llamar al azúcar integral o prieta de caña solidificada en conos o diferentes moldes. Un guarapo instantáneo.

RINDE: 4 PORCIONES • TIEMPO DE PREPARACIÓN: 15 MINUTOS

INGREDIENTES:

1 ½ taza de papelón rallado (guarapo)

½ taza de jugo de limón
1 ½ litro de agua

PREPARACIÓN:

Mezcle todos los ingredientes y sirva con hielo frappé.

CHICHA VENEZOLANA

RINDE: 4 VASOS GRANDES • TIEMPO DE PREPARACIÓN: 50 MINUTOS.

INGREDIENTES:

1 taza de leche
1 taza de arroz
½ cucharadita de sal
1 rama de canela
1 cucharadita de vainilla

Azúcar al gusto
2 tazas de leche para licuar
Hielo picado para servir
Canela en polvo para servir
Leche condensada para servir

PREPARACIÓN:

1. En una cacerola cocine a fuego lento la leche, el arroz, la sal y la rama de canela. Siga cocinando hasta que el arroz esté deshecho. Baje el fuego y reserve.

2. Pase esta mezcla por la licuadora o procesadora en tandas, con vainilla, azúcar y leche.

3. Ponga la mezcla final en el refrigerador y agregue más leche si quiere que la mezcla quede de consistencia más líquida.

4. Sírvala fría en vasos, con hielo, y adorne en el tope con leche condensada. Espolvoree la canela en polvo.

SOPAS Y CALDOS

CARAOTAS NEGRAS

RINDE: 4 PORCIONES • TIEMPO DE PREPARACIÓN: 2 HORAS

INGREDIENTES:

1 cebolla pelada y picada
2 cucharadas de manteca de cerdo
2 tazas de fríjoles ya remojados

2 cucharaditas de sal
2 dientes de ajo triturados

PREPARACIÓN:

1. En una sartén, fría la cebolla con la manteca hasta que se transparente. Eche los fríjoles y adicione agua hasta que cubra la mezcla.

2. Ponga la sartén a fuego lento por 1 ½ hora, hasta que se cocinen los fríjoles, asegurándose de taparlos. Durante la cocción, agregue agua si es necesario para mantener el nivel de agua. Al final ponga la sal y el ajo. Sirva caliente.

SOPA DE AUYAMA CON MANDARINA

No es un crimen sustituir la auyama por la calabaza común. Claro, ya no sería igual, pero puede hacerlo.

RINDE: 6 PORCIONES • TIEMPO DE PREPARACIÓN: 35 MINUTOS

INGREDIENTES:

1 ½ libra de auyama (calabaza criolla venezolana)
4 tazas de agua
1 cucharadita de sal
2 cucharadas de mantequilla
¾ taza de cebolla picada
¼ cucharadita de tomillo picado
Pimienta negra molida al gusto

2 tazas de caldo de carne
1 cucharada de maicena
1 ½ taza de jugo de mandarina
½ cucharada de agua
1 cucharada de azúcar
¾ taza de crema para batir
1 ají dulce finamente picado

PREPARACIÓN:

1. Pele la auyama y elimine las semillas. Córtela en pedazos y póngala a ablandar en una olla con agua hirviendo y sal por 15 minutos.

2. En otra olla derrita la mantequilla a fuego lento y ponga la cebolla, el tomillo y la pimienta por 4 minutos. Agregue la auyama y el caldo, y cocine a fuego lento por 5 minutos.

3. Diluya la maicena con ½ cucharada de agua y agréguela a la mezcla. Siga cocinando por 4 minutos más.

4. Ponga la mezcla en la licuadora o pase por la procesadora. Agréguele el jugo de mandarina, el azúcar y la crema. Revuelva bien la mezcla en otra olla limpia y hierva por 5 minutos. No deje de revolver constantemente. Sirva fría o caliente.

VEGETALES Y VIANDAS

TAJADAS DE PLÁTANO

RINDE: 4 PORCIONES • TIEMPO DE PREPARACIÓN: 20 MINUTOS

INGREDIENTES:

Aceite para freír

6 plátanos maduros, pelados y
   cortados de manera inclinada en
   lascas

Sal al gusto

PREPARACIÓN:

1. En una sartén ponga a calendar el aceite y échele las lascas de plátanos hasta que se doren por ambos lados.

2. Escurra las tajadas y póngalas sobre papel toalla para que queden sin la grasa. Sazone con sal y sírvalas calientes.

SUGERENCIA: Es importante usar plátanos maduros ya que, de ser verdes, quedarían muy duros.

YUCA FRITA

Hasta los americanos se vuelven locos por comer yuca frita.

RINDE: 4 PORCIONES • TIEMPO DE PREPARACIÓN: 30 MINUTOS

INGREDIENTES:

4 tazas de agua

Sal al gusto

2 libras de yuca pelada y cortada
   en pedazos grandes a lo largo

1 taza de aceite vegetal

PREPARACIÓN:

1. En una cacerola hierva el agua con sal. Agregue las yucas y cocínelas aproximadamente 15 minutos. Escúrralas y resérvelas.

2. En una sartén con aceite a fuego medio, fría los trozos de yuca hasta dorarlos, aproximadamente 7 minutos.

3. Sírvalas calientes para que queden crujientes.

PATACONES

Los patacones, también conocidos como tostones, se comen popularmente en toda Venezuela. En las zonas costeras acompañan a los platos de pescado. En el Estado de Zulia, donde es emblemático, se sirven con ensalada rallada, queso, jamón, pernil, mayonesa y mostaza.

RINDE: 4 PORCIONES • TIEMPO DE PREPARACIÓN: 30 MINUTOS

INGREDIENTES:

2 tazas de aceite vegetal
2 plátanos verdes, pelados y
    cortados en pedazos

Sal al gusto
6 dientes de ajo triturados en un
    poco de aceite (opcional)

PREPARACIÓN:

1. Caliente el aceite en una cacerola grande a fuego medio. Eche los pedazos de plátano y fríalos hasta dorarlos por ambos lados.

2. Escúrralos y póngalos a un lado.

3. Aplaste cada trozo con la mano o con un plato pequeño y fríalos de nuevo durante aproximadamente 3 minutos por cada lado, hasta que se doren completamente.

4. Escúrralos sobre papel absorbente y agregue la sal. Puede rociarlos con el jugo de ajo.

PLATAS CON HUEVOS

PERICO VENEZOLANO

RINDE: 4 PORCIONES • TIEMPO DE PREPARACIÓN: 20 MINUTOS

INGREDIENTES:

2 cucharadas de aceite
1 cebolla pelada y picada
1 ají rojo sin semillas, pelado
2 dientes de ajo triturado

2 tomates cortados en pedazos
6 huevos batidos
Sal y pimienta al gusto

PREPARACIÓN:

1. En una sartén, caliente el aceite y fría la cebolla, el ají y el ajo durante aproximadamente 5 minutos. Agregue el tomate y siga cocinando por 5 minutos más.

2. Baje a fuego lento y añada los huevos batidos con la sal y la pimienta.

3. Siga cocinando durante aproximadamente 5 minutos más, revolviendo lentamente para mantener la mezcla suave y húmeda.

4. Sirva caliente con arepas o con pan.

AREPAS, PANES Y EMPANADAS

CACHAPAS

Las cachapas son tortas fritas de maíz tierno molido, cocinadas con hojas de maíz. También pueden comerse hervidas (cachapas de hoja) y son un magnifico alimento libre de gluten.

RINDE: 4 PORCIONES • TIEMPO DE PREPARACIÓN: 30 MINUTOS

INGREDIENTES:

4 tazas de granos de maíz
2 tazas de leche
½ taza de maicena

2 cucharaditas de sal
2 cucharadas de mantequilla

PREPARACIÓN:

1. Pase el maíz por la procesadora, empleando la cuchilla fina. Agregue la leche y la maicena para obtener una consistencia cremosa. Añada la sal.

2. Vierta la mezcla en una sartén a fuego medio con mantequilla y fríala hasta que se dore por lado y lado.

SUGERENCIA: Le puede untar mantequilla, otra salsa o mermelada. Se acompañan casi siempre con queso fresco, mozzarella, cremas o jaleas, y a veces con chorizos, chicharrones o masas de puerco.

EMPANADAS VENEZOLANAS

RINDE: 4 PORCIONES • TIEMPO DE PREPARACIÓN: 60 MINUTOS

INGREDIENTES:

Para la masa

3 tazas de harina
1 cucharadita de polvo de hornear
¼ taza de mantequilla o manteca

¾ taza de leche
1 huevo batido
1 cucharadita de sal

Para el relleno

3 cucharadas de aceite
3 dientes de ajo triturado
1 cebolla pelada y picada
1 libra de picadillo de res
1 cucharadita de comino
1 cucharada de paprika

1 cucharadita de orégano
1 taza de caldo
½ taza de pasas
¼ taza de aceitunas
1 cucharada de harina
Sal y pimienta al gusto

PREPARACIÓN:

Para la masa

1. Cierna la harina y el polvo de hornear. Abra un círculo en el centro y coloque la manteca (o mantequilla), la leche y el huevo batido.

2. Amase todos los ingredientes por aproximadamente 10 minutos. Extienda la masa con el rodillo y déjela reposar por 2 horas o más en el refrigerador o en algún lugar fresco.

3. Estire la masa y córtela en discos de aproximadamente 4 o 5 pulgadas.

4. Una vez cortados los discos, sepárelos con papel de seda para que no se peguen unos con otros antes de rellenar.

Para el relleno

1. Ponga a freír el ajo y la cebolla con la carne de picadillo. Sazone con sal, comino, paprika, orégano y pimienta, y siga cocinando a fuego medio aproximadamente 10 minutos.

2. Agregue el caldo, las pasas, las aceitunas, y la harina, y siga cocinando a fuego fuerte por 10 minutos.

3. Retire del fuego y déjelo enfriar antes de rellenar los discos.

4. Rellene los discos de la masa de empanadas con el picadillo.

5. Cierre la masa para formar la empanada y presione el borde exterior con un tenedor, de manera que quede debidamente sellada.

6. Bañe las empanadas con huevo batido y hornee durante aproximadamente 40 minutos a 375°F.

NOTA: Las empanadas pueden refrigerarse por cinco días y todavía mantener su frescor.

PAN DE JAMÓN

Plato típico navideño.

RINDE: 6 PORCIONES (1 BARRA DE PAN) • TIEMPO DE PREPARACIÓN: 1 ½ HORA

INGREDIENTES:

¾ taza de leche tibia
4 cucharadas de mantequilla
2 cucharadas de azúcar
1 cucharadita de sal
½ cucharadita de levadura
¼ taza de agua tibia
3 ½ tazas de harina
1 huevo batido

2 cucharadas de mantequilla derretida
½ libra de jamón finamente laqueado
½ taza de pasas
½ taza de aceitunas
2 yemas de huevo batidas

PREPARACIÓN:

1. En una cacerola a fuego lento, cocine la leche con la mantequilla, el azúcar y la sal, revolviendo hasta que todo se disuelva. Retire del fuego y reserve.

2. En una taza mezcle la levadura con el agua. Deje que se active la levadura durante aproximadamente 10 minutos.

3. En un bol, eche la harina y añada la levadura, la mezcla de leche tibia y el huevo batido en el centro, revolviendo con una cuchara de madera hasta que la masa quede espesa y moldeable.

4. Envuelva la masa en una toalla y déjela a un lado por aproximadamente 2 o 3 horas, hasta que la masa se duplique en volumen.

5. Ponga la masa en una superficie harinada y siga amasando. Forme un rectángulo y báñelo en la mantequilla.

6. Eche el relleno (es decir, el jamón, las pasas y las aceitunas) de manera uniforme, cuidando de no llegar a los bordes. Enrolle la masa hasta que quede como una barra. Pinche el borde y dóblelo para sellar.

7. Bañe la masa con las yemas de huevo batidas y hornee a 375°F durante aproximadamente 50 minutos, hasta que se dore la masa y quede dura.

8. Retire del horno y deje refrescar. Sirva al tiempo.

TORTA DE PLÁTANO

RINDE: 4 PORCIONES • TIEMPO DE PREPARACIÓN: 90 MINUTOS

INGREDIENTES:

Secos

$1/3$ taza de harina de arroz

$1/3$ taza de maicena

1 cucharadita de polvo de hornear

$1/4$ cucharadita de goma xantan

Otros

1 plátano maduro, pelado y cortado en trozos

2 cucharadas de miel

1 taza de agua

$2/3$ taza de leche de coco (también puede ser de arroz, de almendras, etc.)

2 cucharadas de aceite

Rodajas de plátano al gusto para adornar la torta

PREPARACIÓN:

1. Precaliente el horno a 375°F.

2. Prepare un molde de pan, engrasándolo y harineándolo.

3. En un bol, mezcle todos los ingredientes secos.

4. Pase todos los demás ingredientes por una licuadora o procesadora, revolviendo bien la masa y agregándole poco a poco la mezcla seca.

5. Ponga la masa en el molde y hornéela a 375°F durante 60 minutos (o hasta que, al meter un palito de madera, éste salga seco).

ARROCES

ARROZ BLANCO VENEZOLANO

Un arroz blanco desgranado con una sazón muy singular.

RINDE: 4 PORCIONES • TIEMPO DE PREPARACIÓN: 30 MINUTOS

INGREDIENTES:

1 cucharada de aceite
1 cebolla pelada y picada
1 diente de ajo triturado
1 ají rojo sin semillas, picado

4 tazas de agua
Sal al gusto
2 tazas de arroz blanco

PREPARACIÓN:

1. En una cacerola, caliente el aceite y sofría la cebolla, el ajo y el ají por aproximadamente 5 minutos, revolviendo constantemente.

2. Agregue el agua y sazone con sal. Cuando empiece a hervir, agregue el arroz.

3. Permita que comience a hervir otra vez y, en ese preciso instante, baje el fuego, de modo que el arroz termine de cocinarse muy lentamente. Manténgalo tapado durante unos 30 minutos. Sírvalo caliente como guarnición.

SALSAS

GUASACACA

RINDE: 4 PORCIONES • TIEMPO DE PREPARACIÓN: 20 MINUTOS

INGREDIENTES:

1 aguacate pelado y picado
1 tomate pelado y picado
1 cebolla pelada y picada
1 ají picante triturado
1 diente de ajo triturado

Sal y pimienta al gusto
½ taza de aceitunas
2 cucharadas de vinagre
Perejil y cilantro como adorno

PREPARACIÓN:

Sencillamente aplaste el aguacate y una bien todos los ingredientes. Mantenga la salsa fría hasta el momento de servir.

PESCADOS Y MARISCOS

FILETES DE PESCADO EN VINO TINTO

RINDE: 4 PORCIONES • TIEMPO DE PREPARACIÓN: 60 MINUTOS

INGREDIENTES:

1 filete de pargo (conserve los
   espinazos del pescado)
1 cebolla pelada picada
Perejil, cilantro y apio al gusto
½ taza de vino tinto
Sal y pimienta al gusto

Agua para hervir
3 cucharadas de mantequilla
1 cucharada de harina
1 taza de champiñones fileteados
2 dientes de ajo triturado

PREPARACIÓN:

1. Ponga en una cacerola los espinazos del pescado, la cebolla, el perejil, el cilantro, el apio, el vino, la sal y la pimienta, y cubra el conjunto con agua. Hierva todo por 15 minutos.

2. Cuele el caldo y ahí mismo ponga los filetes con el fin de cocinarlos a fuego lento por 10 minutos. Saque los pescados y colóquelos en un bol. Reserve el caldo.

3. Ponga el bol encima de una cazuela con agua hirviendo para que los filetes se sequen con el vapor y se conserven calientes.

4. En otra cazuela mezcle la mantequilla con la harina.

5. A esta mezcla eche el caldo remanente, los champiñones y el ajo, moviéndolo constantemente hasta que espese al gusto.

6. Vierta esta salsa sobre los filetes, añada sal y pimienta, y sírvalos caliente.

CHUPÉ DE JAIBA

Aunque el chupé, en su preparación, es originalmente del Perú, hoy es un plato común en todas las mesas latinoamericanas. En Venezuela, el chupé de jaiba es muy popular.

RINDE: 4 PORCIONES   •   TIEMPO DE PREPARACIÓN: 40 MINUTOS

INGREDIENTES:

4 cucharadas de mantequilla
1 cucharada de harina
2 tazas de leche
Sal y pimienta al gusto
2 tazas de migas de pan
1 taza de leche evaporada

1 cebolla picada finamente
¼ taza de vino blanco
3 tazas de carne de jaiba (tipo de cangrejo) desmenuzada y hervida
1 taza de queso parmesano rallado

PREPARACIÓN:

1. En una sartén a fuego medio, caliente la mantequilla con la harina e incorpore poco a poco la leche, revolviendo constantemente durante 10 minutos, hasta que espese.

2. Sazone con sal y pimienta, y retire la olla del fuego.

3. En un bol aparte remoje el pan en la leche evaporada por 10 minutos. Cuando esté mojado, amase.

4. Caliente la cebolla y el vino, y cocine por 10 minutos hasta que se reduzca a la mitad. Vierta sobre la masa.

5. En cada uno de los cuatro moldes ponga dos cucharadas de cangrejo hervido y distribuya la mezcla. Espolvoree con el queso.

6. Ponga en el horno por 10 minutos a 375°F y hornee hasta que cada chupe esté burbujeante y dorado. Se sirve caliente.

CARNES

ASADO NEGRO

RINDE: 4 PORCIONES • TIEMPO DE PREPARACIÓN: 3 HORAS

INGREDIENTES:

12 dientes de ajo triturado
½ taza de salsa de soya
2 libras de filetes de bistec o carne deshuesada

4 cucharadas de aceite vegetal
5 cucharadas de azúcar prieta
6 cebollas peladas y picadas
2 ajíes verdes picados y sin semillas

PREPARACIÓN:

1. Mezcle 4 dientes de ajo con la salsa de soya y unte el resultado en la carne. Ponga la carne y déjela adobándose toda la noche.

2. Sacar la carne del refrigerador 1 hora antes de empezar a cocinarla.

3. Ponga en una cacerola grande, a fuego lento, el aceite y el azúcar hasta hacer caramelo. Agregue la carne y cocínela, también a fuego lento, cuidando de no quemar el azúcar.

4. Siga cocinando a fuego lento mientras añade la cebolla, el ajo restante, el ají y dos tazas de agua.

5. Cocine a fuego lento por dos horas hasta que la carne esté blanda. Saque la carne, córtela transversalmente y vuélvame a echar en la cacerola por 15 minutos. Añade la sal y la pimienta al gusto.

SUGERENCIA: El asado negro se sirve caliente y puede acompañarse de arroz blanco y plátanos.

PABELLÓN CRIOLLO

RINDE: 6 PORCIONES • TIEMPO DE PREPARACIÓN: 30 MINUTOS

INGREDIENTES:

¼ taza de aceite
2 libras de filetes de bistec o carne deshuesada
1 cebolla picada
Sal y pimienta al gusto

Agua para cubrir la mezcla
1 cebolla picada finamente
4 dientes de ajo macerados
1 ají rojo picado finamente
3 tazas de tomates picados

PREPARACIÓN:

1. En una cacerola a fuego medio, fría la carne por ambos lados unos 5 minutos. Saque la carne y póngala en otra olla; ahí agregue media cebolla, sal y pimienta al gusto, y cubra con agua con el fin de cocinarla a fuego lento por 1 ½ hora, hasta que se ablande.

2. Saque la carne del caldo y preserve el caldo para después.

3. Ponga a refrescar la carne y desmenúcela con dos tenedores o con las manos. Ponga la carne deshilachada en una sartén con el ajo, la cebolla, el ají, el tomate, la sal y la pimienta. Agregue un poco del caldo y cocine por 20 minutos.

SUGERENCIA: Para acompañar este plato típico debe tener preparado arroz y patacones.

BOLLOS PELONES GRATINADOS

RINDE: 6 PORCIONES • TIEMPO DE PREPARACIÓN: 3 HORAS

INGREDIENTES:

2 tazas de harina
2 ½ tazas de agua
2 yemas de huevo
1 taza de guiso de carne molida
Aceite para freír

1 cucharadita de sal
1 taza de salsa de tomate
Queso parmesano gratinado al
   gusto

PREPARACIÓN:

1. Prepare una masa con la harina, el agua, la sal y las yemas. Haga 20 peloticas con un hueco; rellénelo con el guiso y luego ciérrelo, de tal forma que la pelotica quede sellada.

2. Fría las peloticas hasta que queden bien doradas por todos lados. También puede cocinarlas en agua hirviendo con sal al gusto hasta que afloren a la superficie.

SUGERENCIA: Las peloticas se colocan en una vasija refractaria con el fin de mantener los bollos calientes. Se bañan primero con la salsa de tomate y luego con la de bechamel. Se les espolvorea el queso hasta que se derrite y se sirven inmediatamente.

DULCES

JALEA DE MANGO

RINDE: 4 PORCIONES • TIEMPO DE PREPARACIÓN: 50 MINUTOS

INGREDIENTES:

4 mangos maduros, pelados y picados

Azúcar equivalente al peso de la fruta cocinada
Agua

PREPARACIÓN:

1. Pele los mangos y échelos en una olla. Sumérjalos en agua, tápelos y cocínelos hasta que estén blandos.

2. Déjelos enfriar y separe la pulpa de las semillas. Cuele la pulpa, pésela y añada la cantidad de azúcar equivalente a ese peso.

3. Ponga a cocinar a fuego lento, revolviendo con una cuchara de madera, hasta que la mezcla se separe en el fondo del caldero. Vierta la jalea en un recipiente y refrigérela. Puede comerla fría o usarla para acompañar arepas.

QUESO CARAQUEÑO

RINDE: 4 PORCIONES • TIEMPO DE PREPARACIÓN: 45 MINUTOS

INGREDIENTES:

15 galletas de soda

¼ libra de mantequilla

1 ½ taza de azúcar

1 cucharada de vainilla

Sal al gusto

1 taza de leche evaporada

5 huevos batidos

1 taza de azúcar para el caramelo

PREPARACIÓN:

1. Muela las galletas en un bol y añada todos los ingredientes.

2. Bátalos durante 2 minutos. En otra cacerola prepare el caramelo, fundiendo la taza de azúcar. Cubra el envase con el caramelo y eche adentro la mezcla. Ponga a cocinar al baño de María por 45 minutos, o hasta que cuaje el dulce. Procure que no le caiga agua a la mezcla cuando se esté cocinando porque el dulce puede echarse a perder.

3. Ponga el dulce a refrescar. Sírvalo frío con helado de vainilla.

ANEXOS

INGREDIENTES ESENCIALES DE LA COCINA LATINA

VEGETALES

Tomate: jitomate, tomatillo, tomate verde, miltomate (México), *tomato*

Aguacate: palta (Chile), *avocado*

Jicama: papa mexicana, *yam bean*

Calabaza: *winter or summer squash*

Chayote: chayote

Quimbombo: *okra*

Palmito: *palm hearts*

Boniato: batata, *sweet potato*

CHILES

Chile picante: ají, *flavoring chillies*

Chile para rellenar o freír: ají verde, ají rojo, *frying and stuffing chillies*

Cayena: pimento, paprika, chiles secos, *dried store cupboard chillies*

VIANDAS Y GRANOS, FÉCULAS Y FRÍJOLES

Yuca: *cassava*
Papa: *potato*
Amaranto: *amaranth*
Garbanzo: *chickpea*
Arroz: *rice*
Maíz: choclo, elote, *corn*
Masa de harina: *flour dough*
Tamales: *cornmeal*
Empanadas: *empanadas*
Tortilla de harina: *tortilla*
Maicena: chuchoca, *maizemeal*
Fríjol blanco: limeña, poroto blanco, habichuela, *white bean*
Fríjol negro: *black bean*
Fríjol pinto: judía, poroto, habichuela pinta, *pinto bean*
Fríjol rojo: habichuela colorada, alubia roja, *red bean*

HUEVOS, QUESOS, Y LECHES

Huevos: *eggs*
Leche, nata y crema de leche: *milk, cream milk*
Mantequilla y manteca: *butter and lard*
Queso: *cheese*
Tortilla de huevo: *omelette*

AVES Y CARNES

Pollo y gallina: *chicken and hen*
Pavo: guajalote, guanajo, *turkey*
Puerco: cerdo, chancho, *pork*
Carne: *meat*
Tocino: panceta, pancheta, beicon, *bacon*

Morcilla: tripa, *blood sausage*
Chorizo y salchicha: longaniza, *sausage*
Cordero: borrego, *lamb*
Cabra: *goat*

PESCADOS Y MARISCOS

Almejas: *clams*
Ostra: *oyster*
Mejillón: *mussel*
Camarón: *shrimp*
Cangrejo: jaiba, cigala, centolla, *crab*
Langosta: *lobster*
Langostino: gamba, *prawn*
Bacalao: *salt cod*

NUECES

Nuez de Brasil: *Brazil nut*
Maní: cacahuete, *peanut*
Marañón, semilla de marañón: castaña de cajú, anacardo, nuez de la India, *cashew nut*
Piñones: *pine nuts*
Castaña: jengibre, *chestnut*
Pipas: semillas de calabaza o de girasol, *pumpkin or sunflower seeds*

ESPECIES, CAFÉS Y TÉS

Chocolate: cacao, mole, *chocolate*
Vainilla: *vanilla*
Miel: *honey*
Azúcar y caña de azúcar: *sugar and sugar cane*

Pimiento de Jamaica: *allspice*

Achiote: *achiote*

Angostura: anostura, *bitters*

Café: *coffee*

Mate: yerba mate, té de Paraguay, yerbama, *mate tea*

PARA TENER EN LA CUENTA

Abrotano: el perfume de esta planta recuerda el olor del limón y del pino. Combina muy bien con cítricos, tomillo y melisa.

Anís: no solo ofrece un aroma inconfundible sino que se puede usar para condimentar ensaladas, infusiones, carnes, mariscos, alcoholes. Sus semillas se usan en panes, pasteles y en salsas.

Cilantro: combina muy bien con menta, albahaca, ajo, perejil y limón, así como con platos salados. Siempre se le echa al final de la cocción para que no pierda su aroma.

Cilantro: es de la misma familia del cilantro.

Comino: sus hojas se usan en ensaladas y con los quesos blancos. Las semillas se emplean en sopas, verduras, estofados, en los panes y pasteles.

Hierbabuena: culinariamente se puede añadir a platos de sopas, guisos, verduras, estofados y en los caracoles.

Manzanilla: se usa en infusiones y en recetas.

Perejil: su aroma y sabor son frescos, picantes. Parece que tuviera un toque de pimienta. Se usa mucho en en todo tipo de salsas, aderezos de carnes, pescados, tortillas, guisos, ensaladas.

Tomillo: es indispensable en la cocina francesa, española, italiana, y en Latinoamérica. En la cocina casa muy bien con: pollo, huevos, legumbres, carnes rojas, pescados asados, caza, cordero, sopas, salsa de tomate, todo tipo de salas, escabeches, aromatiza vinagre, estofados, guisos. Es ideal para las carnes muy grasas, porque las hace más digestivas.

FRUTAS

Anón: *sugar apple*
Badea: *badea fruit*
Banano: plátano, banana, *plantain*
Caimo: *star plum*
Carambolo bilimbí: *star fruit*
Chirimoya: cherimoya, *custard apple*
Ciruela: *prune*
Coco: *coconut*
Tamarindo: *tamarind*
Guanabana: *soursop*
Guayaba: *guava*
Lima: limero, *lime*
Limón: *lemon*
Mamoncillo: *Spanish lime*
Mamey: *mamey*
Mandarina: *mandarin orange*
Mango: *mango*
Melón: sandía, *watermelon*
Naranja: *orange*
Naranja china: *kumquat*
Papaya: fruta bomba, lechosa, mamona, mapaña, carica, *papaya*
Piña: *pineapple*
Toronja: pomelo, *grapefruit*
Zapote: sapodilla, *sapote*

CÓMO MEDIR LOS INGREDIENTES

Nuestras abuelas daban las recetas por poquitos y pizcas y usaban cualquier taza, jarra o cuchara para medir. No podemos decir que no cocinaban bien, pero tenían que tener mucha experiencia para lograr siempre buenos resultados. Nosotros en el mundo moderno no necesitamos esa gran práctica o competencia para lograr éxito en nuestras recetas. Puede cocinar muy sabroso si mide correctamente los ingredientes y sigue una receta ya probada como aparece en este libro.

En la elaboración de una receta, se usan tazas y cucharas para medir. Las siguientes equivalencias de medidas le serán útiles.

Medidas de volumen

1 litro = 1 ¼ pinta = 4 tazas
1 decilitro = 4 onzas = ½ taza

Medidas de peso

1 onza = 28 gramos
1 libra = 16 onzas = 460 gramos
1 kilogramo = 2 libras y 2 onzas
1 taza = 8 onzas = 230 gramos = ¼ de litro
1 cucharadita = 60 gotas = 5 gramos
1 cucharada = 3 cucharaditas = 15 gramos
1 onza liquida = 2 cucharadas = 30 gramos
¼ taza = 4 cucharas = 60 gramos

CÓMO DUPLICAR O REDUCIR UNA RECETA A LA MITAD

Para reducir una receta a la mitad

Use exactamente la mitad de todos los ingredientes y, si la receta completa requiere un huevo solamente (o un número impar de huevos), bátalo, mídalo por cucharaditas y use la mitad. En los moldes para hornear, debe seleccionar aproximadamente la mitad del tamaño indicado en la receta completa. Así, el tiempo y la temperatura al momento de hornear serán iguales.

Para duplicar una receta

Use exactamente el doble de todos los ingredientes y proceda del mismo modo. Si se trata de *cakes* o pudines, deberán usarse dos moldes del tamaño que indica la receta para que el tiempo de hornear y la temperatura queden iguales. Y al preparar recetas de carnes o aves en cantidades mayores, debe calcularse un mayor tiempo de cocción si las piezas son enteras (piernas, pavos, pollos, pescados enteros). Pero si se cortan en las porciones señaladas en la receta (pollo en octavos, carne en trozos o filetes), y si se usa una cacerola adecuada, el tiempo de cocción será aproximadamente el mismo.

ÍNDICE DE RECETAS POR CATEGORÍA